新中国成立以来经济发展战略与经济体制模式的历史互动与历史启示

The Historical Interaction and Historical Enlightenment of the Relationship between Economic Development Strategies and Economic System Models since the Establishment of the People's Republic of China

任志江　著

人民出版社

责任编辑：曹　歌
封面设计：徐　晖
版式设计：周方亚

图书在版编目（CIP）数据

新中国成立以来经济发展战略与经济体制模式的历史互动与历史启示/任志江 著. —北京：人民出版社，2018.12
（国家社科基金后期资助项目）
ISBN 978－7－01－020060－6

Ⅰ.①新…　Ⅱ.①任…　Ⅲ.①中国经济-经济发展战略-研究②中国经济-经济体制-研究　Ⅳ.①F120.4②F121

中国版本图书馆 CIP 数据核字（2018）第 270113 号

新中国成立以来经济发展战略与经济体制模式的历史互动与历史启示
XINZHONGGUO CHENGLI YI LAI JINGJI FAZHAN ZHANLÜE YU JINGJI TIZHI MOSHI DE LISHI HUDONG YU LISHI QISHI

任志江　著

人民出版社 出版发行
（100706　北京市东城区隆福寺街 99 号）

环球东方（北京）印务有限公司印刷　新华书店经销

2018 年 12 月第 1 版　2018 年 12 月北京第 1 次印刷
开本：710 毫米×1000 毫米 1/16　印张：15
字数：252 千字

ISBN 978－7－01－020060－6　定价：65.00 元

邮购地址 100706　北京市东城区隆福寺街 99 号
人民东方图书销售中心　电话（010）65250042　65289539

国家社科基金后期资助项目
出版说明

后期资助项目是国家社科基金项目主要类别之一，旨在鼓励广大人文社会科学工作者潜心治学，扎实研究，多出优秀成果，进一步发挥国家社科基金在繁荣发展哲学社会科学中的示范引导作用。后期资助项目主要资助已基本完成且尚未出版的人文社会科学基础研究的优秀学术成果，以资助学术专著为主，也资助少量学术价值较高的资料汇编和学术含量较高的工具书。为扩大后期资助项目的学术影响，促进成果转化，全国哲学社会科学规划办公室按照“统一设计、统一标识、统一版式、形成系列”的总体要求，组织出版国家社科基金后期资助项目成果。

全国哲学社会科学规划办公室

2014 年 7 月

目　录

序　一

1949年成立的中华人民共和国，作为一个地域辽阔、人口众多、经济发展不平衡的发展中大国，是在中国共产党领导下，在彻底的新民主主义革命基础上建立的。因为党和政府具有极强的动员能力，因此形成了典型的政府主导型经济发展道路，从而使得党和政府的发展战略在经济发展和制度变迁中起着重要作用。中华人民共和国成立以来，无论是经济发展战略还是经济体制，都处于不断的探索和变动中，这都对我国当时和其后的经济社会发展产生了深远影响。在中国特色社会主义进入新时代和"全面小康"即将收官、现代化与民族复兴"中国梦"的新征程即将开启的新形势下，通过对这一时期我国发展战略与经济体制的变迁互动进行系统分析和深入研究，进而归纳提炼出它们相互作用和频繁演变的实质及规律，对准确认识共产党执政规律、社会主义建设规律和人类社会发展规律，都具有重要的意义和价值。可以说，任志江研究员的这本专著就适应了这种需要。

任志江同志长期从事中华人民共和国经济史研究，崇尚司马迁提出的"究天人之际，通古今之变，成一家之言"的治史原则，身体力行。从这本书来看，它有如下五点创新之处。

第一，将经济发展战略与经济体制结合起来，并从中华人民共和国成立以来历史变迁的角度进行研究。经济发展战略与经济体制，均是理论界和学术界长期关注的热点问题。现有成果绝大多数是就这两个问题分别进行论述的，将这二者结合起来进行专门研究的成果还不多，并且在为数不多的将这二者联系起来研究的论著中，不仅有其各自的角度、领域、时限、方法和范式，而且分析深度、挖掘力度、提炼高度等都有待加强。截至目前为止，尚未见到运用历史学和经济学理论来系统研究中华人民共和国成立以来经济发展战略与经济体制互动变迁的专门著作。

第二，本书在提出重工业优先发展战略的四种具体形态和"三步走"总战略及前三个阶段性分战略的基础上，较为细致地剖析了每一战略的内涵和特点。在原有研究成果的基础上，本书根据我国工业化、现代化各阶段的不同特点，将重工业优先发展战略细分为"一五"战略、"大跃进"战略、"备战"战略、"急起追补"战略四种具体形态，同时将"三步走"战略划分为第一步分战略——"温饱"战略、第二步分战略——"总体小康"战略、第三步分战略的第一阶段——“全面小康”战略。在此基础上，本书对每一战略的内涵和特点进行了较为细致的剖析，从而深化了对我国工业化、现代化的推进历程和相关经济发展战略演变的认识。

第三，提出并分析了计划经济体制的集权与分权两种具体表现形式。虽然对计划经济体制的研究成果早已汗牛充栋，但从不同经济发展战略的实施需要，而衍生出两种模式，并在此基础上对这两种模式进行较为深入的分析研究，则还不多见。本书作者在其过去研究的基础上，对这一问题进行了进一步的挖掘探讨。

第四，深入考察并归纳出不同经济发展战略与不同经济体制之间相互依存、相互影响的历史互动关系。在对不同经济发展战略进行梳理分析的基础上，本书经过较为详尽的逻辑分析和历史研究，提出了与上述经济发展战略相对应的各种经济体制，如中央高度集权型体制、毛泽东“虚君共和”体制构想、“双轨制”、社会主义市场经济体制的初步建立与不断完善等阶段，从而将中华人民共和国成立以来经济发展战略与经济体制模式的变迁脉络和互动历程完整地呈现出来。

第五，提出了一些创新性的理论观点和结论。例如，提出“一五”战略的实质是均衡的重工业优先战略，“大跃进”战略的实质是畸形的重工业优先战略，“备战”战略的实质是特殊的重工业优先战略，“急起追补”战略的实质是极端的重工业优先战略，“温饱”战略的实质是实现我国现代化的基本前提和逻辑起点，“总体小康”战略的实质是我国现代化诸多层次与目标中的最低层次及最低目标，“全面小康”战略的实质是“总体小康”战略与现代化之间承上启下的过渡性阶段。又如本书提出：不能把生产关系、上层建筑和意识形态上的盲目变革，当作经济发展的动力；通过“顶层设计”切实推进以权力监督制约为核心的政治体制改革，是化解当前我国经济社会发展中诸多难题和实现全面小康、现代化与中华民伟大复兴“中国梦”的关键。

经济发展战略与经济体制研究都是关乎国家和社会发展命运的大课题，其所涉及的问题是多方面的，研究视角当然也是多种多样的，而且这两个问题以及相互关系还在继续变化，历史尚未沉淀下来，这都给研究者带来难度和局限。本书作者作为一个青年研究新锐，责任感、紧迫感、激情和勇气固然可嘉，但是理论修养和史料积累则非一日之功，因此本书中自然也会存在着这样或那样的缺点与不足，这都是难免的正常现象，也是对作者今后努力前行、潜心钻研的鞭策。但不管怎样，能运用历史学与经济学的理论方法将发展战略与经济体制整合起来进行深入细致的梳理研究，并在此基础上试图总结、归纳和提炼出相关的结论与启示,从而为中共党史、中华人民共和国史、中国现代经济史相关领域的研究添砖加瓦,这是值得充分肯定和鼓励的。

今年是改革开放四十年,明年是中华人民共和国成立七十周年,后年是全面建成小康社会和实现工业化,大后年是中国共产党建立一百年,这些重大的历史节点,都需要哲学社会科学工作者,尤其是史学和经济学工作者去总结历史经验,拿出研究成果来,我期待任志江同志和更多的青年才俊不辜负这个时代,尽快崭露头角,贡献出更多、更好的成果。

武 力

2018年10月

序　二

中华人民共和国成立以来，无论是经济发展战略还是经济体制模式，都经历修改和变换，这对我国当时和其后的经济社会发展产生了深远影响。在全面建设小康社会面临艰巨任务与严峻挑战的背景下，系统总结中华人民共和国成立以来经济建设中的利弊得失，尤其是深入梳理分析关系国民经济发展全局的经济发展战略与经济体制模式之间的互动关系，为今后我国现代化建设与市场经济体制的完善提供可资借鉴的经验教训，是十分重要和紧迫的任务。可以说，任志江教授的这本专著就适应了这种需要。

纵览全书，可以看到以下四方面突出特点。

首先，从经济发展战略与经济体制模式历史互动的角度，研究党和国家制定实施相关战略与体制的历史经验与历史启示。前事不忘，后世之师，在举国上下积极贯彻习近平新时代中国特色社会主义思想和十九大精神的背景下，正确认识现有经济发展战略与经济体制模式的历史由来、相关背景、互动规律，不仅有助于各级领导以历史的眼光和宽广的视野来理解中央提出"三步走"总战略和市场化改革的必然性与必要性，准确地认识和把握实现现代化与推进经济体制改革之间的相互依存性和配套性，也可以让我们借鉴历史经验和历史启示，增强在全面建设小康社会中统领全局和驾驭全局的本领与能力，为21世纪中叶实现我国的现代化和中华民族的伟大复兴创造条件。

其次，从理论与实证相结合的角度，研究和揭示经济发展战略与经济体制模式间的内在逻辑关系。无论对经济发展战略还是对经济体制模式的研究，目前学术界都已取得了不小的成就，但把这二者整合起来探讨它们之间的内在联系和互动规律，则是一个还有待继续深入研究的课题。本书就试图运用历史学、经济学等学科的理论，从理论与实证的角度来对中华人民共和国成立以来经济发展战略与经济体制模式之间的关系进行综合性、系统性、专题性考察，通过探究这二者间的内在联系，力图从历史变迁的脉络和轨迹中归纳提炼出它们相互作用和频繁演变的实质及规律。这将不仅能深化对经济发展战略和经济体制模式的研究，也可以深化对中国特色社会主义建设规律和党领导经济工作经验的认识，创新党执政规律研究的视角。这既有助于推动历史学科与党的执政规律研究相结合，也有助于推动党史、国史与经济史研究相结合。

再次,提出重工业优先发展战略的四种具体形态和“三步走”总战略的前三个阶段性分战略,并深入考察其与不同经济体制模式之间相互依存的历史互动关系。在前人研究的基础上,本书经过深入考察和认真分析,不仅将重工业优先发展战略划分为“一五”战略、“大跃进”战略、“备战”战略、“急起追补”战略四种具体形态,还将“三步走”总战略与时俱进地梳理为第一步分战略——“温饱”战略、第二步分战略——“总体小康”战略、第三步分战略的第一阶段——“全面小康”战略。在此基础上,本书经过较为详尽的逻辑分析和历史研究,提出了与上述经济发展战略相对应的几种经济体制模式,如传统计划经济体制的集权模式——苏联式中央高度集权型体制、传统计划经济体制的分权模式——毛泽东“虚君共和”体制构想、“双轨制”体制模式、社会主义市场经济体制的初步建立与不断完善等阶段,从而将中华人民共和国成立以来经济发展战略与经济体制模式的变迁脉络和互动历程完整地呈现出来。

最后,在诸多理论观点和结论启示上有不少创新。如提出中华人民共和国成立以来的各种经济发展战略与经济体制模式,都存在相辅相成的对应关系;从经济层面来看,经济发展战略科学与否从根本上影响着经济体制模式的形成、特点、运行和绩效,而经济体制模式则对相关发展战略实施成败起着至关重要的作用。又如,由于“大跃进”、“备战”、“急起追补”三个战略背离了我国基本国情和经济发展规律,所以虽然这一时期中央对战略和体制几经调整,但经济发展效果仍难如人意;由于“三步走”总战略的每一步分战略,基本都建立在正确认识国情的基础上,致使作为生产关系层面的经济体制模式也大都能适应生产力发展的客观要求,因此这几个时期我国的经济社会都获得了持续、快速的发展。再如,能否按照经济发展的一般规律发挥我国资源禀赋的比较优势,不仅是1978年前后发展战略与经济体制推行效果截然相反的深层原因,也直接关系到全面小康、现代化和中华民族伟大复兴“中国梦”能否顺利实现;绝不能把生产关系、上层建筑和意识形态上的盲目变革,当作经济发展的动力;在充分认识我国基本国情和经济发展规律的基础上,谦虚理性地学习借鉴其他国家与地区的经验教训,是制定科学的发展战略和体制模式的前提与基础;通过“顶层设计”切实推进以权力监督制约为核心的政治体制改革,是化解当前我国经济社会发展中诸多难题和实现全面小康、现代化与中华民伟大复兴“中国梦”的关键。

经济发展战略与经济体制模式所涉及的问题是多方面的,研究视角当然也是多种多样的,因此该书中自然也会存在着这样或那样的缺点与不足,这都是正常现象。但不管怎样，能运用历史学与经济学的方法将这二者整合起来进行深入细致的梳理研究，并在此基础上总结、归纳和提炼出相关的结论与启示，为党史、国史、经济史相关领域的研究添砖加瓦，这都是值得充分肯定和鼓励的。

苏少之

2018 年 10 月

导　论

第一节　经济发展战略与经济体制模式的关系

一、经济发展战略的内涵

“战略”这个词的原意是指基于对战争全局的分析判断，而做出的指导和部署。把这一名词运用到经济领域，并与“发展”联系在一起，是在第二次世界大战以后。具体来说就是，由于战后一系列亚非拉发展中国家独立，推动经济发展和实现现代化的问题日益突出，逐渐形成以这些发展中国家的经济发展为研究对象的学科——发展经济学，于是经济发展战略的概念随之产生。这一概念的提出和使用，始于20世纪50年代。在正式文献上较早地使用这一概念的是美国经济学家A.D.赫希曼，他在1958年出版的《经济发展战略》一书中，正式提出这一概念并对其进行了系统的分析研究。20世纪60年代，一些国家通过研究分析工业化和现代化的经验教训，提出“进口替代战略”和“出口替代战略”等经济发展战略模式。在此前后，联合国先后制定了20世纪60、70、80年代三个十年的国际经济发展战略，从而使“经济发展战略”这一名词在国际上更为流行，这一名词也随之从泛指一切国家经济发展的整体性、全局性、系统性规划，逐渐演变为特指发展中国家从经济社会发展水平低下的贫困落后阶段，走向市场化、城市化、工业化、现代化的战略部署与总体安排。20世纪70年代末，我国一些学者开始引入“经济发展战略”的概念，并在不断深化对其研究的基础上开始广泛使用这一概念。

综合学术界的各种观点，所谓经济发展战略就是对经济发展全局的谋划、布局和安排，一般是指一个经济系统或经济实体在较长的时期内经济建设和发展所要达到的主要目标，以及为完成这些目标而采取的一整套措施和安排，抑或是带有全局性、长远性、综合性的经济发展方针。不难理解，经济发展战略可以有不同的层次和范围，上到一个国家、地区，下到一个部门、企业，都可有自己的经济发展战略。而下一层次或较小范围的战略，则是上一层次或较大范围战略的组成部分。显而易见，这其中最重要的是全国性经济发展战略。虽然中华人民共和国成立后长期未使用经济发展战略这一概念，但在不同时期提出的诸如社会主义过渡时期总路线、社会主义建设总路线以及带有全局性、长远性、综合性的总任务、总方针、总政策等，事实上就是当时的经济发展战略。

总体来看，经济发展战略主要包括三方面内容：一是制定战略的现实依据和理论依据。这主要是根据本国经济、政治、文化、社会、科技、外交等的历史与现状，以及建立在这种国情基础之上的理论依据与指导思想。二是关于经济发展战略目标的选择。具体可分解为：对一定时期内经济发展目标的确定；对实现发展目标的条件与可行性的分析；对所确定目标的不断调整等。三是关于实现上述目标的途径、措施和保障办法等的制定。其中包括为实现这一目标所划分的阶段和步骤；不同阶段所确定的战略重点；为实现发展所需要的体制依托条件；为推进战略进程所需要的配套政策等。

经济发展战略的上述性质，要求其制定形成过程必须严肃、科学，否则不仅经济发展难遂人愿，还可能造成灾难性后果。一般来说，其制定依据主要有如下三方面：一是客观规律。众所周知，规律是物质世界固有的、本质的、必然的联系，是不以人的意志为转移的客观存在，因此人类只能在发现规律的基础上尊重和利用规律，而绝不能违背和扭曲规律。正因如此，制定任何经济发展战略都必须在学习吸收其他国家探索成果与成功经验的基础上，结合自身经济发展的经验教训，从实践中制定出符合经济发展普遍规律的经济发展战略。二是基本国情。国情是制定一切政策的出发点。毛泽东曾指出：认识中国的国情，乃是认清一切革命问题的基本的依据。因此，制定经济发展战略必须从本国经济社会等各方面的实际情况出发，使战略目标、战略重点、战略路径等层面的确定和选择立足本国实际、符合客观条件。总的来说，基本国情主要包括：自然条件、资源条件、人口状况、经济条件、社会状况、科技水平等。三是国际环境。不言而喻，国际政治和世界经济的形势与条件对一国经济社会发展有着重大影响。这其中主要包括国际资本流动、国际贸易关系、国际技术贸易、国际劳动力市场、国际经济结构等内容。

二、经济体制与经济体制模式的内涵

经济体制是指在一定区域内（一国或一地区）制定并执行经济决策的各种机制的总和，它规定了国家与企业、企业与企业、企业与居民间的关系，并通过一定的管理手段与方法来调控或影响经济社会的运行。简言之，经济体制就是资源配置的具体方式和制度模式。在近代以来的社会化大生产条件下，经济体制实际上有两大类型，即计划经济与市场经济。计划经济是指一国或一个经济社会的国民经济活动,主要由一个权力高度集中的中央主管机构,通过指令性计划直接管理协调和进行资源配置的经济体制。市场经济则是指一国或一个经济社会的生产和销售等经济活动,完全由市场上的价格、竞争、供求等机制所引导,而不像计划经济那样由国家和政府来直接控制。判断经济体制好坏优劣的标准,应是资源是否得到合理高效的配置和利用。一般来说,市场经济能够合理配置资源、正确调节经济,因而是一种高效、开放的经济体制,是推动经济社会发展的有效机制。

当然,在现代社会中,纯而又纯的计划经济和市场经济是不存在的,现实中的经济体制其实是计划经济或市场经济彼此向对方程度不等的转型,从而使计划和市场在资源配置中呈现出混合搭配的特征。经济学意义上的转型,更多地是指从一种经济制度、体制、机制,转变为另一种经济制度、体制、机制。所以,转型往往包含两种形态:一种是生产资料所有制层面的转型,既包括公有制与私有制之间的相互转换,也包括从一种公有制形式转变为另一种公有制形式,或从一种私有制形式转变为另一种私有制形式;另一种是运行机制层面的转型,这即是从计划经济向市场经济的转型,或从市场经济向计划经济的转型。

从20世纪50年代开始,“模式”这个名词逐渐进入人们的视野。起初,有人认为“模式”是指一种相对固定的状态或可供复制的模板,但后来大家渐渐意识到“模式”其实是一种类型、形态或形式。当“模式”一词与经济发展相结合,这一词汇就变为可用于分析研究经济发展状态的工具。在现代经济范式中,经济体制模式是与经济体制运行相关的各种系统的总和,是一种抽象的理论性概念,是为分析研究方便而提供的一个可供比较的样本。在现代经济研究中,一般都是从“模式”的角度来研究各类经济现象和经济问题。

三、经济发展战略与经济体制模式的关系

根据马克思主义理论,任何社会生产都包含两方面属性,即自然属性——生产力以及社会属性——生产关系。前者决定后者,后者反作用于前者,这就是唯物史观的基本原理。事实上,生产力从微观角度看,主要是企业和个人的生产水平、经济能力和发展趋势等;从宏观角度看,即是一国或一地区的发展阶段、文明程度、目标规划等。经济发展战略就是生产力在宏观层面的重要表现形式。具体来说,就是根据一定的地理位置、资源条件、科技水平,选择在国民经济上下游产业链中具有主导性的产业,通过对各种资源的最优配置以实现产业结构与企业组织合理化,最终使国民经济

实现平稳快速健康发展。从这个意义上说，经济发展战略的核心是通过对经济发展目标的选择与规划，努力实现整个国家的宏观经济效益和经济总量平衡。生产关系则是人们在物质资料生产过程中形成的各种社会关系的总和，它包含经济制度和经济体制两个层次，其中经济制度居于本质层次，经济体制则属于运行层次。作为决定资源配置方式的经济体制，虽然在社会化大生产条件下主要有计划经济与市场经济两种形式，但由于在生产资料所有制和经济运行具体调节等方面可以有程度不同的侧重和偏属，所以自然可以在计划经济和市场经济范畴内划分出各自不同的模式和类型。

一般来说，从广义上看经济发展战略包括经济体制模式，这是因为前者“包含一定的经济体制的原则”，“也即经济体制的目标”。当后者不适应前者的要求时，尤其是成为制约经济发展战略推进的决定因素时，这种经济体制模式就必须进行改革。① 但是，从狭义上看，前者主要是从生产力层面来研究问题，如战略目标、战略重点、战略路径、战略部署、配套措施等；而后者则主要从生产关系层面研究问题，如国民经济的组织形式、运行方式、管理制度、激励约束、关系协调等。所以，这两者之间是辩证统一的关系。

具体来说，一方面，经济发展战略与经济体制模式之间实际上体现了生产力与生产关系之间的关系。生产力决定生产关系、生产关系反作用于生产力的原理，决定了由一定的经济发展战略所导致的生产力发展水平，往往规定和要求着一定的经济体制模式与之适应；而经济体制模式合适与否，也往往反作用着相关经济发展战略的实施效果。从一定程度上可以说，经济发展战略决定的是经济发展的目标与途径，经济体制模式解决的则是经济发展的动力来源，二者都是为了更好地实现我国的工业化、现代化和中华民族伟大复兴的“中国梦”。这种根本目标的一致性，决定了这二者间是相互制约、相互促进、相辅相成的关系。

另一方面，以实现现代化为己任的经济发展战略，必须搭配市场经济与宏观调控科学组合的体制模式。经济发展战略决定着经济体制模式的选择，但体制模式确定后又会促进或阻碍相关战略的实施效果。事实证明，在现代经济社会中，要通过科学、高效、均衡的经济增长和长期发展实现我国现代化，就必须使市场在配置资源中发挥决定性作用，同时要使政府的宏观调控与市场经济有机统一，努力克服市场失灵。对大多数发展中国家来说，一个普遍性问题是经济社会发展贫困落后的同时，经济体制模式也远未实

① 参见张培刚：《农业与工业化：农业国工业化问题再论（中下合卷）》，华中科技大学出版社2002年版，第364页。

现现代化、市场化和文明化。所以，我国经济发展战略目标的制定与实现程度，从一定意义上来看取决于中国市场化改革的深度和市场经济体制的完善程度。正是从这个意义上说，经济发展战略的实施效果受制于经济体制改革的推进情况。

第二节　研究现状与评述

改革开放以来，理论界和学术界不断掀起对我国经济发展战略和经济体制模式的研究热潮，尤其是在国外战略研究和发展经济学、转轨经济学、过渡经济学等学科兴起的带动下，自 20 世纪 80 年代中后期起这两方面的研究成果就层出不穷，不胜枚举。时至今日，经济发展战略与经济体制模式仍是学界关注的热点问题。

在经济发展战略研究方面，除诸多对地方性、部门性、国际性等问题的专门研究外，对我国国民经济运行整体发展的宏观性、全局性、综合性研究的代表性成果有如下几类：一是对经济发展战略进行的理论性分析，如刘光杰的《中国经济发展战略理论研究》、张蕴萍的《西方发展经济学研究述评——兼论发展中国家经济发展战略的变迁》等。二是从经济学角度对我国经济发展战略进行的研究，如刘国光的《中国经济发展战略的若干重要问题》、韩康的《对中国经济发展战略问题的再认识》等。特别是林毅夫等于 20 世纪 90 年代出版《中国的奇迹：发展战略与经济改革》后，理论界和学术界掀起了对比较优势理论与经济发展战略的热烈探讨，涌现出一大批高质量的学术研究成果。三是从经济史、党史角度进行的分析研究，如李忠杰的《中国共产党与中国的现代化建设》、王素莉的《赶超战略及其历史经验初探》等。四是对党和国家主要领导人经济发展战略思想的研究，如贺耀敏的《邓小平对中国经济发展战略的积极探索》、刘洪森的《毛泽东社会主义建设赶超战略探析》等。五是对某一时段经济发展战略的研究，如蔡昉的《发展阶段判断与发展战略选择——中国又到了重化工业化阶段吗》、褚成仿的《新中国经济赶超战略形成的原因及其经验教训》等。

在经济体制模式方面，研究论著分别从改革起点、改革过程、改革特点、改革效果、中外比较等方面，进行了大量卓有成效的分析研究，不仅极大地丰富发展了相关理论，而且直接推动了波澜壮阔的改革开放事业。比较有代表性的有：一是对中华人民共和国成立初期经济体制模式的研究，如董志凯的《1949—1952 年中国经济分析》、燕凌的《从新民主主义到社会主义的转变》等。二是对传统计划经济体制问题的探讨，如薛暮桥的《关于社会主义经济的若干理论问题》、王琢的《宏观控制 · 行业管理 · 微观放活——关于计划经济体制模式的探讨》等。三是对市场化改革时期经济体制模式的研究，如吴敬琏的《中国经济体制与发展模式转型》、林毅夫等的《论中国经济改革的渐进式道路》等。四是对市场经济体制问题的探讨，如厉以宁的《社会主义市场经济与政府对资源配置的调节》、樊纲的《中国市场化进程对经济增长的贡献》等。五是对中外经济体制模式的比较研究，如任复兴的《社会主义国家经济体制改革比较》、赵传君的《中苏经济体制改革比较》等。六是从转轨经济学、过渡经济学、制度经济学等角度的研究，如张凤林的《理解制度变迁：当代转轨经济学若干争论评析》、盛洪的《中国的过渡经济学》、张养志等的《中亚五国经济体制转轨的新制度经济学分析》等。

显然，现有成果绝大多数是就经济发展战略和经济体制模式两个问题分别进行论述的，将这二者结合起来进行专门研究的成果并不多见，并且在为数不多的将这二者联系起来研究的论著中，也大都有各自的针对性。具体来说，一是对某一时期的经济发展战略与经济体制模式有关问题的分析。如王民的《关于经济体制改革和经济发展战略的几个问题》，就只是一方面阐述了中共十五大对所有制、分配制度、国企改革等的体制突破，另一方面则论述了这一时期所提出的科教兴国战略与可持续发展战略，但实际却并未真正将这二者结合起来进行分析。二是对经济发展战略与经济体制关系的纯理论探讨。如张学峰的《经济发展战略与经济体制的关系探讨》，就仅从理论上简要分析了这两者间的关系。三是从经济学角度对我国经济发展战略与经济体制模式的关系进行研究。如在这方面研究颇有影响力的北京大学林毅夫教授等学者，虽然通过《中国的奇迹：发展战略与经济改革》、《发展战略与经济制度选择》、《经济发展战略与中国的工业化》等论著，最先提出了重工业优先发展战略与传统计划经济体制间的逻辑关系，但据研究认为，上述论证长于理论分析而短于历史分析，且因过于笼统而有把问题简单化的倾向。四是从理论与实证相结合的角度，对我国经济发展战略与经济体制模式演进更迭进行的初步探索。如张明霞的硕士论文《当代中国经济发展战略转变与经济体制转型的历程及启示》，就简要对 1978 年前后我国战略与体制变迁进行了初步的探索分析。虽然这类成果做了初步尝试，但分析深度、挖掘力度、提炼高度等都还远远不够。

上述成果各有长处，但也各有其针对性。根据这些年来对已有研究成果的收集整理分析，学术界尚无专门对中华人民共和国成立以来，经济发展战略与经济体制模式的历史变迁和历史互动进行系统梳理与深入研究的成果。因此，对这二者的互动关系进行专门、细致的研究，从其各自演变、更迭的外在表象中探究出它们的内在逻辑关系，以期对今天全面小康、现代化和中华民族伟大复兴中国梦的实现，提供可资借鉴的经验教训，就具有不言而喻的意义和价值了。

第一章 “一五”战略与传统计划经济体制的集权模式

——苏联式中央高度集权型体制(1953—1957年)

1953年前后,以苏联工业化模式为蓝本的“一五”战略的确立和实施,直接导致了经济管理权力回归中央和传统计划经济体制的集权模式——苏联式中央高度集权型体制的加固与最终确立,我国经济体制由此发生了剧烈而深远的变化。中共八大前后地方的反映和其他问题的出现,使中央开始反思这一模式。反思带来了探索的新风,苏联式中央高度集权型体制开始解冻,地方分权化趋势出现萌芽。但由于对重工业优先发展原则和“一五”战略的反思与改进只具有改良性,并没有从根本上突破苏联工业化模式的逻辑架构和其对相关体制的依托,从而决定了这次对苏联式中央高度集权型体制调整的局限性。

第一节 “一五”战略的形成与特征

国民经济恢复前后,随着抗美援朝战争趋于缓和,如何通过大规模经济建设实现“变农业国为工业国”的夙愿,就成为当时中央领导集体考虑的重中之重。这种考虑对我国经济体制模式变迁,产生了直接和深远的影响。

一、推行“一五”战略与中国基本国情的矛盾和冲突

近代以来的中国革命,从一定意义上说都是为了实现国家工业化。在中华人民共和国成立前夕的中共七届二中全会和《共同纲领》中,都分别再次明确了由“农业国变工业国”的宏伟目标。但由于缺乏经验,加之尚未迫在眉睫,所以中华人民共和国成立初期对新中国工业化道路还处于摸索之中,既强调率先发展重工业的重要性,也强调优先发展农业和轻工业的必要性,对经济发展战略还未形成明确统一的看法。

在制定“一五”战略的过程中,中共中央对我国工业化道路的认识逐渐明晰。1951年2月,中央决定从1953年起开始实施第一个五年计划,并指定由周恩来、陈云、薄一波、李富春等着手编制。后来,薄一波曾回忆说:将一个落后的农业大国有效建成一个工业国,从何起步?这是编制“一五”计

划之初，就苦苦思索的一个问题。在经过对国际环境、国防军事、经济基础、政治需要等各方面利弊得失的反复权衡与深入讨论后，我们认为必须从发展能源、原材料、机械制造等重型工业入手。① 显然，这说明在制定“一五”战略时，我国并没有照搬此前国民经济恢复时期的工作程序，而是经过重新思考后才确立了重工业优先发展原则。1951 年 12 月，毛泽东首次指出：从 1953 年起，我国就要进入大规模经济建设了，准备用 20 年时间来实现中国的工业化。他明确指出：实现工业化当然不只是重工业与国防工业，但第一重要的、并能带动农业和轻工业向前发展的是重工业和国防工业。② 随后，于 1952 年 5 月召开的全国财经会议上，针对“一五”计划的安排，李富春也明确指出：国民经济建设的重点是重工业，尤其是燃料动力、钢铁、机械军工、有色金属和化学工业等基础工业，要为我国工业化打下基础；而轻工业、农业、交通运输业等，应围绕重工业这个中心来发展。③ 此后，中财委通过的《中国经济状况和五年建设的任务及附表》与《关于编制五年计划轮廓的方针》，都已明确：“一五”战略是以重工业为主，主要目的是要为中国工业化打下基础。在经济发展战略逐步明朗的基础上，毛泽东进而于 1953 年提出了过渡时期总路线，确立了将工业化建设和社会主义改造结合进行的“一体两翼”的实施路径。

选择重工业优先发展的“一五”战略的原因，学界已有不少解释，在此不必赘述。值得强调的是，这一战略的制定与实施同我国“一穷二白”的基本国情产生了尖锐矛盾和严重冲突。

第一，进行大规模工业化建设的“一五”战略，与我国落后原始的农业经济之间存在着尖锐的矛盾。作为生产力极为落后的农业大国，一方面农业在国民经济中具有举足轻重的地位和作用。如 1952 年年底，农业产值在我国工农业总产值中的比重达 56. 9%，此外以农产品为原料的轻工业占轻工业产值的 87. 5%，而轻工业产值又占整个工业总产值的 64. 4%。加之，出口换汇的农副产品及其加工品占出口总额的 82. 1%，这就使作为基础产业的农业，成为我国国民经济发展中牵一发而动全身的关键部门。另一方面，虽然经过三年恢复国民经济已有不少改观，但农业生产仍处于人拉牛耕的原始状态。据研究，1952 年平均每个农村劳动力创造的净产值仅为 419 元，所以尽管 1952 年农村人口占我国总人口的 85. 6%，但如此低下的劳动

① 参见薄一波：《若干重大决策与事件的回顾》（上卷），人民出版社 1997 年版，第 298 页。

② 参见《毛泽东文集》第 6 卷，人民出版社 1999 年版，第 207 页。

③ 参见《李富春传》，中央文献出版社 2001 年版，第 421 页。

生产率使人均农产品仅为：粮食 576 斤、棉花 4.6 斤、油料 14.7 斤，肥猪 0.12 头。[①] 显而易见，农业在国民经济中的基础地位和靠天吃饭的落后状态，已使其变为国民经济链条上最薄弱的环节，成为我国经济发展的“短腿”和“瓶颈”。所以，中华人民共和国成立初期经济恢复之后，怎样加速农业发展，以尽早实现农业集约化与现代化，就应顺理成章地成为经济工作中迫切需要解决的第一要务。然而，以苏联工业化模式为蓝本的“一五”战略的制定实施，却把重工业优先发展的大规模工业化建设作为整个经济工作的焦点和重心，这就不仅使改变农业落后面貌的紧迫性降格，而且为添补重工业优先发展所造成的巨额资金缺口，还需要采取种种“以农补工”的办法来保证这一战略的顺利推进。这一以牺牲农业发展为代价，来换取重工业优先发展的“先天”问题，不仅注定了这种工业化模式不具备可持续发展的可能，也预示着这一战略将因难以得到始终如一的推进，而只具有短暂实施的可能，同时也为其后经济发展战略的频繁转轨、更迭埋下了隐患。

第二，“一五”战略的制定实施与我国人口多、增长快，以及人民生活水平亟须改善的情况格格不入。我国人口众多，底子薄弱，劳动力相对过剩的问题异常严峻。据统计，1952 年时全国仅农村剩余劳动力就多达 4039 万人，占农村劳动力总数的 16.8%。更严峻的是，“一五”战略正处于我国近代以来长期社会动荡结束后的人口增长高峰期，且随着国民经济恢复和人口增长，这一问题已变得日益严重。由于人口多，增长快，加之以往生活水平长期过低，所以 1952 年以后广大人民的生活消费需求大大增加，亟须改善和提高。如 1954 年陈云就针对这一问题指出：“只要全国每一个人一年多穿一件衣服，一年就要多消费三千万到四千万匹布”；“多吃一斤肉，一年就要多消费六百万到七百万头猪”，“几万万人的消费水平提高，就会使增产了的消费品发生供不应求”。[②] 但众所周知，大量生活必需品的生产和生活水平的提高，几乎都来自与人民生活紧密相关的农业和轻工业。可“一五”战略却在重工业优先发展原则的指导下，把仅有的稀缺资源集中投入到重工业之中，极大地抑制了轻工业与农业的发展，而且因为重工业需要资金多、周转时间长，这就更制约了人民消费水平的提高和生活条件的改善，其直接后果就是物质产品日渐匮乏，最终导致经济发展的初衷与效果背道而驰。

第三，“一五”战略确立的重工业优先发展原则，与我国资本稀缺的资源禀赋现状存在着严重的矛盾。作为资本密集型的重工业，不仅需要较长

---

① 参见武力主编：《中华人民共和国经济史》（上），中国经济出版社 1999 年版，第 204 页。

② 《陈云文选（1949—1956）》，人民出版社 1984 年版，第 258 页。

的投资周期，而且由于其技术规模的不可分割性等内在特点，自然要求比其他部门具备更为宏大的初始投资规模和持续的后继资本投入能力。然而，作为贫穷落后的农业国，尽管我国经济已恢复到战前水平，但彼时经济积累水平原本就非常低下，加之微薄的经济剩余分散在广大的农村，因此在大规模经济建设初期，资本显然极为稀缺，筹集能力十分低下。根据“一五”战略的构想，五年内基本建设投资约 427.4 亿元，按 1952 年的汇价折合美元为 163.3 亿元，即平均每年需能拿出 32.66 亿美元才能实现预期工业化的目标。但我国 1952 年的人均国民收入只有 104 元，国家银行的期末资产总额和存款余额也分别只有 118.8 亿元与 93.3 亿元，仅占当年国民收入的 20.2%与 15.8%。① 不言而喻，这样的生产力水平和经济发展能力，是难以适应“一五”战略优先发展重工业的要求的。

第四，“一五”战略的规划和部署，与经济发展一般规律之间存在着根本性矛盾。按照一般经济发展规律，作为资本稀缺的农业大国，国民经济恢复后我国应根据资源禀赋比较优势，将有限的资金投入到当时技术已经成熟，从而投入产出率最高的部门与产业。而轻工业与传统加工业是我国当时技术最成熟、投入产出率最高的部门和行业，也就是说，将仅有的资金投向这些部门是最经济、最有效益的。然而，“一五”战略却反其道而行之，将大量稀缺的资金投向了我国技术水平最低、资金回报时间最长的重工业部门。另外，客观经济规律要求经济发展必须均衡协调，而“一五”战略虽然大体保持了重工业内部各部门间的均衡，但重工业优先发展原则却从整体上使国民经济发展违背了结构均衡协调的要求，造成产业结构失衡和农业、轻工业等的严重滞后，从根本上制约了国民经济的长期协调发展。事实也的确如此，随着“一五”战略的实施和推进，其隐含的农、轻、重比例不协调等问题日趋严重，最终在这一战略推行后期出现了举步维艰、难以为继的种种征兆。其在现实中的反映就是，虽然中央在战略推行之初，就开始实行农产品“统购统销”制度，可陈云还是于 1954 年 6 月不得不指出：我国农业生产水平与工业建设和人民生活需要相比，即使完成计划任务，也是很紧张的。1955 年时，我国若干省份已经出现了许多农民要求供应粮食的问题，不少地方还出现排队争购切面与其他食物的现象。正是在此基础上，在 1956 年 9 月党的八大的会议发言中，各省领导人纷纷向中央反映农业负担太沉重。其实除农业外，我国轻工业也常因农业歉收而开工不足，已经大大影响了群众正常的生产和生活。

---

① 参见盛斌、冯仑主编：《中国国情报告》，辽宁人民出版社 1991 年版，第 521 页。

二、"一五"战略对经济体制变革的要求

不难看出,作为生产生产资料的重工业,由其资本密集的特点和在这一基础上衍生出的投资规模大、技术要求高、周转时间长等特征,使"一五"战略的推行和实施与我国当时生产力水平下的资源禀赋特点与资源动员能力,产生了尖锐矛盾。不难理解,在"一五"战略与我国客观国情和一般经济发展规律存在上述矛盾与冲突的情况下,为确保没有自生能力的重工业如人所愿地顺利发展,在苏联应允提供技术支援的情况下,推行"一五"战略的最大难题即是怎样摆脱农业等"短腿"和"瓶颈"产业的束缚,集中充足的资金来确保上述没有自生能力的产业发展。正是在这种背景下,党和国家不得不模仿苏联的做法,通过对经济体制的变革来进行人为的制度安排,以期为优先发展重工业营造有利的资源配置制度、宏观政策环境、微观经营机制。① 具体来说就是:

第一,为了在一穷二白、积贫积弱的国情下保证重工业的优先发展,就必须在一个相当长的时期内延缓乃至牺牲农业和轻工业的发展,通过这种抑"农"保"重"、抑"轻"保"重"的办法,来实现重工业违反常规的跳跃式发展。显然,要实现这一目标,就只能借助于行政指令性计划的力量。这是因为市场这只"看不见的手"的作用,是一个均衡发展的长期过程,市场本身不具有实现非均衡发展的能力,也就是说,通过市场实现工业化将是一个缓慢的历史过程,市场机制本身不具有在短期内动员全社会力量集中于指定领域的确定性。而借助行政指令性计划,则是唯一可以实现这一目的的现实途径。借助于这种不同于市场的行政指令性计划,中央就可以动员各种资源,调动各方面的资金用于重工业发展。正如党中央指出的:考虑到工业化的速度首先决定于重工业的发展,和必须以发展重工业为大规模建设的重点,因此为了实施"一五"战略,就"应动员全国力量,集中全国人力和财力"。同时,我们要集中力量去进行基本建设,以有限的资金和建设力量首先保证重工业与国防工业的基本建设,特别是要确保能迅速增强国家工业基础与国防力量的主要工程的完成。因此,一切次要的、可以推迟的建设必须推迟,一切对国家不起重要作用的工程投资必须削减。同时,对于盲目铺摊子的现象必须克服;对只顾小局、不顾大局的思想,必须批判。② 在这种

① 此处借鉴了林毅夫教授等学者把传统体制分解为资源配置制度、宏观政策环境和微观经营机制的分析方法。

② 参见中共中央文献研究室:《建国以来重要文献选编》第3册,中央文献出版社1992年版,第448—449页。

情况下,排斥市场机制的中央高度集权的行政指令性计划配置制度,就逐步形成了。

第二,为了保证“一五”战略的实施,除了要动员一切资源集中于重工业建设外,还必须通过营造一定的宏观政策环境,来保证重工业发展的成本足够低廉。在市场机制发挥作用的情况下,是难以达到这一目的的,因此这就要求创造一种政策环境,人为降低发展重工业所需的劳动力、资本、原材料、进口设备和技术等的成本。而要做到这一点,也有赖于中央高度集权的经济体制。因为只有将分散于各地方和市场上的各种经济管理权力集中于中央,才有可能制定统一的低利率、低汇率、低工资、低能源和低原材料价格,以及低农产品和其他生活必需品价格,并能保证这些政策顺利实施。比方说,为了保证重工业产业能以较低的成本快速发展,非常重要的一点就是要通过降低资本价格,以维持稳定的低利率水平。为此,中央曾多次调低贷款利率。如果以1950年5月工业信用贷款利率月息3.0%为参照系数,则1950年7月31日被调至2.0%,1951年4月又调至1.5%—1.6%,1953年1月继续调到0.6%—0.9%,1954年则调到0.456%。① 可见,在很短的时间内能根据需要频繁地人为调整利率,显然不是客观的市场规律使然,而是人为作用的结果,而这显然只有在中央高度集权的宏观政策环境下才能实现。

第三,“一五”战略的实施和推行,推动形成了工业国有化和农业集体化的微观经营机制。与资源配置制度与宏观政策环境的变化相适应,为贯彻“一五”战略,保障重工业先行发展,必然要求在微观经营机制上逐步实行纯而又纯的公有制。具体来说,一方面工业领域中的国有制是保证“一五”战略推行的必要条件。不难理解,在多种所有制成分并存的新民主主义经济体制中,政府难以对其他所有制尤其是私营经济的利润分配和投资方向进行及时、有效的控制和干预,从而也就不能保证将举国上下的资源集中优先配置于先行的重工业部门。此外,在多种经济成分并存的所有制结构下,中央的行政指令性计划也不可能得到最大限度的贯彻执行。正因如此,为了实现优先发展重工业的“一五”战略目标,就必须最大限度地把非公有制尤其是私营经济改造成国有制或公有制,从而在这个基础上建立统一的行政指令性生产计划体制和统收统支的财税体制。另一方面,农业的社会主义改造是“一五”战略所需的另一微观经营基础。如前所述,要优先发展重工业就必须千方百计地降低重工业发展的生产成本,为其发展积累

① 郑先炳:《利率导论》,中国金融出版社1991年版,第115—120页。

足够的资金。为此,除了扭曲农产品价格,还必须加大对各类农产品的征购数量。而在一家一户如汪洋大海般分散的小农经营基础上,则难以顺利、迅速实现,这就客观上要求必须有一种新的制度安排来保证这一任务的实施。这样,与统购统销相伴随的农业社会主义改造,便与其他公有制改造一道应运而生并轰轰烈烈地迅速进行。因为只有在农村中迅速建立起这样的制度、体制、机制,中央才能有效对农产品的生产、分配、消费进行控制,从而保证重工业的超常规发展。①

第二节 “一五”战略的推行,导致传统计划经济体制的集权模式

——苏联式中央高度集权型体制最终确立

可以看出,在实现前述资源配置制度、宏观政策环境、微观经营机制等重大转换和变革中,一个十分重要的事项就是把原由各地控制的经济管理权力上收后,由中央高层统一规划和配置。事实上,“一五”战略的逻辑指向内在要求,直接导致经济管理权力收归中央和传统计划经济体制的集权模式的加固与确立,最终形成了适宜于重工业率先突进的苏联式中央高度集权型体制。正如薄一波所说:“‘一五’计划是在苏联帮助下制定的,156项重点工程也是苏联援建的,加上我们自己缺乏经验,所以自然要搬用苏联的一些办法,这就强化了中央权力过分集中的体制。”②

为适应集中配置和管理各种社会资源的需要,中共中央于1952年11月设立国家计划委员会,与政务院平行。它是综合性国民经济管理机构,主持经济计划的编制与实施,负责全局性决策和协调经济社会发展中的各方面问题。显然,这就从组织上推动了传统计划经济体制集权模式的建立和经济管理权力的高度集中。为加强集中管理经济的能力和适应资源配置方式的转变,精简政府层级,同年11月15日,中央政府第十九次会议决定将大行政区政府改为行政委员会,作为中央政府的代表机构,与此同时,大区的主要领导人也于1953年前后上调中央政府各部门任职。就如中央文件指出:为适应即将开始的大规模、有计划的经济建设的新形式、新任务,中央政府对各项工作的领导,应更加统一与集中,中央政府的机构应大大予以加强,同时省、市级政府的组织也应加强,以加重省、市级领导的责任,因而大

① 参见李庆华:《经济发展战略研究》,中共中央党校出版社1998年版。

② 薄一波:《若干重大决策与事件的回顾》(下卷),人民出版社1997年版,第807页。

行政区人民政府的机构与任务予以改变。① 这以后的大区只是中央政府权力的延伸,是作为中央的派出机构或代表机构,而非一级政权机关或行政层级。这样一来,中央和地方间的关系也由过去是中央与大区之间的关系,变为中央与各省的关系。这既有助于克服中央政府对省级地方管理时,所存在的缺少沟通环节和鞭长莫及的缺陷,也为适时完全取消大区作了必要准备。

在此期间,中央撤并行署区、省,缩小中央直辖市,这就改变了以前中央主要靠大区来领导各地的体制,不容置疑地加强了中央权力。对此,《人民日报》就曾明确指出:“为了顺利地进行国家的经济建设”,就必须“加强计划性”与“中央的统一和集中的领导”,所以过去“地方分权较多的情况”,“就不再能够适合于今天的形势了”,于是,中央通过《关于调整省、区建制的决议》、《关于改变大行政区人民政府(军政委员会)机构与任务的决定》、《关于增设中央人民政府机构的决议》,就都是为了适应即将开始的工业化建设的新形势、新任务,加强中央政府对各项工作的领导和加强省市人民政府的组织与领导。②

在此基础上,为适应以建设重工业为核心的第一个五年计划的顺利实施,中共中央从1953年开始加紧了经济管理权力的集中。这年初,毛泽东认为政府工作中存在着分散主义,为此他一方面加强了中央对财经工作的领导,另一方面也加强了政府各部门向党中央的请示报告制度,规定一切重要方针、政策与重大事项,都必须请示中央。1953年时,有人曾形象描述了这一权力集中的情况:“大权独揽,小权分散;党委决定,各方去办;办也有诀,不离原则;工作检查,党委有责。”③1954年6月,正式撤销大区委员会,同时在政务院增设9个部门,其中6个是经济管理部门,这就进一步强化了对经济工作的集中统一领导。当年9月,根据一届全国人大的决定,不仅将政务院改为国务院,还将其工作部门由42个增加到64个,其中经济部门12个。这样一来,省一级政府也对口设立了相应机构,省以下政府也依此办理。于是,以部门管理为主的苏联式中央高度集权型的经济管理体制,即以“条条”为主的传统计划经济体制的集权模式就形成了。

这样到1956年前后,中央已集中了绝大部分经济管理权力,具体表现

① 参见中共中央文献研究室:《建国以来重要文献选编》第3册,中央文献出版社1992年版,第421页。

② 参见《人民日报》1952年11月17日。

③ 转引自辛向阳:《大国诸侯:中国中央与地方关系之结》,中国社会出版社1995年版,第270页。

在如下方面:其一,在财政金融方面。在1951年实行统一领导、分级管理体制的基础上,为适应裁撤大区后的情况,国家财政重新划分为中央、省(市)、县三级。但这仅仅是分级管理的开始,并没有从根本上改变统收统支的局面。1954年以后,在预算管理上初步贯彻了包干政策,但在中央与地方的分成比例一年一变,和中央对地方的机动财力使用指令性计划控制的情况下,财力仍主要集中在中央手中。这一时期,地方(省及省以下)财政本级收入占22.3%,中央财政本级收入占77.7%;地方财政支出占26.8%,中央财政本级支出占73.2%。①

其二,在国营企业的归属和产值方面。1953年以前,除华北区外工业企业基本是由各大区管理,撤区之后主要工业企业则陆续收归中央各部直接管理。例如,1953年时中央直属企业为2800多个,到1957年时已增加为9300多个,占企业总数的16%。② 从产值看,1956年时中央直属工业企业在总产值中占49%,在化工部门占57%,煤炭部门占72.2%,电力部门占83.3%,钢铁部门占94%。③

其三,在商业物资方面。为保证在短缺条件下进行重点建设,中央从1953年起对主要农副产品实行了统购统销,并将工业品中的生产资料分为统配、部管、地方管理三类物资,其中前两类(由中央调配)1953年为227种,而到1957年则增加为532种。④

其四,在基建方面。"一五"战略实施后绝大部分建设项目,都由中央各部直接管理,投资建设任务由中央各部直接安排。地方则主要搞一些农林水利、文教卫生、城市公用事业等,但即便这样,其基建项目仍须由中央直管的地方工业部和城市建设部等"条管"部门指定。这就不难理解,"一五"战略的预算内基建拨款中,中央项目占79%,地方仅占21%。⑤

其五,在劳动和工资管理方面。撤销大区以前是在中央指导下以地方管理为主,撤区以后则逐步过渡到以中央集中管理为主,职工人数计划由国家逐年批准下达,用工形式向单一化发展。在工资管理上,1953年前是分散管理,1953年实行劳动工资计划管理,中央控制工资总额与等级标准,

① 参见项怀诚主编:《中国财政50年》,中国财政经济出版社1999年版,第120页。

② 参见朱镕基主编:《当代中国的经济管理》,中国社会科学出版社1985年版,第44页。

③ 参见柳随年、吴群敢主编:《中国社会主义经济建设简史》,黑龙江人民出版社1985年版,第171页。

④ 参见赵德馨主编:《中华人民共和国经济史(1949—1966)》,河南人民出版社1989年版,第388页。

⑤ 参见朱镕基主编:《当代中国的经济管理》,中国社会科学出版社1985年版,第43页。

1954 年后则集中到中央劳动部统一管理。

高度的集权虽然在短期内取得了显著效果，但也很快暴露出其缺陷。苏联式经济管理权力的高度集中，一方面使“一五”战略取得了骄人的成就，另一方面也暴露出这种体制模式和工业化道路的固有症结，其优点与缺点就如一枚硬币的正反两面。

第三节 反思和改进“一五”战略，带来对传统计划经济体制的集权模式

——苏联式中央高度集权型体制的调整

以历史的眼光看，传统计划经济体制下中央集权与地方分权周期循环的起点，可以认为是 1955 年。这一年，“一五”战略突飞猛进，“三大改造”高潮迭起，但与此同时也暴露出不少经济建设和管理体制中的深层次问题，引起了中央和地方领导的广泛关注，中共中央决策层由此开始反思苏联模式，并取得了积极的成果。苏联式中央高度集权型体制由此开始解冻，出现了体制改革和地方分权的端倪和萌芽。

一、地方和中央部委对苏联式中央高度集权型体制弊端的反映汇报及其重大意义

苏联式高度集中型体制造成中央集权过多，从而使地方在经济建设方面的手脚被束缚太紧，其积极性、自主性和能动性受到很大抑制。随着问题不断暴露，地方的抱怨之声日渐增多。例如，1955 年毛泽东外出巡视期间，所到各省的负责人就纷纷向他痛陈这一问题，要求中央放权。

如时任安徽省委书记曾希圣就这一问题举例说：安徽省淮南市有个两万多人的大煤矿，然而矿领导在财政支出上却仅有两百块钱以下的批准权，并且没有增加一个人的权力，这个样子怎么可能把事情办好呢？他还反映说，中央有的部门为限制地方发展工业，竟以安徽地方工业落后为由，说安徽省里没有资格办工厂，不能把合肥变成“人为的”工业城市。时任广东省委书记陶铸也直言道：过去总说广东是前线，不能办工厂，群众就业问题由中央管，而国家预算又不给钱，包袱还得省里背，这不是长久之计。天津市委也反映说，中华人民共和国成立五年来，中央只给天津安排了 20 万块钱的基本建设投资，建什么都要报中央有关部门批准，甚至连市里设多少电影队、每队多少人，也得报经中央主管部门同意。除了这些以外，许多部门强调垂直领导，甚至一直管到企业的处室，这让企业

很难办。①

不仅如此，国家计委和国务院"五办"于1956年2月向毛泽东汇报时，也着重谈到了这个问题。计委汇报说，许多地方要求办能发挥当地资源禀赋比较优势的产业和一些服务民生的辅助性重工业，如小煤矿、小电站、生产和修理农具的小机械厂。但他们有两个顾虑：一是怕中央不让搞；二是怕等工厂搞得像样后，被中央收走。五办汇报说，现在省级财政收入只有5%的农业税附加、3%的总预备费和部分自筹资金，三项数额都不大，除这之外与中央级的预算单位没有什么区别，县、乡更没有什么财权。这就造成县需钱向省要，省需钱向中央要的局面，对调动地方增收节支的积极性是很不利的。此外，各省市向毛泽东的口头和书面汇报中，对束缚地方积极性的一些制度反映也非常强烈，并从人、财、物各方面列举了大量事例。② 不仅如此，1956年9月在中共八大的会议发言中，全国各省负责人又都对中央提出了各自在经济发展中的问题和要求。如山东要求增加农田水利的投入；江西要求减轻农民的公粮负担；福建则"要求中央有关部门，对福建应采取支持落后地区的办法给予帮助"，如"能在第二个五年计划内在福建办几个大型的轻工业"。此外，各省还集中反映了农业生产难以达到中央的要求等。③

上述反映和汇报，不仅蕴含着重大意义，而且对我国工业化道路和体制变迁有着重要影响：其一，暴露出苏联式中央高度集权型体制的弊端，打破了苏联模式的神话。前述地方反映和部委汇报，使传统计划经济体制的集权模式——苏联式中央高度集权型体制束缚地方积极性、主动性、能动性的问题得以暴露，有助于中央领导集体打破对这种模式和体制长期以来存在的迷信认识，激发我国独立自主地探索适合自己的发展道路与体制模式，有利于经济体制模式的调整和重构。例如，薄一波在其回忆录中就曾说，针对"一五"战略中出现的各类问题，毛泽东就开始认识到学习苏联也不要迷信，对的就学，不对的就不学，"要打破迷信"，"不管中国迷信还是外国迷信"，就是我们的子孙后代"也要打破对我们的迷信"。

其二，提供了利用地方积极性、主动性和能动性发展经济的可行思路。"一五"战略中重工业优先发展原则的持续推行，因受到农业基础和资源结构的约束而存在着越来越大的阻力，已显露出难以为继的症状。在这一战

① 参见薄一波：《若干重大决策与事件的回顾》（下卷），人民出版社1997年版，第808页。

② 参见薄一波：《若干重大决策与事件的回顾》（上卷），人民出版社1997年版，第497—498页。

③ 参见《中国共产党第八次全国代表大会文献》，人民出版社1957年版，第692—694、741、755页。

略继续实施面临很大困境的时候，上述的地方反映和部委汇报恰好给困境中的中央领导集体指出了发展经济的另一可行思路，从而直接导致了中共八大前后对经济体制模式的正确探索，也为“两条腿走路”工业化方针的形成提供了思想基础。然而，地方积极性的发挥是一把“双刃剑”，既可以对经济建设起正面的积极作用，也可能产生破坏性的负面影响，“大跃进”的灾难性后果就是证明，这一点将在后文详述。

其三，说明地方政府不仅存在着相当强烈的自身利益，而且普遍对周转时间短、资本需求小、技术含量低的资源禀赋比较优势产业——轻工业等有较强的投资冲动。如国家计委汇报说，现在各省、市、自治区普遍要求多办工厂，比如说上海、天津要求发展较高级的产品，两广要求发展糖和纸，四川要求办甘蔗糖厂，云贵要求发展食品工业、亚热带作物加工厂，边远地区要办畜牧产品加工厂等。计委在汇报中认为，通过各地比较优势产业的发展，既能弥补中央无力发展以轻工业为代表的资源禀赋型产业的不足，也可以为重工业这种资本密集型产业积累资金。计委认为，今后轻工业发展规模很大，想由中央两三个部包办，无论如何都是不可能的，因此应发挥各方面的积极性。“五办”的汇报也说，现行体制导致地方财权过小，不仅对调动地方增加财政收入的积极性不利，而且意味着许多能办、该办的事都没有办。① 值得指出的是，此时地方仍愿投资于资源禀赋比较优势产业的原因在于，1955—1956 年市场机制的作用虽已大为减弱，但在非主要行业的局部领域还可以在资源配置中起一定作用。此外，考虑到重工业的成本、技术和周转期等问题，对地方来说，其利润率还是低于轻工业的。

其四，上述情况意味着，由于地方经济管理权力太小，我国丧失了本可由地方积极性发挥所带来的更快的发展速度和更好的发展绩效。例如，国务院“五办”的汇报中就指出：国务院财政部和其他各主管部门，对地方国民经济计划、事业指标和财政收支管得过多、过细、过分集中，束缚了地方的积极性。国家这么大，能够获得的收入本来可以很多，如果能注意发挥地方的积极性，收入是还可以增加的。② 这就说明，虽然这几年“一五”战略的业绩骄人，但国家和社会所付出的机会成本仍然高昂。今后，如果要想争取到更快更好的发展速度和建设效果，就必须充分发挥地方的积极性，调动所有的积极因素服务于工业化建设，最大限度地降低机会成本。其实，这也是使毛泽东确信中国经济可以更快发展的重要因素。

---

① 参见薄一波：《若干重大决策与事件的回顾》（上卷），人民出版社 1997 年版，第 497 页。

② 参见薄一波：《若干重大决策与事件的回顾》（上卷），人民出版社 1997 年版，第 498 页。

其五，地方的建议和反馈，再次证明我国农业基础极其脆弱的现实，对"一五"战略和重工业优先发展原则的重大制约。例如，在1956年9月中共八大会议发言中，针对山东粮食产量严重不过关的问题（1955年亩产量才241斤），谭启龙认为粮食增产一直是山东所面临的重大任务之一，希望国家重视对山东的粮食生产投入，而不要强迫大量生产经济作物。为此，他建议说："我们认为，目前不宜过多过猛地扩大经济作物的种植，而应积极从提高单位面积产量着手"，"希望中央有关部门在规定种植计划时，不要限制过死"。杨尚奎针对江西指出：江西是老根据地，人民生活水平本来就相当低，但公粮负担从1951年起历年都超过全国的平均负担率。对此，他认为：总体来说，老根据地群众的负担的确很重，以致引起了不少群众的不满，并影响到了他们生产积极性的发挥。针对工业化建设和国家不断增加的农产品需求，张德生针对陕西的问题汇报说，这几年来为完成农业生产任务，陕西不少农村社员的健康和休息已没法保证，有的干部甚至号召"把黑夜变白天，把月亮当电灯"；林铁则代表河北指出，农业生产不能一步求成，上边的计划必须与下边的客观条件相结合，要给下边留有余地；江渭清也针对江苏的情况提出，江苏的农业生产指标订得偏高，耕作制度改革要求过急，压在合作社头上的任务太重。①

二、中央领导集体对"一五"战略的反思和改进

对上述反映汇报中的问题，毛泽东不仅十分关注，还结合"一五"战略中的其他问题与1956年年初苏共二十大的"揭盖子"，开始反思和探索我国工业化道路与经济发展战略，并取得了不少积极成果，突出表现为以下几方面：

其一，根据地方反映的问题和苏联产业结构的弊病，在对农业、轻工业、重工业关系的认识和调整上，提出了农、轻、重协调发展的方针。针对农业增产困难和轻工业重要性的重新认识，毛泽东在《论十大关系》中指出：现在发展重工业有两种途径，即少发展一些农业、轻工业，多发展一些农业、轻工业。他认为：从长远来看，前一种办法会使重工业发展得少些、慢些，后一种办法会使重工业发展得多些、快些。在此基础上，他于1957年2月的《关于正确处理人民内部矛盾的问题》中，专门论述了中国的工业化道路，指出："我国的经济建设是以重工业为中心，这一点必须肯定。"但应该注意的

---

① 参见《中国共产党第八次全国代表大会文献》，人民出版社1957年版，第692、694、741、293、207、668页。

是，也要充分“发展农业和轻工业”，这是因为如果“农业和轻工业发展了”，“重工业有了市场，有了资金，它就会更快地发展”。他认为：“看起来工业化的速度似乎慢一些，但是实际上不会慢，或者反而可能快一些。”①

其二，在工业化实现方式上，开始形成“中央与地方并举”的思想。针对此前忽视地方发展经济的积极性和由此带来的机会成本过大与经济绩效损失的问题，毛泽东于1956年4月指出：我国这样大，人口如此多，情况复杂，有中央与地方两个积极性总比只有一个积极性好。所以，应在巩固中央统一领导的前提下扩大地方的权力，给地方更多独立性，让地方能办更多的事，“这对我们建设强大的社会主义国家比较有利”②。在此之后，他又进一步指出：由于地方工业同农业有更为直接、更为密切的关系，因此实行这个方针，就可以更有效地使发展工业与发展农业同时并举和相互支持；就可以把地方办工业的积极性、人民群众办工业的积极性，更广泛、更充分地调动起来，从而必然会加快我国工业化的速度和农业技术改造的速度。③ 然而遗憾的是，当这条方针后来服务于“大跃进”战略时，也自然就失去了它合理的意义和价值。

其三，在积累与消费关系上，提出要处理好国家、企业和个人之间的关系，做到三者兼顾。鉴于苏联模式的教训和对地方与部委关于农业与人民生活问题反映汇报的考虑，为避免因积累过高而造成人民生活困难和经济忽上忽下带来的损失，中央提出要正确处理国家、企业、个人三者之间的利益分配。例如，毛泽东就特别强调要处理好国家与农民的关系，为此，他形象地指出：想让母鸡多生蛋，又不给它米吃；想让马儿跑得好，又要马儿不吃草，世界上哪有这样的道理？为此他提出：我们对农民的政策，不是苏联实行过的那种政策，而是应该兼顾国家和农民的利益。④ 1956年11月，主持经济工作的陈云也指出：今后我国的经济建设和人民生活，必须兼顾，必须平衡。⑤ 薄一波则在中共八大上专门就这一问题作了发言，提出二者兼顾的“二三四”比例。

党的八大前后对工业化道路的反思和探索，在理论上取得了积极成果，

---

① 《毛泽东文集》第7卷，人民出版社1999年版，第241页。

② 中共中央文献研究室：《建国以来重要文献选编》第8册，中央文献出版社1994年版，第251—253页。

③ 参见中共中央文献研究室：《建国以来重要文献选编》第11册，中央文献出版社1995年版，第223页。

④ 参见《毛泽东著作选读》（下册），人民出版社1986年版，第727页。

⑤ 《陈云文选（1956—1985）》，人民出版社1986年版，第29页。

在实践上也比较注意处理好农轻重、中央工业与地方工业、积累与消费之间的关系，贯彻执行统筹兼顾，在综合平衡中稳步前进的方针，从而能够比较好地克服经济中的急躁冒进，从而使1956年前后的经济工作取得了很大成绩。

三、对工业化道路的探索，拉开了传统计划经济体制下中央集权与地方分权周期循环的序幕

上述地方建议和对工业化道路的探索，必然会引起对传统计划经济体制的集权模式——苏联式中央高度集权型体制的重新思考和调整。此后，中央领导人多次强调要注意发挥中央、地方两个积极性，不能只发挥中央一个积极性，所以我国经济管理体制要改，应让地方办更多的事。例如，1955年11月，在中央召开的各省、自治区和大中城市党委负责同志参加的会议上，毛泽东就强调指出：我国今后的“经济工作要统一，但要分级管理，要在统一计划下各省负责”。1956年春，他又多次提出要改进经济体制模式。1956年2月，他对薄一波等人说：在学习苏联的这种体制模式下，地方“是块块，你们是条条”，“你们无数条条往下灌，而且规格不一，也不通知他们”，同时地方的各种“要求你们不批准，约束了他们”，因此“地方同志对中央集权太多不满意”。① 该年4月，他再次指出：我们要在“巩固中央统一领导的前提下扩大一点地方的权力”，应该“给地方更多的独立性”，以便“让地方办更多的事情。”这是因为，一方面“中央要发展工业，地方也要发展工业”；另一方面，“就是中央直属的工业”，“也还是靠地方协助”；“至于农业和商业，更需要依靠地方”，因此“中央要巩固，就要注意地方的利益”，“正当的独立性，正当的权利”，“省、市、地、县、区、乡都应当有，都应当争。”②

在明确、统一了给地方放权的认识和思想之后，为顺利改进经济体制模式，中央进行了认真细致的考虑和安排。1956年5月至8月，国务院召开全国体制会议专门研究改进体制的方案，对体制下放的原则和方法，周恩来作了系统阐述。他认为：“实行中央与地方分权，是为了发展生产”，而“不是为了缩小或妨碍生产”，“中央要分一部分权给地方主要是为了增产，而不是为了分产，这是个大原则”。③ 关于这次权力下放的方法，他指出：“搞体制要全面规划，加强领导”，要“统一计划，分工合作，因

① 转引自薄一波：《若干重大决策与事件的回顾》（下卷），人民出版社1997年版，第809页。

② 中共中央文献研究室：《建国以来重要文献选编》第8册，中央文献出版社1994年版，第251—253页。

③ 中共中央文献研究室：《周恩来经济文选》，中央文献出版社1993年版，第267页。

地制宜,因事制宜”。他强调指出:“这个改进不是一下实现,而是逐步实现”,要实事求是,而不要急躁冒进,也不要右倾保守;这一工作要逐步实现,不要求之一步登天。[①] 此后,在1956年9月党的八大上,周恩来又对怎样划分中央与地方权力作了进一步阐述,提出了下放权力的七条原则。总体来说,这些原则体现了:大权集中、小权分散,既要统一领导、又要因地制宜的精神。为了打破以往的“条条分割”,今后拟对中央管理的主要计划和财务指标,由国务院统一下达;在改革步骤上则实行经过试点、稳步前进的方针。

这些思想为第二个五年计划时期经济体制改革和权力下放,奠定了思想基础。经过一年多的酝酿和完善,国务院于1957年公布了改进工业管理体制、改进商业管理体制、改进财政管理体制的三个文件,并决定于1958年起施行。这些文件扩大了地方的财政管理权、计划管理权、人事调动权、物资分配权、企业管理权等。并且在扩权的同时,文件也对地方的权限作了适当限制。总的来说,这次变革虽然没有突破传统计划经济体制的框架和苏联模式的困扰,但还是对高度集权型体制下中央与地方的关系作了较大调整,取得了不少成绩,迈出了改革探索的正确步伐。

四、战略的改良性质,决定了对传统计划经济体制的集权模式

——苏联式中央高度集权型体制调整的局限性

由于时代和历史的局限,20世纪50年代的贫穷落后国家普遍受苏联工业化道路影响,认为如果根据一般经济发展规律,按照资源禀赋比较优势原则优先发展轻工业和消费品工业,就会遇到需求不足、市场狭小等问题,从而短期内无法获得实现工业化所必需的诸多条件。而苏联工业化道路的成功则似乎证明了资本密集型和技术密集型的重化工产业,具有通过自我服务、自我循环进行自我积累,进而实现经济迅速起飞的产业特征。因此,当时的中央领导人始终坚信,通过优先发展重工业可以克服我国农村人口多、农业和其他产业极度落后的约束,超越阶段地实现工业化。[②] 例如,1953年的《过渡时期总路线宣传提纲》就指出:欧美资本主义国家的工业化是从发展轻工业开始,一般花了50—100年时间才实现工业化,而苏联采用的是社会主义工业化道路,从重工业建设入手,结果在10多年中就实现了

---

① 薄一波:《若干重大决策与事件的回顾》(下卷),人民出版社1997年版,第814—815页。

② 参见林毅夫等:《中国的奇迹:发展战略与经济改革》,上海三联书店1999年版,第31—32页。

工业化。所以,苏联过去所走的道路,正是我们今天要学习的榜样。①

实际上,从20世纪50年代初选择了苏联工业化道路的"一五"战略时起,中央就对重工业优先发展原则和资源禀赋比较优势原则,做出了片面化理解,即认为虽然轻工业等劳动密集型和资源密集型产业投资小、见效快,但如果没有重工业等装备制造业的建立和发展,要想发展轻工业等比较优势产业是不可能的,只有率先发展重工业才能实现工业化。也就是说,囿于历史的局限和人们的认识,当时认为重工业优先原则是优越于比较优势原则的。除此之外,在西方封锁包围和刚刚经过朝鲜战争洗礼的特殊背景下,也急需建立我国自己的装备制造业和国防军事工业基础。遗憾的是,这一认识并未随着"一五"后期中国工业化初步基础的奠定而有所调整,反而得到不断强化和持续。如在1956年9月党的八大前后对工业化道路的反思中,虽然中央领导集体意识到应该处理好农、轻、重的关系,但在经济工作的指导思想上,优先发展重工业的前提和原则却并没有改变,在这种情况下,处理好农、轻、重三者关系的目的都是为了更快更好地发展重工业。例如在《论十大关系》中,毛泽东就明确指出:重工业是我国工业化建设的重点和"一五"战略的核心,所以"优先发展生产资料的生产","这是已经定了的"。在《正确处理人民内部矛盾的问题》中,他再次强调指出:"我国的经济建设是以重工业为中心","这一点必须肯定"。②

正因为这次调整是在充分肯定"一五"战略巨大成就的前提下进行的,也就是在对重工业优先发展原则与比较优势原则发生错误认识,和违背一般经济发展规律的前提下进行的,所以这就决定了这次探索和改进不可避免地具有自身的历史局限性。1956年前后,虽然"一五"建设、地方反映、苏联"揭盖"等都暴露出苏联工业化模式的诸多问题,但这一战略和模式所取得的成就仍是骄人的,所起的作用也是令人称道的,这也是以重工业优先发展为实质的"一五"战略当时所表现出来的主流,"瑕不掩瑜"正是当时中央继续肯定重工业优先发展原则的重要原因。正因如此,中央领导集体当时所做的探索都是修补性的,对"一五"战略的反思和改进也只具有改良性,而非革命性,这就决定了当时中央并没有从根本上突破"一五"战略的逻辑架构,自然也就没有触动重工业优先发展原则所引致出的传统计划经济体制。这次探索和改进的作用,仅是使重工业与轻工业、农业之间失衡的比例

① 参见中共中央文献研究室:《建国以来重要文献选编》第4册,中央文献出版社1994年版,第706页。

② 《毛泽东文集》第7卷,人民出版社1999年版,第241页。

缩小而已，在当时的中央领导人心中，资本和技术密集型的重工业的长远发展效果，远不是劳动密集型和资源密集型的农业、轻工业发展所能比的。

这就不难理解，在20世纪50年代中期国际形势趋于缓和、国内各方面条件也使我国具备重新认识和改变重工业优先发展观的大好形势下，1956年八大所制定的第二个五年计划为什么仍是以重工业优先发展为实质的“一五”战略的延续。正如刘少奇在中共八大上所说：“为了有计划地发展国民经济”，我国“在今后必须继续执行优先发展重工业的政策”。他特别指出：如果不发展重工业，“我们的国民经济就将长期陷于落后的境地”，因此针对有人“想把重工业发展的速度降低”，他代表中央特别强调指出：“这种想法是错误的。”①对此，周恩来也在《第二个五年计划建议报告》中指出：在“一五”战略的基础上，继续通过进行以重工业为中心的工业建设，建立我国社会主义工业化的巩固基础，是第二个五年计划的基本任务之一。②正是基于这种认识，在编制的“二五”计划中，我国工业投资比“一五”计划时更高，进一步挤占了农业投资；而在工业投资内部，重工业各部门之间的要求更高，又进一步挤占了轻工业。实际上，按照国务院各部委编制的《“二五”计划草案》汇总，重工业投资占比高达91.5%，轻工业投资仅占8.5%。这样一来，两者投资的比例将进一步从“一五”计划时的5.64∶1，进一步扩大到11∶1。

与上述认识相对应，在经济体制模式上，1956年前后中央只是在不影响优先发展重工业和为重工业发展进行长远考虑的前提下，使传统计划经济体制在其有限的伸缩范围内，做了未触及其核心要素的调整，从而使原本中央高度集权型体制有所松动而已。这是因为，优先发展重工业原则的“一五”战略一经确立，便会形成与之适应的对经济资源实行集中计划配置的办法③，这也就意味着传统计划经济体制对于重工业优先发展原则下的经济发展战略，具有不可或缺的相随性。1956年前后，中央高度集权型体制虽有所改进，但也只是伴随着经济发展战略的有限探索和改进，而做了一些不越出“笼子”和“框架”的微调。事实上，只要不放弃重工业优先发展原则，传统计划经济体制就只能随着相关战略在具体实施中的缓急程度，而做适度的松紧搭配和调整。事实证明，只停留在表面的调整、修补，而不对重

① 中共中央文献研究室：《建国以来重要文献选编》第9册，中央文献出版社1994年版，第67页。

② 参见中共中央文献研究室：《建国以来重要文献选编》第9册，中央文献出版社1994年版，第182页。

③ 林毅夫等：《中国的奇迹：发展战略与经济改革》，上海三联书店1999年版，第29页。

工业优先发展观和建立在其上的各种经济发展战略进行根本性修正，不仅使我们国家和民族丧失了战略转轨带来的真正“赶超”和绩效，也使传统计划经济体制始终无法被根本突破。这样就使地方积极性的发挥仍会受到较大的局限和抑制，而其能动性和创造性也只能是为中央既定的经济发展战略服务，相关作用和效果与地方根据资源禀赋比较优势自主、正常发展时的情况，是不可同日而语的。这种在特殊历史背景下形成和实施的经济发展战略，通过经济体制模式的作用，深深地影响着我国现代化的进程与效果。

第二章 “大跃进”战略与传统计划经济体制的分权模式

——毛泽东“虚君共和”体制构想的第一次实践（1958—1960年）

随着批判“反冒进”的升级和急于求成思想的发展，毛泽东试图利用地方发展经济的积极性，通过群众运动的方式来寻找到一条比苏联更好的道路以更快地实现中国的工业化，并在此基础上实现了由苏联模式的“一五”战略向畸形的重工业优先发展战略——“大跃进”战略的转轨。其结果不仅造成了空前的灾难，也使传统计划经济体制的分权模式——毛泽东“虚君共和”体制模式替代了原有的苏联式中央高度集权型体制。

第一节 “大跃进”战略的形成与特征

在经济发展和战略建设上，毛泽东一直都希望只争朝夕，早日实现更快的发展。这就直接造成1956年上半年的经济“冒进”。为此，负责经济工作的周恩来、陈云等人提出“反冒进”，及时纠正了国民经济中不切实际的高指标和高要求，并在同年9月的中共八大上提出了“既反保守、又反冒进，即在综合平衡中稳步前进”的经济建设方针。此后，陈云还提出建设规模要与国力相适应的著名论断以及财政、信贷、物资三大平衡的思想。然而，这些工作和思想并不被毛泽东所认同，他试图寻找一种能突破“国力”限制来实现工业化的新途径。

因此，毛泽东从1956年11月开始就对“反冒进”进行批评。1957年1月，他第一次对“反冒进”进行了明确的指责。1957年农业产量不尽如人意和右派的攻击，坚定了他认为“反冒进”影响经济发展和招致右派进攻的结论。到1957年9月的中共八届三中全会，既拉开了严厉批判“反冒进”的序幕，也成为“大跃进”发动的先声。1958年上半年的几次会议，进一步对“反冒进”进行了持续深入的批判，并在此基础上一步步形成了关于提高经济发展速度的一整套理论和方法，最终导致“大跃进”在1958年5月党的八大二次会议上全面发动。

事实上，批判“反冒进”的过程也就是“大跃进”战略形成、发展、完善、成熟的过程。从这个过程和相关实践中,可归纳提炼出这一战略的若干特征。

一、用"积极平衡"理论取代"综合平衡"理论

从经济工作角度看,毛泽东对"反冒进"的严厉批判,实际上就是对周恩来、陈云等国务院领导人所主张的综合平衡和"国力论"等正确方针的否定。这些方针本是从苏联模式和我国"一五"战略的经验教训中总结出的正确原则。毛泽东则从自己的哲学思想出发不同意上述看法,并从 1956 年 11 月的中共八届二中全会开始多次阐述了他的"平衡观",要求将其作为普遍规律运用于经济工作和战略建设中。1958 年 1 月,彭真在传达南宁会议精神时,较系统地解释了这一思想。他讲道:毛泽东指出平衡是过渡的、暂时的、相对的,不平衡才是绝对的,因此,我们在经济工作中要不断地用先进的经验,在前进中把原来的平衡打破。他专门举例说:比方钢铁生产,当一个先进的技术出现了,既然其他方面都赶不上了就要往前赶,而事物就是要在这过程中才能前进。所以,我们在经济工作中应该争取的平衡"是革命的平衡","是积极的平衡",而"不是消极的平衡"和"保守的平衡"。①

1958 年 3 月,《人民日报》发表了《打破旧的平衡,建立新的平衡》,对这一问题进行了更为理论化的说明,并正式提出"积极平衡"、"消极平衡"两个概念。文章指出:不断提高落后的指标和定额,使它向先进的定额看齐,这是积极的平衡;反之,总压低先进的指标和定额,使它向落后的定额看齐,这是消极的平衡。显而易见,这实际上是以事物的相对平衡与绝对不平衡这个一般哲学原理为由,鼓励在经济工作和战略建设中可以人为地任意打破平衡,以不平衡来不断促进和带动平衡,认为通过这种打破旧平衡和建立新平衡的做法,"事物也就前进了一步"。正是在这一认识的基础上,该文认为"反冒进"是一些人被这种跃进所造成的迅速发展中的不平衡状态惊呆了,"简直惶恐得很",所以就错误地提出了"反冒进"的口号,这就相当于给当时正在蓬勃发展的群众高潮泼了一瓢冷水。因此,该社论发出号召与要求:今后工作中必须反对庸俗的平衡论或均衡论,反对消极平衡方法,只要全党全国"从庸俗的平衡论的思想束缚中解放出来,我们也就敢于跃进了。"

基于这一认识,毛泽东也一再批评"反冒进"没有正确认识平衡与不平

---

① 参见薄一波:《若干重大决策与事件的回顾》(下卷),人民出版社 1997 年版,第 671—672 页。

衡的关系，主张用“积极平衡”取代“综合平衡”。如他多次指出：不平衡是普遍存在的客观规律，从不平衡到平衡，再从平衡到不平衡，循环不已，永远如此，因此“不平衡是经常的，绝对的；平衡是暂时的，相对的”，“但是每一循环都进行到高的一级”①。在此基础上，他进一步总结提炼出“不平衡——平衡——再一个不平衡——再一个平衡”，“以至无穷”的发展规律的结论。不言而喻，这就从根本上彻底否定和违背了国民经济必须在综合平衡中发展的客观规律，背离了中共八大探索出的综合平衡理论和各项经济工作方针，从而为“大跃进”中畸形的重工业优先发展形式——钢铁工业“一马当先”式的发展，奠定了理论基础。

不难看出，其实所谓“综合平衡”就是要求经济计划应从国民经济的“短腿”和“瓶颈”的产品或要素进行平衡，在人财物等生产要素和经济资源方面不留缺口，这样就符合了经济学的一般原理和生产实际。而所谓“积极平衡”，就是要从“长腿”和“富余”的产品或要素出发进行平衡，突破资源和要素限制，实现脱离国情国力的不现实的高速发展。比方说《人民日报》的上述社论就指出：经济工作中要“采取积极的态度解决不平衡”，具体说就是要“不断地提高落后的指标和定额，使它适应于先进的指标”②，只有这样，才能使国民经济得到“跃进”式发展，早日实现现代化。对此，陈云在“大跃进”之后的1962年，分析综合平衡与积极平衡的提法时也指出：“所谓综合平衡，就是按比例”，“按比例，就平衡了”，而“过去几年，基本上是按长线搞平衡”。③ 实际上，就哲学上的矛盾运动形态来说，只有平衡与不平衡的区分，根本不存在“积极平衡”与“消极平衡”的区别。用不平衡的绝对性来否定保持相对平衡的必要性和重要性，并由此而强行把国民经济的平衡区分为积极平衡和消极平衡，其实是为制造存在缺口的高指标与国民经济的大跃进来服务的，其结果自然是只有“积极”的产品与要素缺口，而根本没有“平衡”的存在。

二、用劳动力资源来添补产品与要素的缺口

怎样弥补“长腿”和“富余”产品与要素以外的缺口，是能否实现“大跃进”战略非常规发展的关键。毛泽东从中国革命的经验与地方要求放权的呼声中得到了启示。他认为，通过举国上下开展群众运动，鼓舞激发地方与

---

① 《建国以来毛泽东文稿》第7册，中央文献出版社1992年版，第54页。

② 《人民日报》1958年3月28日。

③ 《陈云文选(1956—1985)》，人民出版社1986年版，第202页。

百姓的干劲热情，不仅取得了民主革命的胜利，还使“三大改造”得到成功。正是基于这一认识，面对20世纪50年代中期如前所述的地方要求放权发展经济的呼声，和把1957年下半年建设高潮归功于群众运动的推动，更坚定了他通过发动群众运动，依靠地方和百姓的力量来实现工业化的信心。也就是说，要通过以地方为单位来组织动员群众，用我国资源禀赋丰富的劳动力要素，替代稀缺的资本、技术等要素，人为改变生产函数中的技术参数，进行资源的强制替代，试图用这种办法来弥补产品与要素不足的缺口。

其实，这一思路可以从毛泽东批判“反冒进”的一系列言论中看出来。比如，“不要提反冒进这个名词，这是政治问题”，“一反就泄了气，6亿人一泄气不得了”；“我就怕6亿人民没有劲”，“6亿人民泄了气，还有什么群众路线？看问题要从6亿人民出发”。又如，反冒进是“寻寻觅觅”，“冷冷清清”，“凄凄惨惨戚戚”，而冒进则是“轰轰烈烈”，“高高兴兴”，“不尽长江滚滚来”；“所谓鼓干劲”，“就是6亿人口的绝大多数的干劲”。在1958年5月的八大二次会议上，他甚至这样强调说：不要被名家权威所吓倒，不要被名人大学问家吓倒，因为学问少的人完全可以打倒学问多的人，因此大家要敢想敢说敢做，要从束手束脚的现象中解放出来。为此，他进一步做出“卑贱者最聪明”、“高贵者最愚蠢”的断语，以鼓舞人们打掉自卑感，破除迷信，鼓起敢想敢说敢做的大无畏创造精神。① 他要求全党全国人民要“破除迷信，解放思想”。为了动员地方和群众，以实现我国丰富的劳动力资源对稀缺的资本技术资源的替代，他甚至指出：外行领导内行，是一般的规律，差不多可以说，只有外行才能领导内行。而在当时的历史背景下，实际上所谓“破除迷信”，其实是要破除资金、技术等稀缺要素不足对生产造成约束的科学观点；所谓“解放思想”，其实是鼓励地方和群众要大胆、全面地用“长腿”和“富余”的产品或要素强制替代“短腿”和“瓶颈”要素的盲干和蛮干；所谓“外行领导内行”，其实是为这种替代和弥补寻找理论根据，从而助长了忽视科学的大干快上之风。

对此，以“大跃进”中最有代表性的全民大炼钢铁为例。面对依据“积极平衡”理论而提出的各种严重脱离实际的钢铁产量指标，在依靠现有科技条件和正常生产办法都难以弥合巨大的资本要素缺口，从而无法完成既定产量要求时，中央便从群众运动中想办法找出路，其实质就是将劳动力资源的配置向钢铁工业严重倾斜，试图通过大量使用我国富裕的劳动力资源来替代稀缺的资本、技术等资源，藉此来弥补钢铁生产中的巨大要素缺口。如1958年

① 参见《建国以来毛泽东文稿》第7册，中央文献出版社1992年版，第236页。

9月，当在外视察的毛泽东看到一些地方出现走几十公里，或上百公里路，到有矿石可找的县份去挖矿、炼铁的广大人流时，就十分赞赏地指出：发展钢铁工业一定要搞群众运动，今后什么工作都要搞群众运动，没有群众运动是不行的。返京后，他进一步指出：这次外出，看到群众中蕴藏着很大的干劲，只要这样坚持下去，我们规定的各项任务都是可以完成的。不仅如此，在这种认识下他进一步批评道：直到现在，还有一些人不愿意在经济建设上搞群众运动，把在工业战线上搞群众运动说成“不正规”，还批评这是“农村作风”和“游击习气”。对此，他明确指出“这显然是不对的”。①

在这种形势下掀起的大炼钢铁狂潮中，很自然地就出现了由各种全民“大办”来解决资源不足和速度问题的奇特景观：铁矿太少，就用上千万人进山找矿的大办地质的办法来解决；煤炭不足，就打破常规，掀起各地群众开凿煤窑的大办煤炭热潮；现代运力有限，就用大办运输的办法，由老百姓组成数千万人的运输大军，大江南北、各行各业的男女老少用最原始的运输工具，昼夜不停地运送大炼钢铁所需的各种物资。如在原有运力难以保证大炼钢铁之需时，武汉市委于 1958 年 9 月抽调大批三轮车、手推车、板车、自行车等搞运输。② 为了通过要素替代打破增产约束，中央号召大破科技和知识的迷信。结果各地不但把砖瓦窑、瓷窑改成小高炉、土高炉，就连原来的碉堡炮楼也改成土法炼铁的炉具。在这过程中，焦煤缺乏就用普煤，煤炭不足就用木炭，高品位的矿石匮乏就用低品位的，没有矿石的甚至砸锅抵充。于是到 1958 年年底，钢铁战线的劳动力达 9000 多万人，加上其他战线直接、间接支援的各类人力，投入全民大炼钢铁的劳动力超过 1 亿人，超过当时全国总人口的六分之一。与之相伴随的是，全国小高炉、土高炉建造数量也飞速增长，1958 年 10 月底达几百万座。③ 结果全国各地，包括部队和学校，甚至外交部、中南海也建起了土高炉，办起炼铁厂。

三、突出地方工业在工业化中的重大作用，试图通过“三本账”的方式进行管理

对各地方在经济建设中的热情和积极性，党中央对其进行了引导和利用，以服务于“大跃进”战略。1958 年 1 月，毛泽东提出：各地的工业产值，包括中央下放的厂矿、原来的地方国营工业和手工业的产值以及非中央直

① 史柏年：《1958 年大炼钢铁运动述评》，载《中国经济史研究》1990 年第 2 期。

② 参见武汉地方志编撰委员会：《武汉市志》工业志（上），武汉大学出版社 1991 年版，第 268 页。

③ 谢春涛：《大跃进狂澜》，河南人民出版社 1990 年版，第 90 页。

属厂矿的产值，争取在五年、七年，或十年内，超过当地的农业产值。[①] 在该年3月的成都会议上，强调地方工业对支援农业、实现我国工业化的重要意义，再次要求各省、自治区要在大力实现农业跃进的同时，争取在5—7年内，使地方工业总产值赶上或者超过农业总产值，从而正式形成了中央工业与地方工业并举的方针。1958年5月的中共八大二次会议后，中央进一步提出今后要建立比较完整的工业体系的任务。同年6月，中央又决定把全国划分为华中、华南、华东、东北、西北、华北、西南七个协作区，要求各协作区尽快建立起大型工业骨干和经济中心，从而形成若干具有比较完整的工业体系的经济区域。这年8月，毛泽东又进一步要求各省也建立比较独立的但情况不同的工业体系。

不言而喻，这是想走出一条试图通过发展地方工业来协助实现国家工业化的道路，从而使之不仅成为"大跃进"战略的重要内容，也是实现这一战略的重要保证。这样，为完成上述任务，全国各地就出现了大办工业、乱上项目的热潮。以工业落后的甘肃省为例，据该省工交部的总结，1958年前三月全省共办厂1000余个，3—5月又建厂3500个，但5—6月全省厂矿总数则猛增到22万个，每乡平均110个，每个农业社都有12个厂矿。[②] 地方工业这种非正常的狂飙突进，使1958年的地方投资高达110.4亿元，相当于第一个五年计划期间全部地方投资总和30亿元的3.7倍。与之相适应，地方工业投资占全部工业投资的比重，也由"一五"计划时的12%提高到1958年的63.8%。实际上，仅1958年全国新建的地方工业企业就达56158个（手工业和社办工业除外），比1957年的48658个还多7500个；如果再加上中央下放的企业，地方工业企业达11.8万个。结果1958年地方工业总产值达900多亿元（包括中央下放企业），比1957年增长了两倍多。[③]

不过，"大跃进"中的体制变迁和权力放权并不意味着中央放弃计划管理，反而为促进国民经济的超常规发展，催生出了新的计划管理方式——"三本账"制度应运而生。如1958年南宁会议前后制定的《工作方法60条（草案）》，就对这一制度进行了完整的阐释，并将其作为计划管理方法予以广泛推行。其实，推行这一制度的目的是，通过制定中央与地方的"三本账"，中央一方面可以对全国工农业生产进行计划管理；另一方面也可以通

---

① 《毛泽东文集》第7卷，人民出版社1999年版，第347页。

② 参见《红星》1958年第2期。

③ 苏星等：《新中国经济史资料选编》，中共中央党校出版社2000年版，第319—320页。

过“三本账”的方式，来不断提高生产指标，试图以指标大跃进的方式来带动生产的大跃进。对这一点，毛泽东后来曾解释说，他就是想通过不断提高生产指标给地方造成压力，使各地在相互竞争中实现经济发展的大跃进。然而让毛泽东始料未及的是，中央这么做，造成地方层层效仿，如法炮制，各自都搞起自己的两本账。正因如此，同一个指标从中央到基层一路下来，早已不止是两本账，而是多本账的问题了。推行这一制度的直接后果就是，通过指标从上往下下达和从下往上汇总，使其被层层加码。显然，这是因为这种最低指标公开和最高指标保密的制度，使公开产量预期提高的时候，不公开的预期产量指标就更高了，从而直接造成国民经济计划管理的混乱和统计数字的失效。事实上，“大跃进”中的各种高指标，大多是通过这种方式造出来的。

第二节 战略转轨造成传统计划经济体制的分权模式
——毛泽东“虚君共和”体制构想的第一次实践

一、经济发展战略转轨和体制依托变化，使毛泽东“虚君共和”体制构想应运而生

由上文不难想见，以苏联工业化道路为蓝本的“一五”战略的转轨，意味着工业化路径的改变，也就是由以往通过“社会主义资本原始积累”，依靠中央大中型企业发展和城市工业扩张来实现工业化，转变为通过我国资源禀赋丰富的劳动力资源，对稀缺的资本、技术等资源的超常规替代，通过中央和地方“两条腿走路”来实现工业化。这一路径的改变，把地方在实现工业化中的作用提高到前所未有的程度，从而意味着适宜于“一五”战略的体制安排，将因“大跃进”战略的内在逻辑要求，而发生与以往截然不同的变化。这种不同战略所内含的体制依托的重大改变，客观上对前一阶段的传统计划经济体制的集权模式——中央高度集权型经济体制提出了重新变革的要求。这就是说，为发挥出“人民群众的无限创造力”，切实有效地通过“大跃进”战略来非常规地实现我国工业化，就必须通过给地方足够的发展经济的权力，来“让劳动人民的积极性和创造性都爆发出来”，以尽快建立各省市自治区独立完整的工业体系，推进中央与地方“两条腿走路”的跃进式发展。

为适应这一需求，毛泽东提出了“虚君共和”的设想，主张用这种全新

的体制构想取代“一五”战略下的“舶来模式”，从而适应和保证“大跃进”战略的实施和推行。1958 年 2 月，毛泽东针对各地正在兴起的“大跃进”风潮，就经济管理体制中的问题指出：以往“中央集权太多了”，导致“束缚生产力”，这方面“我是历来主张‘虚君共和’的”。接着，他对这一构想进行了解释：“中央要办一些事”，但“不要办多了”，正确的做法是要把“大批的事放在省、市去办”，这是因为“他们做得比我们好”，所以“要相信他们”。为此，“一个工业，一个农业（本来在地方），一个财，一个商，一个文教，都往下放”。① 这样，在前述 1957 年三个放权文件的基础上，中央于 1958 年又连续制定了多项下放经济管理权限的政策措施。不难理解，虽然这些举措的着眼点仍是调动地方积极性，但因经济发展战略转轨，其相关的指导思想、具体内容、方法步骤等已与此前的计划和设想大相径庭。在毛泽东“虚君共和”构想的指导下，中央这一时期的放权也采取了“跃进”的方式，似乎权力放得速度越快、范围越宽、程度越高，国民经济跃进的奇迹就会来得更快。

以至关重要的财权下放为例。在 1957 年变革财政体制的基础上，1958 年急剧扩大了地方财权：首先，按照几个下放文件的规定，中央企业的财权随着企业的下放而转归地方管理，这就大大增加了地方的财力。这是因为：第一，过去规定地方不能参与中央企业的收入分成，这次规定不仅能参与分成，而且分成的范围较广。第二，企业下放使地方能直接管理企业的收入和利润，而利润本身的弹性较大，加之“大跃进”期间地方与企业经营的盲目性很强，所以归中央的收入很难得到有力的保证。② 第三，企业亏损的弥补仍由中央财政承担，而地方不承担或只承担较小部分。这就为地方利用下放企业为本地谋利开启了方便之门。其次，过去各种税的分成比例是一税一比例，而这次规定除地方税外，其他各种税收都作为调剂收入，其分成比例一个省（市）一个比例。这就使各地为获得有利于本地发展的优惠政策与特殊待遇，而争相与中央讨价还价创造了条件。再次，改变了过去地方支出计划包括基建拨款，规定基建也全部由中央专案拨款。③ 最后，改“以支定收、一年一变”，为“以收定支、五年不变”，即先确定地方稳定的收入，再由地方自主地安排财政支出，并且稳定时间由一年变为五年，从而更有利于地方自主地安排支出。这样一来，中央财力就从第一个五年计划时期的 75%，降为只占 50%左右，而地方与企业的预算外资金则从 1957 年相当于

① 薄一波：《若干重大决策与事件的回顾》（下卷），人民出版社 1997 年版，第 823 页。
② 参见赵梦涵：《新中国财政税收史论纲》，经济科学出版社 2002 年版，第 249 页。
③ 赵梦涵：《新中国财政税收史论纲》，经济科学出版社 2002 年版，第 280—281 页。

预算内收入的8.5%，提高到1960年的20.6%。其他领域的体制变革与权力下放与此类似，大体情况如下。

如在企业方面，中央企业从1957年的9300多个，直降为1958年的1200多个，下放幅度高达88%；与此同时，中央直属企业的工业产值占工业总产值的比重，也由1957年的39.7%，减少为1958年的13.8%。在基建管理方面，对限额以上项目，只需将计划任务书报中央批准，剩余其他则一律由地方审查批准；对限额以下项目，完全由地方决定。在物资管理方面，国家计委管理的工业产品，由1957年的300多种减少到1959年的215种；统配和部管物资也由532种减为132种，幅度达75%。在金融信贷方面，调整为“存贷下放、计划包干、差额管理、统一调度”，这就使得1960年银行信贷资金运用达954.4亿元，比1957年时增加了2.35倍。在劳动管理方面，各地招工计划经各省市区确定后，即可执行。除此之外，即便是原来想下放给企业的权力，也由于没有合适的外部环境、销售渠道不畅通、物资供应没有保证等原因而不得不依靠地方政府，从而强化了地方对下放企业的控制，使它们由中央的附属物变为地方的附属物。

非理性的跃进需要非理性的放权，而非理性的放权又助长了非理性的跃进。地方经济管理权力增强后，不仅使国家财政经济陷入某种窘境，导致中央难以协调全局，而且在缺少市场机制引导的情况下，助长了地方盲目发展经济的冲动。结果只能是各地在“跃进”的旗号下，按照中央的要求和地方的利益，盲目发展本地的大中小工业，千方百计地建立地方工业体系，想方设法扩大地方经济的发展。然而，由于“大跃进”战略自身存在的根本性问题，同时各种权力下放过急、过多，且缺少必要的制约，所以到1958年冬国民经济运行出现空前混乱，经济社会中的问题相当严峻。

二、战略纠“左”和体制纠偏

冷峻残酷的现实使中央领导人的头脑冷静了一些，对“大跃进”中的错误逐渐有所察觉，跃进的势头也随之减缓。在1958年11月的武昌政治局扩大会议上，毛泽东指出：我们要破除迷信，但不是要破除科学；大家要老老实实，不要浮夸作假，并在此基础上第一次提出压低指标的问题。在随后召开的中共八届六中全会上，毛泽东初步总结了“大跃进”以来的经验教训，承认国民经济存在某种程度的比例失调。接着，1959年1月的省市自治区党委书记会议又提出要增加副食品、轻工业生产。不仅如此，毛泽东在这次会上承认：虽然现在年纪不小了，但我们对于搞经济建设还是小孩子。为此，他自我批评说：应该承认向地球作战，向自然界开战，这个战略战术，我们就是不懂,就是不会。针对此前指责反冒进的问题,他坦率地说:对于客观经济规律、按比例,这个问题我是没有解决的。① 这年 6 月,他进一步承认此前的错误:"大跃进"的重要教训是没有搞综合平衡,并且权力下放太多。为此,他开始强调要搞好国民经济各部的平衡,适当收回下放体制和经济管理权力。

在这些思想的指导下,服务于"大跃进"战略的体制变革和权力下放,就开始了逻辑性调整。1959 年 1 月,中央发出《关于立即停止招收新职工和固定临时工的通知》,规定各省市自治区 1959 年对劳动力的需求计划须经党中央批准,这就重新走上了上收权力的道路。1959 年 2 月,《人民日报》发表了《全国一盘棋》的社论,指出:为最有效、最合理地调动各方面积极性,就必须更好地加强集中领导和统一安排。这就是说,今后必须在全国范围内统一安排基建项目,统一分配全国的原材料,统一安排全国主要产品的生产,统一调拨和收购生产资料与生活资料这两大部类的主要物资。②这年 3 月,国务院又发出《关于调整若干企业隶属关系的通知》,决定将事关全局的 34 个企业由地方交归国务院有关部委领导。次月,国务院批准 21 个企业由地方交归国务院有关部门领导,24 个企业原由地方管理改由国务院有关部门与地方双重领导。从此之后,中央逐步开始上收地方政府对企业的管理权。与此同时,在关系全局的财政体制方面,鉴于中央收入锐减,加之"大跃进"中出现的各地利益日趋独立和地方主义苗头构成对中央高度集权体制的挑战,中央从 1959 年起改变了只实行了一年的"以收定支、五年不变"的财政体制,代之以"收支下放、计划自平、地区调剂、总额分成、一年一变"的总额分成制。这个新体制的问题在于:中央忙于制定各种复杂繁琐的上收下拨的相关制度,而地方政府却既要熟悉和执行上级的各种规章制度,又要千方百计地与中央财政讨价还价,二者关系始终难以理顺。不过,总额分成制也有其优越性,即具有利益均沾性,可以把中央和地方的利益捆绑在一起,一荣俱荣,一损俱损。在当时国民经济发展日趋恶化的形势下,"共灶吃饭"有助于使中央和地方一起共渡难关。

令人遗憾的是,由于缺乏对"大跃进"战略深层次问题的清醒认识,这就不仅使这次纠"左"具有不彻底性,而且具有短命性,从而也就使"大跃进"具有了反复的极大可能。事实也的确如此,在纠"左"过程中毛泽东始终认为,他探索出的"大跃进"战略是加速中国工业化的最好方法,问题不

---

① 参见薄一波:《若干重大决策与事件的回顾》(下卷),人民出版社 1997 年版,第 846 页。

② 《人民日报》1959 年 2 月 24 日。

仅是很小的部分，而且已经在实际工作中基本得到纠正，剩下的事应该是总结这段时间的纠“左”工作，以便继续“大跃进”。这就不难理解，一旦有人提出超出毛泽东等人所能接受意见的范围和程度，任何纠“左”都有可能中断。1959年的庐山会议就充分证明了这一点。后一阶段“大跃进”的掀起，就不仅改变了经济建设上的纠偏进程，而且也中断了经济体制的调整。总之，对“大跃进”战略的深层次问题缺乏客观认识，是半年来各种纠偏和调整失败的根本原因，其直接后果就是人所共知的灾难性结局。

第三章　备战战略与传统计划经济体制的分权模式

——毛泽东“虚君共和”体制构想的第二次实践（1965—1976年）

20世纪60年代中期以后，鉴于国际形势风云突变，中共中央经济工作思路发生重大改变，第三个五年计划的指导方针遂从“解决吃穿用”转变为“备战”，开始大规模进行以国防军工为主的“三线”建设。此后的第四个五年计划依旧是一个积极全面战备、随时准备打仗的计划，强化了以备战为中心和重点的经济建设。不言而喻，经济发展战略的再次转轨和备战战略形成，直接造成经济管理体制的又一次剧变，毛泽东“虚君共和”体制构想得以第二次实践。20世纪70年代初，由于外交战线的突破和中美、中苏关系缓和，备战之弦开始松动，毛泽东“虚君共和”体制构想也随之有所调整。

第一节　20世纪60年代前半期国民经济调整政策与经济体制的变迁互动

“大跃进”战略失败后，我国于20世纪60年代前半期对国民经济进行了大调整。随着对经济困难程度及其原因认识的加深，与调整的进程和力度相适应，中央上收此前下放的各项权力呈现出明显的阶段性，经济体制也由此呈现出分散—集中—分散的复杂变化态势。

一、第一阶段调整政策下经济体制的集中情况

“大跃进”战略到1960年时已使国民经济处于全局失衡状态。尽管当时尚不可能从根本上认识到经济建设指导思想上“左”的错误和这一战略的根本问题，但严峻的形势还是迫使党中央提出了国民经济调整任务。为便于各地“跃进”而下放的经济体制开始趋于集中。

随着各种严峻问题的日渐暴露，1960年12月到1961年1月先后召开的中央工作会议和中共八届九中全会指出：“大跃进”以来一方面取得了巨大成绩，另一方面也产生了一些支流性问题。基于这种认识，中央决定“从1961年起，在两三年内实行调整、巩固、充实、提高的方针”，以此来纠正经

济工作中“一个指头”的缺点。于是,这两次会议就初步确定了实行调整的方针,基本终止了长达三年的“大跃进”。不同的经济政策有不同的逻辑要求和建设路径。“大跃进”战略是对苏联模式的修正,是想依靠中央与地方“两条腿走路”来实现工业化,所以其内生的建设路径就必然要使地方拥有足够多的经济管理权力。① 与此对应,调整方针是针对“大跃进”造成的国民经济比例失调和人民生活困难而提出的,其目的是调整扭曲的比例关系和产业结构,所以要想有效地贯彻这一方针,就必须转而实行集中计划决策权、实行上下一本账、加强集中统一的管理方式。这是扭转宏观经济失控的必要前提,也是计划经济下进行调整的内在要求。正如李富春在八届九中全会中所说:“加强集中领导,有必要对经济管理体制做适当的改进,把某些下放的过多偏下的权力集中到中央、中央局和省、市、自治区三级。”②

八届九中全会后不久,中央发布了《关于调整管理体制的若干暂行规定》,其中心是强调集中统一。随着对困难形势及其原因认识的加深,与调整的进程和力度相适应,中央上收下放的经济体制呈现出明显的阶段性。在 1961 年庐山会议以前,由于对“大跃进”战略理论和实践的基本肯定,想在调整中继续跃进,所以主要生产指标仍维持在过高水平上。事实上,在进行调查研究和反思“大跃进”战略之前,中央领导人并没有从根本上怀疑“大跃进”的建设方式。所以,在保持继续跃进的态势下,经济建设的路径就不会完全转变。这样,为发挥地方积极性和便于地方建设而下放的权力,就不可能真正上收。这就出现了一种逻辑悖论:一方面为了应付严重的经济困难,就必须收回下放的各项权力,以便集中配置短缺的经济资源,摆脱宏观经济的失控和人民生活的困顿;另一方面,要想实现地方工业自成体系和工业产值超农业的跃进目标,就必须继续让地方拥有相当多的权力和利益。为了调整,中央在财政和劳动工资方面作了一些规定,对地方的权力进行了少许限制;为了能继续跃进,其他方面仍维持原来的状况,收权的幅度并不大。这就导致了国民经济的继续恶化,其直接后果就是 1961 年第一季度的工业生产不但没有实现“开门红、月月红”,反而出现了严重滑坡。

面对这种情况,国家计委不得不对基建计划进行再次调整。1961 年的北戴河全国计划会议按照先安排农业,其次安排轻工业和手工业,再安排重工业的原则重新拟订了 1961 年、1962 年的国民经济计划控制数字,为大幅

---

① 关于“大跃进”对体制变动的影响,参见任志江:《大跃进时期中央与地方关系的变迁》,《中国经济史研究》2006 年第 1 期。

② 《建国以来重要文献选编》第 14 册,中央文献出版社 1997 年版,第 43—44 页。

后退的决策作了准备。随着认识的深入和调整力度的加大,地方权力向中央集中的趋势也开始加强,年初提出的加强中央集中领导的原则,各个领域在调整的第一阶段里逐渐有了一些初步的政策文件。

总的来说,在调整的第一阶段,尽管随着认识的深化,调整强度有所加大,但继续跃进的思想一直没有放弃,几经下调的指标也依然不低。在"始终没有放下'跃进'的架势"下,服务于经济政策的经济体制就不可能有根本性的改变。正是这种表层上的体制与政策原因和深层上的认识原因,导致了这一阶段国民经济的持续恶化。

二、第二阶段调整政策下经济体制的集中情况和所面临的分散压力

在调整的第二阶段,中央一线领导通过一系列会议在认识上产生了一个飞跃。正是根据这些清醒的认识,才有一系列覆盖面广、实施力度大的调整措施相继出台。为配合这些措施,中央相继制定了一批严格管理的政策文件,保证了调整工作的顺利进行。由于认识的深度不同,在调整中始终存在形势和政策的分歧,使经济体制的集中一直存在着向相反方向转化的压力。

1."伤筋动骨"调整措施下的苏联式中央高度集权体制的"复归"

为了扭转前一阶段调整工作的被动局面,中央在调整的第二阶段先后召开了1961年的庐山会议和1962年的七千人大会、西楼会议及五月中央工作会议。通过这些会议,中央一线领导终于统一了认识,下定了坚决后退的决心。如陈云在西楼会议后不久就强调道:"要准备对重工业、基本建设的指标'伤筋动骨'",特别"是'伤筋动骨'这四个字","要痛痛快快地下来"①,以便把重点真正放在农业和市场上。1962年5月的中央工作会议更是决定采取"毒蛇噬臂,壮士断腕"的决心安排经济调整。调整政策的一系列显著变化,使调整力度大大加强,中央权力的集中程度由此而迅速提高,经济体制出现"复归"。

对困难形势的新认识和伤筋动骨调整政策的确立,使"大跃进"战略真正搁浅,依靠地方进行工业化的"两条腿走路"方针也不得不暂停下来。正是根据这些清醒认识,才有一系列覆盖面广、实施力度大的调整措施相继出台。为了把这些调整措施真正落到实处,彻底打破地区分割局面以集中全国的财力物力统一配置资源就显得十分迫切和必要了。刘少奇在七千人大

① 《陈云同志文稿选编(1956—1962)》,人民出版社1981年版,第176页。

会上就曾讲:“大跃进”以来的过度放权,不仅“使国家无法制定统一的适合情况的计划”,还“把国家的生产计划、基本建设计划、物资分配计划、商业计划、劳动计划、财政计划都搅乱了”。所以,这种情况已成为调整深入进行的“主要障碍”,“不把它迅速克服,就会使我们很难前进”。可见,当时“加强集中统一,反对分散主义”,已成为“摆在全党面前的重大任务”。为此,中央相继制定了一批上收地方权力的政策措施,采取了比第一阶段更为严厉彻底的收权措施。以最为重要的财权为例:第一,在初步调整的基础上,1962 年 4 月中央发出《财政六条》,重申了加强财政宏观控制的十条禁令,坚决制止一切侵占国家资金的错误做法;坚决制止各单位互相拖欠货款;坚决维护应当上缴国家的财政收入;严格控制各项财政支出;切实加强财政监督。第二,为把好财政口子,1962 年 3 月中央发布了《关于厉行节约的紧急规定》,规定了财政节约的 12 条措施。第三,为大力压缩预算外开支,1962 年 4 月财政部规定地方财政的一切预算外资金一律纳入各级财政总预算,实行统一管理,以切实做到全国一盘棋、上下一本账。1963 年 1 月国务院发出《关于 1963 年预算管理制度的几项规定》,要求全民所有制企业的收支,从本年起必须全部纳入国家预算,实行统一管理;地方财政管理的附加收入和支出,一律纳入地方财政预算,并作为国家预算的组成部分。经过全面调整和继续调整,财政状况取得根本好转,1957—1962 年的赤字高达 180. 35 亿元,而 1963—1966 年则年年有节余,反映了整个国民经济调整已获得根本性的成功。

应当指出,这次经济体制的“复归”是在国民经济出现严重困难情况下采取的非常措施。在尚没有探索出新方法前,经验的惯性使我们当时很自然地恢复了“大跃进”以前的基本做法。实际上,由于早已认识到苏联模式的弊端,这种“复归”只具有暂时过渡的“应急性”。刘少奇在讲话中对此已有所流露:在集权与分权的关系上,“我们有过两方面的经验”,即一种“是中央集中过多”,“在 1958 年以前有一段时间就是这样”;还有一种“是地方、部门的权力过大,而且又层层下放,分得过散”,“在最近几年就是这样”。他认为这两种模式,“既不利于更好地实行中央的集中统一领导”,“也不利于正确地发挥地方的积极性”。[①] 这就表明,这一时期的体制“复归”,并不是中央领导的本意。事实的确如此,伴随着国民经济的好转和继续调整方针的确立,一场建设道路和经济体制重新探索的工作随即拉开了帷幕。

---

① 《建国以来重要文献选编》第 15 册,中央文献出版社 1997 年版,第 55 页。

2. 第二阶段调整中经济体制的反向变动压力

相对于一线领导实事求是的认识和大刀阔斧的调整，毛泽东和个别领导人对形势的估计同中央领导集体之间存在的分歧，必然隐含着他们在经济政策上的不同主张。这不仅使一线领导的调整工作承受着无形的压力，而且由于经济路径不同，致使与全面调整相配套的体制集中工作，面临着向相反方向转化的潜在威胁。

在1961年庐山会议上，毛泽东虽然同意会议的所有文件，但多次流露出困难已到"谷底"的思想。在七千人大会上，对于当时的形势，与刘少奇代表中央所做报告的看法不同，有些领导人过早地认为"最困难的时期已经度过"，又"可以组织新的跃进"。毛泽东对此也有同感。当刘少奇在会上讲到涉及对形势和困难估计的地方，毛泽东的许多插话多持保留态度。七千人大会之后毛泽东退居二线，虽然没有明确指责随后召开的西楼会议和中央工作会议关于形势和政策的决议，但据"文化大革命"时刘少奇对七千人大会以后的工作检讨说：毛主席是"根本不赞同我们对当时的形势估计和某些做法的"①，可见，虽然迫于形势和服从多数，但他并不同意一线领导在这些会议上对形势的新认识和采取更加激进的调整措施。由于认识主体的特殊地位和党内生活的非正常化，这种认识分歧所隐含的政策分歧，在逻辑上必然会使经济体制的集中因不同经济路径的作用和需要，而存在向相反方向变动的极大可能。

不仅如此，伴随着伤筋动骨调整措施的实施和国民经济开始好转，对经济形势始终存在乐观看法的思想再度抬头，并使经济政策再次出现分歧。在1962年8月的八届十中全会上毛泽东讲道："有的同志把情况估计得过分黑暗了。"在这种思路和看法下，有人提出"现在整个国民经济的中心不是个恢复问题"，而是如一些人所认为的"大跃进的形势，肯定会要很快重新到来的"。对此，毛泽东也乐观地指出：今后五年不只是恢复，肯定要有所发展。对经济形势迥异的两种认识，导致经济政策上出现了两种不同的指导思想。在1963年6月的全国计划工作会议上，一种意见认为，今后还需要进一步贯彻八字方针；另一种意见则认为，把调整作为主要任务的历史时期已经过去了，八字方针可以不再提了。很明显，不同的方针政策有不同的发展路径。按照对形势持乐观态度的那部分人的思路来看，由于对困难形势认识不深刻，他们始终认为这几年的困难局面只是"枝"和"流"的问题，而不是"大跃进"本身造成的。因此，一旦经济形势好转，就要顺理成章

① 李向前：《1962年的经济调整与意见分歧》，《中共党史研究》1988年第6期。

地继续进行跃进。显然,对经济形势的不同看法,意味着经济体制的集中将又一次出现向不同方向转化的可能。

三、继续调整政策下对经济体制集中与分散的探索和改进

继续调整方针的确立,使中央在1963—1964年一方面担负着继续调整的任务,另一方面也具有探索符合国情建设道路的任务。重工业优先发展原则的延缓和经济建设道路的探索,使经济体制也有了一些积极的改进。

由于经济严重困难的局面并未根本改变,在一线领导的努力下,中央决定推迟"三五"计划的制定和执行,继续对国民经济进行调整。1963年8月薄一波在国务院各部委负责人会议上传达说:"1963年、1964年、1965年调整三年,1966年开始第三个五年计划","加上1961年、1962年两年,实际上就是五年调整。"这个阶段的任务则是:"吃穿用第一,基础工业第二,国防第三。"从上述传达中我们可以得出以下认识:第一,继续调整的侧重点与以往有所不同。八字方针贯彻的前两年,名为以调整为中心,实质上行恢复之实。后三年是在已经取得主动权后的继续调整,更侧重于巩固、充实和提高。其次,调整的性质起了变化。前两年的调整虽然处于"二五"计划内,但在工作安排上却是临时被动之举。后三年是在前两年大幅后退站稳脚跟后,比较从容地反思这一灾难和准备以后工作的时期,明显地具有总结、过渡、探索的性质。这样,这三年就具有超出其表面的重大意义了。

当中央一线领导从事实上和理论上证明以"大跃进"战略为核心的社会主义建设的新设想失败后,不管当时人们是否意识到,中国社会已经在呼唤新的建设理论和实践了。在经历了"一五"战略和"大跃进"战略后,苏联模式工业化的弊病和这三年惨痛的教训,已经使越来越多的人开始再次重新探索中国的经济建设道路。由于1964年备战问题的突出,我们被迫中断了中央一线领导的探索工作,重新走上以国防军工为显著特征的优先发展重工业的道路。尽管如此,持续的调整使"大跃进"战略在这几年已难以重新实施,而重工业优先发展原则也暂时被中断,这就使1963—1964年这段时间除了完成继续调整的任务外,也在经济建设道路探索方面取得了一些阶段性成果——经济发展战略出现萌芽性质的改进。第一,继续调整方针确定后,国家计委汲取了"大跃进"以来的深刻教训,使调整后期的"先农轻,后重工"的安排得到了持续的继承和贯彻。1964年4月底形成的《第三个五年计划(1966—1970)的初步设想(汇报提纲)》,就因把"三五"计划的任务明确为以基本解决人民的吃穿用为中心,而被简称为"吃穿用计划"。这样,"吃穿用计划"就开始注重把与日常生活息息相关的农业和轻工业摆

在了经济发展的第一位,而把重工业放在了人民生活和国家安全之后。从这一点来说,多数党和国家领导人已经从"大跃进"的教训中醒悟过来,并在实践上抛弃了这个经济发展的空想战略,转而寻求新的、切合实际的发展道路。第二,在总结"大跃进"教训的基础上,周恩来在三届人大一次会议上宣布:"今后发展国民经济的主要任务是把我国建设成为一个具有现代农业、现代工业、现代国防和现代科学技术的社会主义强国。"把工业化目标转变为四个现代化目标是这一时期对经济道路探索的又一成果。它把实现农业现代化作为经济发展战略的首要目标,突出了科技的重要作用,改变了苏联工业化片面发展重工业的提法,探索取得了可喜的进步。

重工业优先发展原则的延缓和经济建设道路的探索,为经济体制的探索性改革提供了条件和机遇,中央一线领导试图通过新的方法和途径来解决集权与分权之间的某些非制度性矛盾。试办托拉斯就是这一努力的积极成果。我国的工业管理体制是在"一五"时期模仿苏联模式构造的。这种"条条"式的管理方式,由于中央集权过多,既使中央各部忙于繁琐的企业生产,又难以调动地方的积极性。1956 年前后曾提出要发挥两个积极性,但不久以后的"大跃进"运动又造成一个个地方分割的"块块"。为了应付"大跃进"造成的严重困难,中央上收了绝大部分下放的权力。这样收收放放,放放收收,始终没有很好地解决问题。根据 1963 年起草的《关于工业发展问题》,中央将试办托拉斯当做工业管理体制改革的重要措施。正如薄一波后来回忆说:"当年中央决定试办托拉斯",是希望"逐步改变中央权力过分集中而束缚生产力发展的经济体制"。而"所谓搞托拉斯,就是以一个行业为主,兼管其他行业",就是要"不受地方的干扰",实现"主要是要用经济办法,而不能片面地依靠行政手段"。① 1964 年中央试办的第一批托拉斯刚一组建,即着手改革管理制度,建立适合社会化大生产和专业化分工协作的经营管理方式。虽然其中出现不少问题,但取得的经济效果却也非常显著。应该说,如果能与经济建设道路的探索工作一起进行下去,而不被备战和"文化大革命"打断,在经济体制集中与分散的探索上应该能取得更多的进展。

除试办托拉斯外,为解决调整以来的体制"复归"问题,从 1964 年年初开始中央已有意识地主动在权力分配方面对地方进行局部倾斜。如在 1964 年 1 月国务院发出的《关于 1964 年预算管理制度的几项规定》中就提出:各省、自治区、直辖市拥有相应的预算调剂权;1964 年地方预备费一般

---

① 薄一波:《若干重大决策与事件的回顾》(下卷),人民出版社 1997 年版,第 1226 页。

按省市支出总额的2%计算，各地还可以用1963年的财政结余补充一些预备费等。对因权力上收过多，而使地方在经济建设中处于不利地位的各种反映，李富春在1964年6月各部门和各大区负责人座谈会上讲："我们现行的各项体制、建设管理和各部门的规章制度，受苏联的影响较深，束缚了生产力的发展，不利于调动各方面的积极性"，为此他明确要求："请各部、各大区都成立一个专门小组，配备三、四名得力干部，立即着手研究有关计划体制、管理体制、财务体制、劳动体制、基本建设管理和各项规章制度方面的问题"，并指出这是为以后的经济建设而服务的。① 这就意味着苏联式中央高度集权体制，将被适应于新的建设阶段的经济体制所接替，经济管理权力的配置将出现新的改进。

在这期间中国周边环境的恶化，导致中国采取加速了改进体制的放权进程。自从1964年5月毛泽东把"三五"计划的指导方针从"吃穿用"转为"备战"后，国家计委加紧了各方面的工作。随后召开的全国计划会议，集中讨论了计划工作的改进问题，提出按"大权独揽、小权分散"、"统一领导、分级管理"的原则改进经济管理体制，并做出一些相应的规定。1965年11月，国务院又连续下发几个文件，为扩大地方权限又作了进一步的规定。

实践证明，在重工业优先发展原则延缓和经济建设道路探索所提供的良好环境下，经济体制在集中与分散方面的这些改进在当时是积极而又稳妥的。尽管备战问题的突出加速了这一进程，但对经济管理权力配置的改进过程并未因此而脱离这一时期的探索轨道，这与毛泽东在"文化大革命"期间为与备战建设相配套而提出的"虚君共和"体制变动有根本的区别。②

第二节　备战战略的形成与特征

如前所述，根据"一五"战略、"大跃进"战略和国民经济调整以来的各种经验与教训，在中央一线领导的探索和坚持下，党中央于1964年提出了第三个五年计划初步设想，准备将经济建设中心由过去的优先发展重工业，转变为以发展农业和解决"吃穿用"为首要任务，从而对以往的经济工作思路进行了较大的调整和改变。然而，由于美国在越南的军事行动不断升级和袭击中国的种种计划曝光，使我国国家安全面临着前所未有的挑战，毛泽东和中共中央遂被迫对"三五"计划的指导思想进行修改，我国经济发展战

① 《李富春选集》，中国计划出版社1992年版，第345页。

② 任志江：《国民经济调整时期经济管理权力的集中与分散》，《沧桑》2009年第2期。

略出现意外转轨,备战战略由此形成。“文化大革命”初期的政治混乱,严重干扰了这一计划的实施。

此后,20 世纪 60 年代末中苏之间一系列边境冲突和苏联对我国发出的核打击威胁,迫使中国再次掀起备战和“三线”建设的高潮。如这其间制定的第四个五年计划纲要(草案)中,所确定的建设重点和努力前景是:狠抓战备,集中力量建设“大三线”,初步建成我国独立的、比较完整的工业体系与国民经济体系。为此,中共中央采取一系列措施整顿、恢复了备战建设的规划和机构,加强了对“三线”地区的投入,从而使十余年备战建设中的大部分项目都是在这一时期开工并完成的。1971 年下半年后,由于我国外交战线的一系列成就与中美、中苏关系的趋缓,长期紧绷的备战神经开始有所松动。于是,中共中央随着形势的轻重缓急,对备战战略进行了松紧搭配的调整。在此基础上,1975 年中共中央发出《拟定十年规划的通知》,并于后来形成了《发展国民经济十年规划纲要(草案)》,标志着“三线”建设的基本完成和备战战略的基本结束,我国经济建设重心已再次转移。

完整分析备战战略的形成背景、发展高潮和调整收尾,可以得出几点认识和结论。

一、备战战略随着国内外形势的缓急变化而相应地进行松紧搭配的调整

突出的防御性目的,使备战战略具有与国际国内形势与生俱来的高度相关性,在此基础上进而又使之随着国内外形势的变化而衍生出高度动态性的特点。这就是为什么在这一战略推行的十余年中,一直未能形成一个明确、统一、有序、稳定的战略规划的主要原因。正因如此,20 世纪 50 年代到 60 年代所发生的诸多国内外大事,尤其是越南战争、“文化大革命”、中苏边境冲突等重大事件,都屡屡直接影响到这一战略具体规划、重点工程、推进速度、实施效果等,而这一战略的内涵也因此而不断地随着国内外形势的缓急变化,而相应地做出松紧搭配的调整。

其实,这个特征从一开始就表现出来了。进入 20 世纪 60 年代,我国的周边环境变得较为恶劣,东南西北都面临着战争的威胁。在这种背景下,1964 年 4 月中央军委总参谋部的一份报告认为,在如何防备敌人突袭方面,我国的国防工作和经济建设中的“问题是很多的”,并且“有些情况还相当严重”①。内有隐患,外有强敌,不能不引起中共中央的高度重视。毛泽

① 《总参谋部作战部的报告》,《党的文献》1995 年第 3 期。

东由此批评国家计委忽视基础工业和后方建设，强调要加快“三线”建设。为了积极应对战争和国防威胁，将全面备战的思想有效贯彻到国民经济建设中，党中央于1965年1月专门成立了“小计委”，主要负责拟订“三五”计划的方针与任务，研究备战战略问题。显而易见，基于国际环境的剧烈变化和我国国防事业的薄弱性，毛泽东已经把第三个五年计划能否适应经济发展战略转轨和备战任务的完成，视为我国经济工作新的中心任务。其实在此之前，在《关于国家经济建设如何防备敌人突然袭击的报告》中已经做出关于备战建设的决策，中央工作会议也已经要求集中力量建设“三线”，同时中央书记处也指示对“三线”工作要立即行动。所有这些都表明，中共中央已经不遗余力地把经济建设重心转移到备战工作上来了，并由此形成备战建设的第一轮高潮。

形势瞬息万变。1965年下半年后国际形势有了微妙变化，中美两国间爆发直接战争的可能性有所下降。借此机会，毛泽东发动了“文化大革命”。“文化大革命”初期的混乱局面，严重影响了“三五”计划的正常进行，备战战略的实施也陷于停顿。

然而，1968年8月苏军入侵捷克斯洛伐克，震惊了中国领导人。紧接着，1969年3月的“珍宝岛事件”和中苏边境地区集中发生的一系列冲突，再次加剧了战争的紧迫感。更严重的是，这一时期苏联多次威胁要对中国进行外科手术式的核打击。正是在这种情况下，备战不得不再次成为压倒一切的任务，党中央为此采取了一系列措施，重新使备战成为党和国家第一位的工作任务。

其一，集中发出各种指示。例如，毛泽东于1969年3月发出“要准备打仗”的号召。林彪则在全军备战工作会议上讲了那句对全国经济工作造成重大冲击的指示：在任何工作中，都要“用打仗的观点”，来“观察一切，检查一切，落实一切”。① 其二，对“文化大革命”发动以来继续动乱的地区，进行强力整顿。1969年7月，中央发文要求动乱各方立即无条件解散武斗组织，实行归口大联合。次月，中央又重申了上述内容，并要求边疆军民立即做好反侵略战争的准备。当年11月，中央果断调整了四川省革委会领导班子。其三，多方采取措施加快重点工程进度。如针对具有重大战略意义的成昆铁路建设，周恩来于1969年5月指示说：在“非常时期”，这条铁路的建设要“由铁道兵实行军管”，以便进行“统一指挥，加速施工”。此后，国务

① 陈东林：《三线建设——备战时期的西部开发》，中共中央党校出版社2003年版，第200、224页。

院先后批发了《关于在湖北省江汉地区组织石油勘探会战的报告》等文件，推动了备战战略的重新全面实施。其四，用备战的思想和标准来指导经济建设规划。例如，这一时期制定的《1970年计划和第四个五年国民经济计划纲要（草案）》，实际就是一个随时准备打仗的计划，规定的目标包括：狠抓战备，全面建设“大三线”，努力建设能各自为战、大力协同的十个经济协作区。于是，在诸多因素的共同作用下，我国掀起了又一次战备建设高潮。

国际形势瞬息万变。由于1971年以后我国外交工作的一系列突破，备战战略也随之进行了相应的调整。第一，修改了战备工作压倒一切的指导思想。如1971年底到1972年初的全国计划会议，就正式放弃了“用打仗的观点”，来“观察一切，检查一切，落实一切”的口号。1972年8月，国家计委在《关于当前国民经济中几个问题的报告》中，终于改变把备战放在国民经济首位的提法，重新开始提出要把农业放在首位，并把支援“三线”作为一、二线“主要任务”的提法，修改为“重要任务”。此后，在《“四五”计划纲要（修正草案）》中，又将以“临战的姿态”“狠抓军工”的说法，调整为较为缓和的“继续加强军工”；将从备战角度发展农业，调整恢复为正常的从农轻重比例关系的角度来发展农业。第二，与此相适应，中央调整了备战与其他经济建设的关系。如前述全国计划会议就指出：要“更加重视农业、轻工业的发展”，同时在备战建设上提出“要在加强经济建设的基础上加强国防工业建设”。1972年11月，中央又指出：1973年要增加农业投资和压缩国防军工开支。以后的《“四五”计划纲要（修正草案）》进一步恢复了以往的提法，如重提“农业是国民经济的基础”、“把农业放在第一位”、“重视发挥沿海工业基地的生产潜力”等。1975年4月，国家计委的《经济简报》指出：国家军工支出比例，准备由“四五”计划前两年的7%—8%，压缩到6.2%；国防战备支出比例也预计降为“四五”时期平均的19.8%。① 这就意味着备战战略已趋于结束，走向尾声。

在此基础上，1975年1月中央重新提出通过分两步走来实现四个现代化的设想。据此，国家计委于同年8月发出拟订十年规划的通知中，已用四个现代化目标替代了备战目标。这就不难理解，在1975年12月形成的《发展国民经济十年规划纲要（草案）》中，作为备战主要代表的“三线”建设，已被置于最后的位置，并且与“一线”、“二线”并重。显然，国际国内形势的变化，以“三线”建设为中心的经济发展方针已得到全面调整，备战战略已近

① 参见陈东林：《三线建设——备战时期的西部开发》，中共中央党校出版社2003年版，第246页。

尾声，大体结束。

二、除中央直接主持的“大三线”外，地方的“小三线”与后来的十大经济协作区建设也是这一战略的重要组成部分

“一线”、“二线”、“三线”的划分是为适应备战之需，根据全国各地战略位置的不同而确定区分的。按最初设想，整个“三线”建设需要7—10年时间，后来延长到10—15年，不过投资高峰主要集中在头七年，此后逐步减少。从整体看，1965—1975年的十年间，是“三线”建设投资比重较大的时期，也是备战战略在国民经济发展中起主导作用的时期。这其中“大三线”因地处战略大后方，所以是全国备战的重点，而“小三线”建设，则主要是由“一线”、“二线”所在各省市区负责。就如毛泽东所说：“有了地方师，有了小三线，地方就有了东西了”，同时“中央有了大三线，也就有了东西了。”①

早在1964年6月，毛泽东就指出：除三线外，一线、二线也要搞点军事工业，同时“还有以大区或省为单位搞点军事工业”。伴随着形势的持续恶化，毛泽东对地方大力发展“小三线”的要求越来越急。在这种情况下，毛泽东于1964年10月在广东省委提交的本省“小三线”规划报告上批示认为：这项工作“可以解决一个长远的战略性的大问题”，如果“现在不为”，将来“后悔无及”。所以，他将其转发“一线”、“二线”各省，并要各省也讨论一下各自的“小三线”问题后，向中央提出符合各自情况的报告。②

很快，各省市区根据上述批示和全国计划会议上的要求，初步拟订了“一线”、“二线”的后方建设和备战工作的具体内容。这年10月底，根据上述讨论情况起草、转发的《关于一、二两线各省市区建设自己后方和备战工作的报告》，还对各省、市、自治区在“小三线”建设规划中的问题，提出了具体要求和注意事项。对“小三线”建设中最为关键和紧迫的资金问题，报告专门指出：中央安排的“备战经费，主要是作为一些最急需的国防公路、通讯线路、边防建设、铁路备战措施和民用工业转产军事装备的投资”，其他后方建设所需投资，则应首先用地方机动投资与自筹资金解决，仅在“确实不足时”，才可“再向国家提出”。③ 为配合各地“小三线”的规划建设，1965年3月，中央批转了罗瑞卿提出的《关于安排一、二线省市后方建设的报告》，对各省、市、区小三线建设的审定和安排，作了更加的明确和规划。此

---

① 毛泽东：《要争取快一点把后方建设起来》，《党的文献》1995年第3期。

② 参见《建国以来毛泽东文稿》第11册，中央文献出版社1996年版，第196页。

③ 周恩来、罗瑞卿：《关于一、二两线各省市区建设自己后方和备战工作的报告》，《党的文献》1995年第3期。

后,国务院国防工办提出《关于一、二线省、区、市后方建设规划的报告》,进一步明确指出:一、二线省区市的后方建设应以地方军工厂为主。要根据人、财、物等各方面供给的可能,先安排地方军工厂与配套工厂,以及少数必要的军需民用工厂和交通与通讯建设。报告还要求:后方基地建设不能过分集中,而应分散建设成小的工业区,具体说就是要以工厂为点、农村为面,实行点面结合。与此同时,厂址的选择必须符合"靠山、分散、隐蔽"的原则。①

虽然这一战略主要是针对迫在眉睫的战争威胁做出的,但也考虑到战争打不起来的问题,所以,虽然建设"小三线"是从最坏的可能去着手的,但实际也对各地提出了进行综合开发与长远规划的要求。例如,毛泽东于1965年11月在天津询问:"小三线建设,会不会是浪费?会不会化为水?"地方负责人回答:"不会的","就是敌人不来,从经济建设上说,也是有用的",毛泽东听了很满意。随后,他又在山东讲道:大小三线的"后方建设起来,敌人如果不来,浪费不浪费?"他认为:"没有什么浪费","粮食储存一些,有好处,反正要吃,棉布储存一点,也反正要穿。"所以,他要求在加强备战的同时,做两手准备,即战争和长期建设。长远规划必然会要求综合开发。例如,1965年3月国务院的一份报告就指出:各地对一线、二线的后方建设,除安排地方军工与配套项目外,也要"适当安排一些其他工业建设项目",以便将这些地方建成国家长远的"新工业基地"。

不仅如此,1970年形成的第四个五年计划纲要(草案),延续并强化了这一特点。如《纲要(草案)》在强调加快"大三线"建设的同时,也指出:地处前沿的一、二线地区,不仅要"为战略后方制造设备,供应原料材料,提供设计,输送技术人才和熟练工人",同时还要继续"加强小三线建设,充分发挥小三线地区军工和民用工厂的生产潜力。"山东、闽、赣、新疆"四五"计划期间,"要加强国防工业、农业和基础工业的建设,建立小而全的适应独立作战的经济体系"。根据形势发展的需要,上述文件重申了毛泽东的指示,即各地要努力建立独立的工业体系,在这方面,协作区和各省"只要有条件"都要建立工业体系。具体来说,中央提出要把全国划分为10个经济协作区,并要求每个协作区都要"建立不同水平、各有特点、工农业协调发展的经济体系",以便"能够各自为战,大力协同"。再进一步说,就是"每个经济协作区","都要从自己的资源特点、战略地位和现有经济条件出发","根

① 国务院国防工业办公室:《关于一、二线各省后方建设的重点》,《党的文献》1995年第3期。

据需要和实际可能”，“有计划有步骤地建设冶金工业、国防工业、机械工业、燃料动力工业、化学工业，等等”。同时，“要建设比较强大的农业、轻工业和比较发达的交通运输业”，“以适应国防、工农业生产和人民生活增长的需要。”此外，各协作区还“必须大力增加战略物资的生产和储备”，“各行各业都要为战时转产军工产品做好准备，制定动员计划，打起仗来，立即转入战时经济轨道。”①

显然，这就将地方在备战建设中的作用提高到前所未有的高度，使地方在备战战略中的地位和作用变得更加不同寻常。虽然随着国内外形势的缓和及这一战略的调整，1973 年 7 月通过的《四五计划纲要(修正草案)》，把这 10 个经济协作区恢复为原来按大行政区划分时的 6 个，即西南、西北、中南、华东、华北、东北，但依然不断强调要把这 6 个大区建成为能够各自为战、大力协同的经济体系，继续肯定和发挥地方的备战作用。

三、备战战略使各地肩负起动员组织农民学习“大寨精神”和实现农业机械化的任务

农业生产的好坏，无疑是备战战略能否搞好的基础与前提，但这一战略的提出和实施却对农业的发展造成了潜在的损害与威胁。1964 年 5 月，毛泽东听取“三五”计划的初步设想时，就把国防工业和原来计划放在国民经济首位的农业，一起比作两个拳头。这样就把国防工业与农业摆在了一种平行的位置，并且还含蓄地批评这个初步设想把基础工业放在了农业和国防工业之后，是没有坐稳“屁股”。这即是说，为了集中财力物力发展国防工业和基础工业，加强战备，就必须通过削减国民经济其他部门的投资来挤出资金，而农业就是首当其冲被削减的对象。同年 10 月，针对建设“三线”是不是要减少农业投资问题，毛泽东肯定地回答：“是要这样。”1965 年 6 月，余秋里向中央领导汇报“三五”计划时说：这次编制计划的次序是国防、吃穿用、基础工业，我们把它倒过来了。针对这一安排是不是违反了以农业为基础的方针，毛泽东指出：是要违反一下，不违反怎么成？是倒过来了。他强调说：次序反过来是对的，农业投资我看还要减。所以农业“投资不要那么多”，“吃穿用，不要降低现在水平，每年略有增加就好”。② 这显然意味着备战战略是以牺牲国家对农业的正常投资和扶持为代价的，农业发展面临着很大的危险与困境。

---

① 国家经贸委：《中国工业五十年》(第五部上卷)，中国经济出版社 2000 年版，第 698—699 页。

② 顾龙生：《毛泽东经济年谱》，中共中央党校出版社 1993 年版，第 613、627 页。

其实，对于备战战略中的农业问题，中共中央领导人是有担忧和顾虑的。制定“三五”计划时，毛泽东虽然指出农业“投资不要那么多，要减下来”，但也同时要求：计划工作“留有余地要大，不要太小”。对建设项目过多的问题，他还着重指出：“这样老百姓怎么得了？搞这么大的建设，要供给粮食”，如果“向老百姓征税征粮多了，会闹翻”，但“搞翻了还能打仗吗？”①根据对农业水平的这一冷静认识，“三五”计划的基建投资预算从1080亿元减少到850亿元，虽然在实际建设中达到976.03亿元，但比发生“大跃进”运动的“二五”时期的1206.09亿元投资仍少得多。② 另外，其他各种指标也都普遍留有余地，定的较低。如果说前述毛泽东对农业的顾虑，直接影响着备战建设的规模与程度的话，那下述周恩来的担心，则是从这个战略的计划安排能否顺利实施的可能性上来讲的。“三五”计划正式出台后，周恩来明确指出：在国防、备战和大小三线的项目确定后，“我担心忽视农业”。极度的担心，甚至使他无论走到哪里，谈起“三五”计划时都把农业摆在最前面。这就说明，农业作为国民经济的“瓶颈”产业，不仅在以前制约着我国的工业化进程，现在又成为“三五”计划制定的“短腿”因素，成为备战战略制定和实施中不得不考虑的“硬约束”。可见，要想真正搞好备战战略，解决国防建设这个“第一位”任务的后顾之忧，中央就必须寻求其他途径来有效地发展农业。

而这时涌现出的大寨模式，就是可以在一定限度和范围内，缓解因资本、技术短缺而造成的农业对备战战略的影响和制约。根据《第三个五年(1966—1970)农业发展计划的初步设想》的概括，大寨道路就是“在党的领导下，充分调动群众积极性，依靠集体力量，自力更生地和因地制宜地进行农田基本建设、实行精耕细作、发展农业生产的道路”。同时，大寨精神则是“苦干实干，勤俭创业，奋发图强，自力更生的革命精神。”可以看出，在农业尚未过关，本来需要国家加大投资，但中央却因经济发展战略转轨和工作重心转移，而无暇顾及，甚至还希望用农业剩余来支援备战建设的背景下，大寨这种不要中央投资、自力更生发展农业并为国家做出一定贡献的事迹，不仅非常符合备战战略的需要，而且其充分利用劳动力资源丰富的特点和经验，具有符合国情的普遍意义和推广价值。因此，1964年毛泽东和中共中央发出“农业学大寨”的号召，指出“发扬大寨的精神，走大寨的道路”，要

---

① 毛泽东：《在打仗问题上要有两手准备》，《党的文献》1995年第3期。

② 参见国家统计局：《中国固定资产投资统计年鉴(1950—1995)》，中国统计出版社1997年版，第86页。

“成为整个农业战线上的行动口号”,“成为全国所有人民公社、生产大队和生产队的行动口号”。[①] 不仅如此,在相关部门制定“三五”计划时,他也多次强调指出:农业“要自力更生,要像大寨那样”,即“不借国家的钱,也不向国家要东西”,而“要靠(山东曲阜)陈家庄陈玉梅、(山西昔阳)大寨陈永贵”,“靠群众办事”。[②] 因此,从 1964 年开始的“农业学大寨”运动,主要就是鼓励各地发扬自力更生、艰苦奋斗的精神,用当地丰富的劳动力资源来弥补、替代我国稀缺的资本、技术资源,通过地方自己的努力来满足地方和国家对农业需求。这与其在“文化大革命”期间蜕变为推行“左”倾政策的样板,是根本不同的。

事实上,提倡各地“主要依靠劳动力投入”来发展农业生产,本来是中央在经济发展战略意外转轨下的无奈之举,对“吃穿用,不要降低现在水平,每年略有增加就好”的低水平状态,也只是限于中央经济工作重心的转移和财力物力主要用于备战,才不得不暂时“弃车保帅”的忍痛选择。而“农业的根本出路在于机械化”,仍是当时的既定认识和奋斗目标。在这种情况下,1966 年 2 月湖北省委提出的通过地方“自力更生,勤俭创业,用本省生产的农业机械”来“实现农业机械化”的设想,无疑给在困境中的中央指出了一条既能保证备战所需的农业基础,又能实现“农业的根本出路在于机械化”理想的佳径,自然引起中共中央领导的高度关注。对这一设想,毛泽东不仅“觉得很好”,还进一步要求“各省、市、自治区要在自力更生的基础上做出一个五、七、十年农业机械化计划”,“争取从今年起,用十五年的时间,基本上实现农业机械化。”他强调指出:“此事以各省市区自力更生为主”,即使中央的个别帮助“也要由地方出钱购买”。[③] 随后,中央又决定在湖北召开现场会议,以利于各地切实“推动农业机械化工作和交流经验”。

以后的“四五”计划和各年度计划都继承了这一思想。如《四五计划纲要(草案)》就指出:“大力发展农业,是全党、全国人民的一项主要任务,是重要的备战”,因此“粮食不足的省、区要尽快地做到粮食、油料自给有余”,以“实现毛主席关于《扭转南粮北调》的指示”,因为“依赖外省接济,总不是长久之计”。为此,各地就要“坚决执行毛主席‘农业学大寨’的指示”,“发扬自力更生、艰苦奋斗、改天换地的革命精神”,以“做到县县有自己的不同类型的‘大寨’。”《纲要(草案)》再次强调:“农业的根本出路在于机械化”

---

① 中共中央文献研究室:《建国以来重要文献选编》第 18 册,中央文献出版社 1998 年版,第 476—477 页。

② 顾龙生:《毛泽东经济年谱》,中共中央党校出版社 1993 年版,第 595、598 页。

③ 《人民日报》1977 年 12 月 26 日。

和“以各省、市、区自力更生为主”，指出实现这个目标“要因地制宜，各有侧重，决不能强求统一”。文件要求各地要“从县、社做起，由省市区综合平衡，统筹安排”“发展耕作机械、排灌机械、收获机械、加工机械、运输机械、化肥和农药机械、塑料薄膜机械、植保机械、林牧渔业机械、半机械化农具和中小农具等”，并进一步提出：各省市区都要建立自己的“五小”工厂，“形成为农业服务的地方工业体系”，要争取在一两年内“把每个县的农机修造厂都建设起来”，“三五年内做到每个公社和有条件的大队都有修配站”。①在国际形势走向缓和备战之弦松弛后，虽然国家增加了对农业的支援，但这一农业发展的指导思想并未发生根本变化。如《1973 年国民经济计划汇报提纲》就指出：实现 1973 年的农业生产指标，仍然要“靠 6 亿农民，靠大寨精神”，此外，各方面还需继续大力支援农业和加速农业机械化的进程，努力“在集体化的基础上实现机械化”，因为这“是我国农业发展的光辉前途。”《1975 年国民经济计划报告》的提法也依然是：通过深入开展农业学大寨的群众运动、“召开全国农业学大寨会议”和“加快农业机械化步伐”，来“夺取农业丰收”。②

不难看出，突如其来的严峻形势和经济发展战略的意外转轨，使得自国民经济大调整以来中央一线领导对中国经济建设道路逐渐深入的探索被迫中断，已有的探索成果也无法付诸实施。与此同时，面对备战建设的紧急局面，毛泽东和个别中央领导人在调整中所念念不忘的“大跃进”战略，也无法重新实施。实际上，“一五”时期的均衡重工业优先战略和二五时期的“大跃进”战略，也因此而再无重新实施的机会，成为人们记忆中的历史。而长达十余年的备战战略，虽然使国防军工取得了很大进展，但经济重心的转移，却不仅造成正常的工业化和四个现代化进程的大大延缓，也因地方作用与地位的突显，而使这一时期的经济体制经历了中华人民共和国成立以来第二次大幅调整和演变。

第三节 “两条腿备战”格局导致传统计划经济体制的分权模式

——毛泽东“虚君共和”体制构想的第二次实践

为确保备战战略的有效推行和战备建设的顺利开展，从这一战略酝酿

① 国家经贸委：《中国工业五十年》（第五部上卷），中国经济出版社 2000 年版，第 699—700 页。

② 国家经贸委：《中国工业五十年》（第五部上卷），中国经济出版社 2000 年版，第 465、492、493、495 页。

形成时起,中央就已开始逐步下放经济管理权力。由于形势的发展和地方在国防安全与建设方面的分量加重,毛泽东于1966年再次提出"虚君共和"构想,从而预示着传统计划经济体制的分权模式

毛泽东"虚君共和"体制构想的第二次实践,即将开始。全国性造反结束后,即迅速掀起了下放企业和各项经济管理权力的高潮。虽然1971年下半年以后逐步着手对备战战略进行了调整,但由于这一战略的支配地位和受其影响的经济建设路径,尚未得到根本性扭转和改变,所以致使其后几年的"虚君共和"体制,一方面随着国际形势的缓和与备战战略的调整,呈现出一定的集中迹象;另一方面却又在肯定地方作用和体制变革的基础上,仍在不时地强调继续放权的矛盾之态。

一、备战之初地方对经济管理权力的诉求与经济体制模式的初步变动

从前文可见,由经济发展战略意外转轨而形成的备战战略,因其赋予地方特殊的历史使命和这种使命所蕴含的内在逻辑要求,从而使地方在这个战略中具有了不同寻常的意义,占有举足轻重的地位。不难想见,无论要求各地打起仗来,"不要靠中央,要靠地方自力更生",以及"建立不同水平、各有特点、各自为战、大力协同的经济协作区",还是学习大寨"自力更生和因地制宜地进行农田基本建设",以及实现"农业机械化的制造和所需的原材料,一定要以地方自力更生为主",都必然同国民经济调整以来所形成的体制变动方向发生尖锐的矛盾,从而客观上要求改变自国民经济调整以来体制重新集中而形成的"条块结合、条条为主"的格局,从而把各种经济管理权力更多地下放给地方。在当时我国周边态势紧张、各地经济发展水平参差不齐、中央经济实力有限的情况下,通过下放经济管理权力发动"地方和群众的积极性和主动性",以便利于地方因地制宜、因时制宜地根据中央的战略部署完成各项具体任务和要求,自然就显得更为迫切了。

实际上,面对备战战略下的各种非同寻常的任务和要求,各地要求变革体制和下放权力的呼声也十分强烈。这里仅以各地在农业机械化问题上的权力诉求为例。如前所述,当1966年2月,湖北省委提出"用本省生产的农业机械""来实现农业机械化"的设想后,中央于当年夏天在湖北召开了农业机械化现场会议。作为现场之一的湖北新洲在会上即提出:一方面,希望中央能够降低手工业的所得税率,以便于地方积累资金发展为农业机械化服务的机械维修厂;另一方面,改变农村信用合作社的资金在信用社之间不能调剂的办法,以便于吸收富社、富队资金去帮扶穷社、穷队。当地认为,如

果能这样，该县实现农业机械化就可以不再需要国家贷款。此外，各地纷纷对现行的经济管理体制提出改进的意见，要求中央下放权力。相关情况，可概括如下：

1. 在机械工业体制方面：(1)要求中央给地方机械厂的生产任务，不要安排的太多太满，应留给地方一些自己安排的制造能力；(2)中央的机械厂也要给地方留出一定的空间，让地方安排；(3)要求对地方机械厂生产的产品实行中央与地方分成，甚至有人提出要对中央企业的产品与地方进行分成。2. 在物资分配体制方面：(1)要求给予地方一部分机动和周转的钢材；(2)要求解决超产所需的关键配件与重要材料；(3)要求物资部门把社队企业所需的主要原材料单列户头，纳入计划，改变其只管全民不管集体的状况；(4)采取办法调动地方搞原材料的积极性。3. 在财政体制方面：(1)要求把农业税下放给地方作固定收入；(2)要求把某些地方工业的利润留给地方周转；(3)要求采取一次规定任务、几年不变、超收部分由中央与地方按比例分成的办法，给地方以更多的机动财力；(4)要求把手工业与运输合作社完成上缴任务以后剩余的积累，交给地方，用于建设地方农业机械厂与化肥厂；(5)建议把小型农田水利事业费与设备贷款等支农资金合并在一起，根据各省、市、区的具体情况，给地方确定一个五年的农业建设资金基数，分年拨付，归省市区周转使用，以便地方主动安排支出。①

其实，为有效贯彻执行中央的战略规划，配合各地的农业学大寨和"小三线"建设，从这一战略形成时起，中央就已开始逐步下放各项经济管理权力。如在 1964 年 9—10 月召开的全国计划会议上，就提出按"大权独揽、小权分散"、"统一领导、分级管理"的原则改进经济管理体制，并为此做出一些相应的规定：(1)把农业、林业等 19 个非工业部门的基建投资转交地方安排，即国家每年拿出一块交地方统筹安排。而拿给地方的这一块基建投资，在 1964 年和 1965 年都占预算内的 20%以上。(2)提出地方管理的企事业单位的计划指标，由各省、市、自治区统筹安排，并规定中央在拟订计划控制数字时，应留给地方一定的机动，由地方提出意见，经逐级平衡后再纳入国家计划。这就使国家计委的年度计划表格减少了一半以上，管理的工业产品也由原来的 340 种，减少为 63 种。② (3)规定把基本折旧费用由财政收入中划出来，全部留给地方和企业支配。(4)提出在工资总额指标内，

---

① 参见国家经贸委：《中国工业五十年》(第五部下卷)，中国经济出版社 2000 年版，第 893—894 页。

② 参见《当代中国》丛书编委会：《当代中国的经济体制改革》，中国社会科学出版社 1984 年版，第 121 页。

临时职工人数，由各部门与各地方自行安排。（5）把“五小企业”（小钢铁、小水泥、小煤炭、小化肥、小机械）的分配权划归地方掌握。等等。①

1965年11月，国务院又将国家计委、建委、财政部和物资部四部门拟订的，《关于改进基建计划管理的几项规定（草案）》、《关于国营工业、交通企业财务管理的几项规定（草案）》、《关于国家统一分配物资留给地方使用的几项规定（草案）》，转发给各级政府和企业。这三个文件实际上是对“集中领导、分级管理”原则的具体贯彻，为扩大地方权限又作了进一步的规定：（1）在基建上，规定农田水利事业费和地方水利基建投资，可统筹安排，合并使用；地方大中型项目和工业基建由中央安排，小型项目则由中央相关部门与地方具体安排；地方用自筹资金进行的基建，由省市区自行安排，其中大型项目报国家计委审批。（2）在物资分配上，规定地方小钢铁企业超计划增产的产品，主要原料和燃料由中央与地方共同解决的，由双方对半分成；由地方解决的，则留给地方使用；由中央解决的，留给地方20%。地方企业超计划多交的铁矿石和生铁，则按10%折算换给钢材。地方小钢铁厂的一些材料归地方使用。地方统配煤矿超计划的煤炭，中央和地方对半分成。用地方外汇进口与分成的原材料，在地方企业安排生产的产品，由地方自行支配。（3）在工交财务方面，为扶植地方小钢铁厂发展，国家在一定时期内对小钢铁厂的产品给予免税照顾，并允许地方自行规定出厂价格，亏损部分允许从地方财政中给予补贴。②除此之外，为增强地方独立自主的能力，1966年初还进一步酝酿过将中央各部委所属的企事业单位下放地方管理等。

二、传统计划经济体制的分权模式

——毛泽东“虚君共和”体制构想的第二次实践

实际上，毛泽东对国民经济大调整时期经济管理体制的重新集中原本就不满意，随着备战事宜的突出，他对国家计委的严厉批评，也含有对体制变革不合心愿的因素。如1964年9月，他在与湖南省委的张化平、李瑞山、华国锋等谈话时就讲道：“现在中央又管得太死”，“有一个部长，一万元的修补费都不能批”，“有的旧厂，投资一万元、十几万元，就可以设备更新，不

① 房维中主编：《中华人民共和国经济大事记》，中国社会科学出版社1984年版，第382—383页。

② 辛向阳：《百年博弈——中国中央与地方关系100年》，山东人民出版社2000年版，第222页。

给”。① 对国家计委在1964年和1965年,为改进计划工作和发挥地方作用所做的小幅度放权,毛泽东仍感到难以适应形势发展的需要。随着局势的发展和地方在国家安全与建设方面的分量加重,毛泽东于1966年再次提出“虚君共和”体制构想,明确指出:“一切统一于中央”,“卡得死死的”,这肯定“不是好办法”。他明确强调指出,今后的各项工作都“应与备战、备荒、为人民联系起来”,改变以往“计划工作抄苏联那一套”,而把经济管理方式改变为“中央不能管死,省也不能完全统死”,切实把“大批的事放在省市去办”,并“要相信他们”。也就是说,要求各方面“都要注意中央与地方分权,不能竭泽而渔”,以便于充分发挥地方的重要作用。

这就预示着随着备战战略的全面推行,“虚君共和”式的经济体制模式将再次被运用到实践中。“文化大革命”的爆发延缓了这一计划。全国性造反结束后,1969年2月,全国计划会议印发了《关于改革财政管理体制的初步意见(草案)》、《关于改革物资管理体制的初步意见》、《中央各部关于企业管理体制下放的初步设想》三个文件。据此,大规模体制下放工作已陆续展开。1970年以后,根据《四五计划纲要(草案)》的设想和精神,以向地方下放权力为中心的经济管理体制变动急速推行,掀起了全国范围下放企业和各项权力的高潮。

这一时期,经济体制变动中最引人注目的变革是财政体制的频繁演变。1965年起实行的是“收支挂钩、总额分成、加小部分固定收入”,到1967年调整为完全的总额分成、收支挂钩。在1967—1968年的特殊环境下,中央不得不实行了“收支两条线”的极端办法,也就是收入全部上缴、支出则由中央分配。形势转好后,为实现“四五”计划大力发展地方工业的要求,1971年3月,财政部发出《关于实行财政收支包干的通知》,要求从当年起对各省、市、自治区实行“定收定支、收支包干、保证上缴(或差额补贴)、结余留用、一年一定”的“大包干”办法。在大批企事业单位下放的背景下,这种财政体制虽然扩大了地方财权,但也产生了不少问题:

1. 收入分配指标搞不准,造成地区间机动财力悬殊,苦乐不均。2. 单个地区的机动财力也不稳定,不便于地方统筹安排。3. 有的地方把财政包干指标又层层下包到地区与县,造成地方机动财力过于分散。4. 超收的全部归地方支配,短收的则要中央补贴,实际是“包而不干”。5. 中央收入偏低,其直接掌握的财力只有14.5%左右。鉴于上述问题,1972年不得不对这一做法做出部分调整,规定地方超收不满1亿元的,全部归地方,超过1亿元

① 顾龙生:《毛泽东经济年谱》,中共中央党校出版社1993年版,第610页。

的，超收部分上缴中央50%。结果当年国家财政反补贴地方8亿元，中央共负担了29.8亿元。① 此后，1973年在华北、东北和江苏省试行"收入按固定比例留成"、"超收另定分成比例"、"支出按指标包干"的办法。1973年11月财政部发出《关于改进财政管理体制的意见》，决定从1974年普遍试行。这种办法使地方拥有较稳定的财力，但容易形成收支脱钩问题，造成花钱在地方、平衡在中央，不利于整个国家财政收支平衡，因此，这种办法也未能按原计划推广。到1976年，又实行了"定收定支、收支挂钩、总额分成、一年一变"的办法，把地方的权力与责任联系起来，多收多支，少收少支。

财政体制的频繁更迭，其实说明这次财政体制改革具有明显的探索性质。尽管财权下放，使各地拥有了不小的财力，但地方在使用这些财政权力的时候，必须接受中央的监督管理。与此同时，地方基本建设投资也全部纳入国家计划，严格区分基建投资与流动资金，坚持执行国家计划与国家预算，花钱按政策，追加按程序，制止计划外基本建设工程，不能挪用银行信贷资金、企业流动资金或拖欠货款搞基本建设。坚持经济核算，即使在"文化大革命"初最乱的几年，中央也一直坚持财政、信贷、物资的平衡。如1967年3月和6月，中央即以"保护国家财产、节约闹革命"和"抓革命、促生产"的名义，要求各地区各单位贯彻执行既定的财政法规，各级财税、银行和企业财务部门人员都要坚守岗位。1968年又临时冻结存款，以控制地方乱收乱支，实现财政收支平衡。1970年后以"大包干"为原则的体制变动，虽然存在种种弊端，但在一定程度上起到了保证在分权的同时限制地方财力盲目扩张的作用。在传统计划经济体制下，政府是投资的主体，资本积累和分配职能主要由政府行使。随着经济管理体制的变动，这种积累与分配职能就有相当一部分下放到各个地方。因此，只要控制住地方的财政行为，再辅以其他措施，就可以基本掌握基本建设和国民经济的运行。"文化大革命"期间毛泽东"虚君共和"体制构想的第二次实践，和由此而来的经济管理体制的第二次大规模变动，之所以没有造成"大跃进"时期的严重后果，从权力分配角度看，关键在于保持了对地方财政行为的适当控制。

其他领域的体制变革和权力下放情况，与此相似。1.在企业管理方面，早在1969年毛泽东就亲自批示将鞍钢下放给辽宁省，借此告诉人们：这么大的企业都能下放，还有什么不能下放呢？1970年3月，根据《四五计划纲要(草案)》拟订的《关于国务院工业交通各部直属企业下放地方管理的通

① 参见《当代中国》丛书编委会：《当代中国的经济体制改革》，中国社会科学出版社1984年版，第139—140页。

知(草案)》,要求上述部门的企事业单位,绝大部分要下放给地方管理;少数由中央与地方双重管理,以地方为主;极少数由双重管理,以部为主。《通知》要求下放工作在1970年内完成。商业部直属企业,也在这个阶段全部下放地方。经过这次下放,中央直属的10533个企业,减为只剩500多个直属企事业单位,其工业产值占国有企业工业总产值的比重也由46.9%降为8%左右。

2. 在基建管理方面,扩大了地方投资管理权限,试行基建投资"大包干",即按照国家规定的建设任务,由地方负责包干建设。为保证地方资金来源,中央采取了三项措施:下放基本折旧金,安排专项资金和扩大地方投资分配比例,使地方安排的投资由1969年只占预算内投资的14%,提高到1974年和1975年的27%左右,促进了地方"五小"工业继"大跃进"以来的空前发展。

3. 在物资管理方面,第一,通过调整统配物资和部管物资的范围,使这两部分物资由1966年的579种减为1972年的217种,减少了60%以上。第二,从1972年开始在华北和江苏试点下放企业的物资管理权限,1976年又将166个企业的物资分配与供应工作下放给上海、广东、湖北、青海等省。第三,从1970年开始试行水泥分配"大包干",以后又扩展到其他产品。物资分配"大包干"的设想,经过试点,由于种种原因没在全国推行。

4. 在税收管理方面,大致分为两个阶段,即1970—1972年主要是就改变国营企业工商税收制度,提出一个行业按一个税率征税;1972年3月发布《中华人民共和国工商税条例(草案)》以后,开始合并税种,简化税目税率,将部分税收管理权下放,扩大地方对"五小"企业、社队企业和新兴工业进行征税或减免税的权力。

5. 在金融管理方面,1970年将中国建设银行并入中国人民银行;同年决定下放信贷管理权限,实行农村信贷包干与一年一定的信贷管理办法;1971年年底又决定简化利率种类,下调利率水平,以支持地方经济的发展。

6. 在劳动工资管理方面,1971年决定改革全民所有制企业、事业单位的临时工、轮换工制度,这使得临时工的比重由此前的12%—14%降为6%,强化了单一固定工制度。为扩大地方用人权限,还一度将增加临时工的权力层层下放,造成职工人数的增加失去控制。1970—1972年,全民所有制企业职工增加1200多万人,是中华人民共和国成立以来第二次职工人数大突破。

三、备战任务放松后毛泽东"虚君共和"体制构想在实践中的调整

如上所述,与1971年下半年后国际形势发展相适应,中共中央适时对

备战战略进行了调整。战略的调整必然会对服务于它的经济体制产生影响。实际上，正是在备战气氛缓和的前提下，有机会调整因备战带来的经济过热，有机会腾出手来解决“三个突破”与“一个窟窿”等问题。这就不可能不对1969年权力下放以来的经济体制提出新的要求，造成新的影响。如1971年12月到1972年2月的全国计划会议指出：为了“下决心控制基本建设规模，下决心控制职工人数”，就需要“全国要搞好综合平衡”，“各省市区也要搞好综合平衡”，而这就必须在继续“充分发挥两个积极性”的前提下，也要注意“各方面的积极性必须服从国家的统一计划”，“否则各搞各的，必然产生盲目性，造成少慢差费”，所以，“要加强全局观念，加强计划的严肃性”。

正是按照这一思路，针对备战带来的经济过热与体制下放造成的诸多问题，1972年4—6月，国家计委与国务院先后发出关于严格控制增加职工和加强工资基金管理的文件，要求未经国务院批准，新增职工人数不得超过计划；未经批准超计划招收的职工及违反政策增加工资的，银行有权拒绝支付，并向上级反映。同年5月，国家计委和一机部联名对机械产品下放中的问题提出具体整改要求：（1）将原下放产品中需全国统一规划组织生产的与主要属于单机配套、应随主机出厂的产品，调整为部管产品。（2）凡列入一机部下放产品所需的材料和配套产品，由国家拨给；所需统配、部管物资，由国务院平衡安排。（3）各省、市、区对一机部下达的调动计划和品种，要严格执行。（4）各地对下放机械产品的生产点，不要转产，或减少品种与数量。原有协作关系不能中断，如果确实需要改变，应征得一机部与有关部门同意。[①] 随后，国家计委、建委、财政部联名提出加强基建管理的意见，要求各地严格执行国家和省、市、区的计划，不准搞计划外项目。同年8月再次发文，强调要严格控制基建规模和职工人数；10月，国家计委与农林部、财政部召开加强经济核算、扭转企业亏损的会议。上述措施加大了国家计委与各大部委的权力，是对前一时期放权的初步调整。

对于继续有所发展的“三个突破”等问题，1973年2月，周恩来在听取国家计委汇报时，历数了两年来国民经济发展不讲比例，各地自行其是、各自为政等问题，并严肃地指出：“去年我讲了（‘三个突破’）这个问题，但没有抓”，“确实没有王法了”。他指出：地方“发展五小工业要有个范围，要对农业有利，破坏计划的无论如何不能发展”。他认为国民经济“现在根本没

① 参见赵士纲主编：《回顾与思考：共和国经济建设之路》（下），经济管理出版社1999年版，第252页。

有比例”,所以“到处搞独立经济体系是不行的”,“基建战线要缩短,该停的停,该缓的缓”。[①] 根据上述指示,国家计委起草了《关于坚持统一计划,加强经济管理的规定》,代表了这一时期由战略调整所引起的经济管理体制变化情况。

这一文件的主要内容有:(1)要坚持国家统一计划,搞好综合平衡,反对各行其是;(2)不准乱上基建项目;(3)职工总数、工资总额、物价的控制权属于中央;(4)要严格执行物资分配计划与订货合同;(5)要加强资金管理;(6)下放的大中型企业,不能再层层下放;(7)要整顿企业,建立强有力的生产指挥系统;(8)要坚持按劳分配原则;(9)要加强纪律性;(10)要加强党对经济工作的一元化领导。[②] 此外,中央对国防工业管理体制也进行了适当调整。1972 年 12 月,国务院将分散在军队各部门领导的不少电子工业企业,划归四机部统一管理;1973 年 9 月,又成立了国务院国防工业办公室,统一领导军工部门和军工厂的工作。经济管理体制的整顿和中央与地方关系的梳理,有利于国民经济各领域情况的好转,直接推动 1973 年成为“文化大革命”以来效益最好的一年。

针对 1974 年因政治运动冲击造成的经济再度滑坡,1975 年邓小平主持中央工作时,延续了战略调整以来对经济工作的整顿,其中就包括对财政经济关系的继续调整。从当年 1—10 月邓小平连续出席了多次重要会议,先后发表了多场重要讲话,这一方面体现了他为消除“文化大革命”动乱、促进安定团结与国民经济恢复所做的努力,另一方面也折射出以备战战略为中心的经济建设方针已面临着全面调整和结束。事实上,在他的各种整顿工作中,始终贯穿着一条主线,即以大局为重,加强中央集中。如 1975 年 3 月,在首当其冲的铁路整顿中邓小平就指出:“解决铁路问题的办法,还是要加强集中统一”,“对铁路工作,中央从来是强调集中统一的”。“这些年由于削弱了集中统一领导,铁路运输总是上不去”,因此中央决定“根据铁路的特性,重申集中统一”。[③] 随后,其他领域的整顿工作,也相继开始。这种整顿正如邓小平一再强调的那样:“当前,各方面都存在一个整顿的问题”,“农业要整顿,工业要整顿,文艺政策要整顿”,“要通过整顿,解决农村的问题,解决工厂的问题,解决科学技术的问题,解决各方面的问题”。[④]

---

① 《周恩来选集》(下卷),人民出版社 1984 年版,第 463—465 页。

② 参见赵德馨主编:《中华人民共和国经济专题大事记(1967—1984)》,河南人民出版社 1989 年版,第 64—65 页。

③ 《邓小平文选》第二卷,人民出版社 1983 年版,第 5 页。

④ 《邓小平文选》第二卷,人民出版社 1983 年版,第 32 页。

全面的整顿,带来了经济管理体制上的一些新迹象。1975 年 6 月,国务院计划工作务虚会就指出:在企业管理上,凡跨省市的铁路、民航、航运、邮电、电网等,和重点建设项目、专业施工队伍、重要科研单位,以及大油田等少数关键企业,要以各部委为主进行管理,其余由地方管理,但也不能层层下放。在财政上,大中型企业的折旧基金,由中央集中 20%—30%。这一时期,在经济管理体制方面所取得的认识,集中反映在《关于加快工业发展的若干问题》(即《工业二十条》)上。该文件明确提出:必须加强国家对经济生活的集中统一领导,凡方针政策、主要指标、基建投资、重大项目、物资分配、收购调拨、财政预算、货币发行、职工人数、工资总额、产品价格,必须由中央集中决策,任何地区、任何部门都不得自行其是。中央下放的企业与地方原有的大中型企业,原则上由省市区与省辖市领导,不能再往下放,中央各部对这些企业仍要进行必要的指导与管理。① 这一认识,对于 1969 年以来体制下放所造成的混乱和无序,对于工业整顿与体制改革,都有重要的指导意义。然而可惜的是,它还没有形成正式文件,就因政治的再度动乱而被扼杀了,从而对毛泽东"虚君共和"体制的调整,也未能起到应有的指导作用。

虽然 1971 年下半年以后,中央对备战战略进行了逐步调整,但这一战略对整个国民经济的指导作用和由此而形成的建设路径,一直没有得到根本扭转和改变。如《1973 年全国计划会议传达要点》就依然强调说:"1973 年国民经济的发展,必须坚决贯彻执行'深挖洞,广积粮,不称霸'"与"'备战、备荒、为人民'的战略方针","对于计划规定的国防工业和国防科研的建设项目","特别是三线的重点项目和配套产品的建设项目","要在人力、物力、财力上加以保证"。《四五计划纲要(修正草案)》同原先的纲要(草案)相比,在"方针、任务和建设重点等方面",也"没有重大变化"。② 此外,在农业方面,虽然国家加大了对农业的支援力度,但农业发展的指导思想也同样没有发生根本变化,依然要"靠 6 亿农民,靠大寨精神"与"在集体化的基础上实现机械化"。正因如此,1971—1975 年的内地基建投资仍高达 898.67 亿元,占全国基建投资总额的 53.3%,其中"三线"11 个省区的投资额为 690.98 亿元,占全国基建投资总额达 41.1%。③

正由于战略方针与建设路径未发生根本性改变,这就使得原先地方在

① 参见《当代中国》丛书编委会:《当代中国的经济体制改革》,中国社会科学出版社 1984 年版,第 155 页。

② 赵德馨主编:《中华人民共和国经济专题大事记(1967—1984)》,河南人民出版社 1989 年版,第 67 页。

③ 参见国家经贸委:《中国工业五十年》(第五部上卷),中国经济出版社 2000 年版,第 44 页。

经济建设中的地位和作用不可能发生根本变化，毛泽东"虚君共和"体制构想在实践中也就不可能有根本性改观。事实也的确如此，就在1973年整顿高潮中制定出《关于坚持统一计划，加强经济管理的规定》后不久，毛泽东就在中央工作会议上指出："项目多了，计划工作至今还没有走上正轨。"他继续从备战的角度指出："要把协作区搞起来，一旦有事好办"，因此"搞计划要依靠地方，以省、市、自治区为主"。① 这就导致"虚君共和"体制构想，一方面随着国际形势的缓和与备战战略的调整，出现了一些集中的迹象；另一方面，却又在肯定地方作用和体制变革的基础上，还在不时强调继续放权的矛盾状况。正因如此，1971年以后的这一时期，虽然中央多次召开体制工作的会议，各部门对经济体制的工作也处在不断探索与调整中，但从整体上看，这一体制处于动态中的相对稳定期，20世纪70年代初所形成的格局变动不多。

① 赵士纲主编：《回顾与思考：共和国经济建设之路》，经济管理出版社1999年版，第253页。

第四章　“急起追补”战略与传统计划经济体制内的矛盾性变革（1977—1978年）

为了既能集中举国的财力物力，完成以120个重大项目为代表的大型基本建设，又能解决农业生产的滞后、实现农业机械化的预定目标和缓解电力、燃料、原材料等上游工业对国民经济“急起追补”的制约，“急起追补”战略延续了备战以来中央与地方“两条腿走路”的方针。但是，由于调整、整顿同这一战略的逻辑矛盾和中央在资源配置上的两难境地，致使这一时期的经济体制变革中既有促使权力向中央集中的因素，也有继续保持地方分权格局的动因。正因为这几种方向、强弱不同的力量交织在一起，才使这一时期的经济体制关系出现在集权与分权动态平衡中的集中趋势。

第一节　“急起追补”战略的形成与特征

经过备战战略的长期畸形建设和十年“文化大革命”动乱的严重干扰，我国国民经济到1976年时已危机四伏、风雨飘摇。在1975年备战任务基本完成和1976年“文化大革命”结束的契机之下，客观上需要对经济结构严重失衡、经济管理极度混乱的国民经济及时重新进行调整和整顿。然而，由于当时中央主要领导人的特殊经历和特定思维习惯，“文化大革命”结束后不久我们酝酿、制定、推行了新的经济发展战略，并试图以国民经济“急起追补”的方式，实现以往既定的诸多经济规划和战略目标。虽然由于内涵和逻辑上的根本问题，“急起追补”战略仅仅开了一个头便仓促收场，但仍对这两年和其后的国民经济造成了诸多影响。完整考察这一战略的酝酿、形成及其在部分实施中的具体情况，可以得出以下几点结论。

一、客观上的调整、整顿要求，与主观上的“急起追补”愿望，导致“急起追补”与调整、整顿在这一时期同步进行

经受备战和“文化大革命”的长期影响后，1976年时的国民经济已全局失衡、难以为继。

第一，国民经济主要比例关系严重失调。在产业结构方面，由于长期备

战,农业和轻工业遭到严重挤压。1976 年与 1965 年时相比,重工业产值占工农业总产值的比重从 30. 4%上升到 38. 9%,而农业与轻工业的产值则分别从 37. 3%和 32. 3%,下降为 30. 4%和 30. 7%。① 与此同时,由于片面强调以粮为纲,在农业内部,经济作物与林、牧、副、渔等业受到排挤;而在工业内部,由于加工工业盲目发展,从而使原材料工业特别是能源工业跟不上。在积累与消费方面,因为积累率持续过高,造成财力、物力与各方面关系的全面紧张,而消费则严重欠账。

第二,经济效益大幅下降。比如说工业上,每百元资金实现的利润税金,由 1966 年的 34. 5 元降至 1976 年的 19. 3 元;在商业上,每百元资金实现的利润,也由 1957 年的 20 元降至 1976 年的 9. 7 元。此外,每百元积累增加的国民收入,也从"一五"时期的 32 元降到"四五"时期的 16 元;固定资产的交付使用率,也从"一五"时期的 83. 7%,降为"四五"时期的 61. 4%。② 非政策性亏损的企业数量越来越多,亏损额不断增加。

第三,人民生活问题凸显。在城镇中,工人工资不仅长期得不到提高,反而因各种因素影响使实际工资有所下降。"文化大革命"期间动员 1600 多万知青上山下乡,不仅没有解决城镇的就业困难,反而造成一系列严重的社会问题。居民生活必需品难以保障,生活建设严重滞后。在农村,备战和"文化大革命"以来农民的生活不但无甚变化,反倒使不少地方的农民收入出现下降,相当比例的农民难以温饱,甚至依靠国家救济和外出讨饭生存。

第四,1976 年的多灾多难,加重了各种问题的严重性。这一年由于"反击右倾翻案风"的政治动乱和唐山大地震等的重大影响,使国民经济发生很大困难。与上年相比,1976 年工农业总产值仅增长 1. 7%,大大低于 7%—7. 5%的原定计划;国民收入则下降 2. 7%,减少 10 多亿元。许多主要产品的产量,都低于计划要求。在基建方面,该年投资比上年减少 32. 8 亿元;固定资产交付使用率仅为 58. 9%;全部建成的大中型项目也比上年减少 82 个,成为历史上投资效果最差的年份之一。此外,国家财政收入完成 776. 6 亿元,较之上年减收 39 亿元,产生赤字 29. 6 亿元。③ 无情的现实表明,对国民经济进行调整、整顿已到了刻不容缓的地步,否则整个经济社会

① 国家统计局国民经济平衡统计司:《国民收入统计资料汇编(1949—1985)》,中国统计出版社 1987 年版,第 8 页。

② 参见《当代中国》丛书编委会:《当代中国经济》,中国社会科学出版社 1987 年版,第 387 页。

③ 《当代中国》丛书编委会:《当代中国经济》,中国社会科学出版社 1987 年版,第 384 页。

将会陷入更大的困难之中,造成的损失也更为严重。

在1975年备战战略趋于完成和1976年“文化大革命”结束的新形势下,这样的严峻局面决定了经济工作的当务之急,应用一定时间进行调整、整顿,解决因备战和“文化大革命”带来的各种问题,使经济社会达到大体平衡和基本稳定,结束国民经济风雨飘摇的状况。然而,由于特殊的个人经历和特定的思维习惯,“文化大革命”结束后,当时的一些中共中央领导人肩负起不寻常的历史使命,即除在政治上推行“两个凡是”外,在经济上则千方百计地努力完成和实现毛泽东生前所提出、制定、认可的各种经济发展任务、规划和目标。这是当时中央主要领导人积极酝酿、制定、推行“急起追补”战略,并急切地试图以国民经济新跃进的方式,实现以往的诸多经济规划和战略目标的重要原因。

以农业机械化方面的情况为例:自从1955年毛泽东估计在全国完成农业技术改革,“大概需要四个至五个五年计划”,“即二十至二十五年时间”,以及1966年重申“用25年时间,基本上实现农业机械化”后,完成这一任务就成为越来越紧迫的政治问题了。1971年,华国锋主持的全国农业机械化会议就曾指出:“毛主席提出的实现农业机械化的伟大任务”,“只剩下不到10年时间了,到了必须狠抓的时候了,再也不能耽误了。”1975年,全国农业学大寨会议的文件再次指出:25年实现农业机械化的“这个口号已经过去20年了”,剩下的“时间很紧,任务很重”。①1976年诸多事件的发生,影响了经济工作的正常进程,使这一任务变得更加严峻。所以,“文化大革命”结束后政治形势稍一稳定,中共中央就尽快召开了第二次全国农业学大寨会议,并在全国报刊上发表了华国锋在上年农业学大寨会议上的总结报告,希望在备战战略转轨和“文化大革命”结束后的新时期,通过掀起经济建设新高潮,来实现农业机械化的各项预定目标。如华国锋在总结报告中就指出:国务院各部门和各省地县,“必须用极大的力量”,“来加速这一工作的速度”,以“保证在1980年基本上实现农业机械化这一伟大任务”。陈永贵在第二次全国农业学大寨会议上则明确指出:召开这次会议,就是要“把被‘四人帮’干扰破坏耽误的时间夺回来”,因此“一定要争取时间,战胜各种困难,坚持把农业机械化搞上去”,从而“保证完成毛主席提出的在1980年基本上实现农业机械化这一伟大任务”。

依此指示,国务院于1976年12月底在《关于1980年基本实现农业机

① 国家经贸委:《中国工业五十年》(第五部下卷),中国经济出版社2000年版,第922页。

械化的报告》中，明确要求："我们要抓紧今后4年，以最大的努力，实现毛主席的遗志"，"保证在1980年基本上实现农业机械化"，使农林牧副渔主要作业的机械化水平达到70%左右，"要下定决心，4年实现"。这种"决战"动员式的号召和要求，已经吹响了农业机械化"急起追补"的号角，拉开了"急起追补"战略的序幕。为了确保这一目标如期实现，中央随后不仅制定了一系列具体的政策措施，还通过设立农业机械化领导小组、普及大寨县工作座谈会、召开第三次全国农业机械化会议等方式，想方设法、千方百计地通过跃进来实现"遗志"。

然而不难想见，这种进行大规模经济建设的主观取向，同我国当时客观的基本国情和经济现实，产生了严重的矛盾与冲突。在国民经济重大比例关系严重失调、经济效益大幅下降、人民生活长期得不到应有改善，和工矿企业生产与交通混乱、商业流通堵塞的经济背景下，要通过实施新的经济发展战略，来重新进行经济跃进和"急起追补"是难以想象的。因此，对混乱的国民经济进行适当有限的调整、整顿，使其得到起码的恢复发展，对这一战略的推行具有不可或缺的必要性。正因如此，这一时期的经济工作，才出现了一方面恢复有利于经济发展的方针政策和规章制度、整顿基本建设与各个经济部门的工作、实行提高城镇职工工资与农产品价格的政策，而另一方面却又在"本世纪内全面实现四个现代化"与"1976—1985年这十年是实现这个设想的关键十年"这个"遗志"的压力下，利用农业学大寨和工业学大庆的旗帜，积极酝酿、制定、推行以1975年《十年规划纲要草案》为蓝本的"急起追补"战略，形成"急起追补"与调整、整顿同步进行的局面。

二、"急起追补"战略不切实际地赋予地方在农业生产和实现农业机械化方面的任务

因农业这个影响国民经济各项工作的传统"瓶颈"和"短腿"产业，这一时期对整个经济生活的制约作用越来越严重，所以要实现经济发展的"急起追补"，就需要农业也必须有一个"急起追补"式的提升。如陈永贵在第二次全国农业学大寨会议上就指出：现阶段农业发展"还很不适应我国社会主义革命和社会主义建设的要求"，所以"使我国的社会主义农业有一个更大更快的发展"，是"关系我国社会主义经济建设高速度发展的带全局性的问题"。对此，国务院在1976年年底也指出："农业是基础，农业上不去，工业也不可能上得去"，"即使一时上去了，也要退下来"，所以，我国农业的这一状况"同国民经济的大发展"，存在"尖锐的矛盾"，倘若"这种局面不改

变,势必拖四个现代化的后腿”。① 1977年4月,《人民日报》在《抓纲治国推动国民经济新跃进》的社论中又指出:要推动国民经济新跃进,就“要真正按照农轻重的次序,把农业放在第一位”,“下大决心,花大力气,尽快把农业搞上去”。② 在此基础上,华国锋在五届全国人大上也再次强调指出:“农业如果不以比过去更高的速度向前发展”,结果就是“工业和整个国民经济就上不去”,即便“一时上去了也要被拉下来”,并且“一旦发生大的自然灾害还会遇到更大的困难”。③ 当然,如期实现毛泽东对农业机械化的预期设想,也是这一时期推动农业“急起追补”的重要因素,对此不再赘述。

从农业开始的“急起追补”,虽然更加突出农业的基础地位和作用,但在发展路径上却依然局限在既往认识的窠臼里。与以往相比,只是使农业学大寨和农业机械化运动在更大规模和程度上展开而已。如华国锋在第二次农业学大寨会议的报告中就指出:今后在农业发展上,“全党都要认真贯彻执行”“农业学大寨、普及大寨县和农业机械化的任务”。陈永贵则具体布置了这项工作:要通过“全国基本上实现农业机械化”和“把三分之一以上的县建成大寨县”,使各项农业“生产超《纲要》、超计划”,同时使“平均每个农业人口有一亩旱涝保收、高产稳产农田”。此后,国务院在《关于1980年基本上实现农业机械化的报告》中,不仅要求用最大的努力来加快农业机械化,务必使1980年时的“农林牧副渔主要作业的机械化水平达到70%左右”,而且进一步明确指出:“排灌动力机械拥有量”,要“从1976年底预计的5600万马力增加到1980年的7000多万马力”;“化肥年产量”,要“从2800万吨增加到5500万吨到5700万吨”;“拖拉机拥有量”,要“从40万台增加到65万台到80万台”;“手扶拖拉机从80万台增加到150万台”。

按照这一要求,四年内大中型拖拉机得增长66%,化肥年产量要增长1倍以上。不仅如此,在随后召开的全国普及大寨县工作座谈会上,又进一步将这些指标有所提高:“大中型拖拉机达到80万台、排灌机械达到8000万马力”,“化肥年产量将达到6000万吨”,农药、塑料薄膜也“会有大幅度增加”。除此之外,会议还要求通过大搞农田基本建设和农业机械化,使1980年实现“粮食总产7000亿斤”,“油料总产10500万担”,“棉花总产6000—

① 国家农业委员会办公厅:《农业集体化重要文件汇编》,中共中央党校出版社1981年版,第926、945页。

② 《人民日报》1977年4月19日。

③ 《中华人民共和国第五届全国人民代表大会第一次会议文件》,人民出版社1978年版,第19页。

6750 万担”,“糖料总产 76000 万担”,“猪年终存栏 35000 万头”。[①] 此后,华国锋在五届人大上再次强调指出:一方面“把农业搞上去”,“主要靠认真学大寨,实行科学种田,加快农业机械化的步伐”;另一方面,要通过这些措施,使个别指标再次有所提高:在十年内“农业主要作业机械化水平达到 85%以上”,“按农业人口达到一人一亩旱涝保收、高产稳产农田”,“农林牧副渔都达到较高水平”。[②]

对农业学大寨和农业机械化路径的肯定与强化,不仅意味着农业发展将依然主要靠各地自己的力量来完成,而且对地方提出了更为繁重和严厉的生产任务与时间要求。这一特点在实现农业机械化的问题上得到淋漓尽致的体现。如前所述,要在这么短的时间内完成如此繁重的农业机械化任务,这一战略的路径竟仍是“必须以各省、市、区自力更生为主”,延续了备战以来的既定思路。1976 年 12 月,陈永贵就指出:“要加快农业机械化的步伐”,各地就要学冀、鲁、桂、苏、湘、皖等省的经验,“依靠群众,自力更生”,“充分利用本地资源,大力发展五小工业”,“多生产化肥、农药、农业机械、维修配件和塑料薄膜”。

对此,国务院在《关于 1980 年基本上实现农业机械化的报告》中具体指出:对这一任务,各地应学先进省区的经验,“坚持农机制造以地方为主、农机产品以中小为主”的原则,通过发挥地方积极性,使“小型拖拉机和柴油机、配套农具和其他中小型农业机械、机帆渔船、维修配件、小化肥设备、小型电站设备等”,“由省、市、自治区为主规划和组织生产”,“特别是配件和配套农具,除个别省、区外,都要在两三年内,做到省内基本自给”。为实现以上目标,文件要求:“各省、市、自治区要建立为农业和农业机械化服务的地方工业”,“特别是要把小钢铁搞上去”。因为一旦“地方有了小钢铁、小煤炭、小水泥、小化肥、小机械等”,“搞农业机械化就有了主动权”,而这种“地方五小工业和社队工业的发展壮大,将加快农业机械化”的进程。文件特别指出:“发展五小工业和社队工业,要像河北遵化县、湖南攸县、山东高密县、湖北大冶县那样”,“发扬自力更生、艰苦奋斗精神”。如果“单纯依赖国家,仰赖外省接济,农业机械化的步子是快不了的”。[③] 1978 年 1 月,第

① 国家农业委员会办公厅:《农业集体化重要文件汇编》,中共中央党校出版社 1981 年版,第 926、933、945—947 页。

② 《中华人民共和国第五届全国人民代表大会第一次会议文件》,人民出版社 1978 年版,第 17 页。

③ 国家农业委员会办公厅:《农业集体化重要文件汇编》,中共中央党校出版社 1981 年版,第 927、934—936 页。

三次全国农业机械化会议再次强调指出:提倡地方发扬“一不等、二不靠、三不伸手向上要,自己动手干出一个机械化来”的精神。会议提出各种农业机械要分别增加的具体指标,其中仅大中型拖拉机一项,就要求从 47 万台增加到 80 万台,净增 33 万台。① 此外,国家计委在《1978 年国民经济汇报要点》中也指出:在小化肥方面,地方虽然已有 2500 个左右的小化肥厂,但今后还要“努力发展小磷矿、小硫铁矿”,并争取到 1980 年时,“基本上做到每个地区有一个万吨以上的硝铵厂”;在小水泥方面,不仅要“继续发展”,还要“特别在小煤矿、小火电附近”,“多办些小水泥厂”。文件还特别指出:实现农业机械化,“是今后三年整个国民经济工作中必须完成的战略任务”,因此各地“一定要把为农业服务的五小工业壮大起来”。②

不难看出,除了农业学大寨自“文化大革命”以来“左”的蜕变和这些计划指标的不科学性,为解决农业对国民经济“急起追补”的制约和实现农业机械化的预定目标,“急起追补”战略虽然更加重视农业的发展,但却因发展路径仍局限在既往认识的窠臼里,而使地方在农业发展中原本就不轻的担子变得更加沉重和紧迫。

三、“急起追补”战略规定了借助地方为中央分担一部分电力、燃料与原材料等的生产任务

鉴于在备战战略指导下长期大力发展军事工业、机械工业和其他加工工业,导致“文化大革命”结束前后,上述下游工业部门与能源、原材料等上游部门的比例关系严重失调,突出表现在电力、燃料与许多重要的原材料都严重不足。如 1977 年 1 月,余秋里在全国计划会议准备工作座谈会上就坦言说:“目前,国民经济中突出的问题,是燃料、动力不足”,“电力紧张,燃料更紧张”。他列举说:“东北、华东、湖北、湖南等电网,由于煤炭不足等原因,不少火力发电机组开不足”,“许多地方因为煤、电供应不上,工业生产能力不能发挥,老厂停了一大批,一些新建成的企业也不能投产”。同年 11 月,在全国计划会议上他再次强调说:现阶段“电力、煤炭和原材料供应严重不足”,“许多企业由于缺电、缺煤,每周只能开工 3 天或者 4 天”,“并且有上千个大大小小的新建成的企业不能投产”,“许多加工工业的能力也还只能开动一半”。与此同时,谷牧在 1977 年 7 月的煤、电紧急会议上也指出:“目前煤、电供应很紧

① 参见《当代中国》丛书编委会:《当代中国的农业机械化》,中国社会科学出版社 1991 年版,第 50—51 页。

② 国家经贸委:《中国工业五十年》(第六部中卷),中国经济出版社 2000 年版,第 1721—1722 页。

张,矛盾十分尖锐",如"湖北、浙江、上海、广东、广西、福建等省市,用煤经常告急",即便"北京、天津烟煤的供应也很紧张","电力供应情况也是如此"。事实上,"全国现有35个10万千瓦以上电网,除渡口、陕甘青等少数几个电网外,都程度不同地缺电",其中"东北、华东、京津唐、湖北、湘中北等大电网,缺电尤其严重",这"给工农业生产造成很大损失"。①

上述这些情况说明:"煤、电的问题,既是经济问题,又是政治问题",因此"只有大大加快煤、电的发展","才能保证工农业生产的不断增长,才能保证人民生活用煤、用电的需要"。显然,这一问题的解决也成为开展大规模建设、实现经济跃进的必要条件。正是从这个意义上讲,"要高速度地发展经济,解决这个矛盾,实在刻不容缓。"因此,1976年12月华国锋指出:在工业方面要"抓好燃料动力、石油化工、钢铁和其他原材料等重工业的生产",唯有如此才能"把工业生产的全局搞活","为第五个五年计划后三年国民经济的大发展作好准备"②。1977年11月,余秋里在展望长远规划时也指出:要实现十年规划和二十三年设想,就首先需要"集中力量,把燃料、动力和原材料搞上去","特别是电、煤、油、运搞上去",以解决这个"带有战略性的问题"③。

为妥善地解决这一国民经济"急起追补"的"瓶颈"和"短腿","急起追补"战略把其作为"五五"计划后三年和"六五"期间重点解决的问题,并希望借助地方发展经济的积极性来分担一部分生产。如1977年1月余秋里在前述会议中就讲道:为有效改变燃料动力工业的滞后,电力方面"在加快建设大型骨干水电工程的同时",也要"多搞地方中小水电站";石油方面也是如此,除"大力寻找高产大油田"外,也"要注意发挥地方办石油工业的积极性"。其他方面皆如此类,如煤炭也"要大中小并举,积极发展小窑煤",要"加快南方九省特别是安徽两淮地区煤田建设,同时抓紧东北地区煤田的开发"。随后,国家计委在《1977年国民经济计划汇报提纲》中进一步明确指出:"要支持地方,特别是南方各省,多搞些中小煤矿",以"进一步扭转北煤南运",同时也要"多搞些水电,以节省燃料"。同年11月,余秋里更加明确地指出:"五五"计划后三年,"中央和地方一定要拧成一股绳",让大家都来"搞燃料、动力、原材料工业"。

---

① 国家经贸委:《中国工业五十年》(第六部中卷),中国经济出版社2000年版,第1090、1094、1105页。

② 《人民日报》1976年12月28日。

③ 国家经贸委:《中国工业五十年》(第六部中卷),中国经济出版社2000年版,第1094—1095页。

1978年2月的《1976—1985年发展国民经济十年规划纲要》,则具体明确地进行了规划。第一,在电力上,“全国有1030个县可以利用当地水利资源办小水电站”,“有1000个左右县有小煤矿可以办小火电”。要通过“大力发展小电站”,使得“1985年小水电、小火电装机争取搞到2000万千瓦”。第二,在煤炭上,要在抓8大煤炭基地的同时,“积极改造和发展小煤矿”,争取“到1985年,华东、中南以及东北等缺煤地区的原煤产量将比1975年增加1倍左右”,“基本实现扭转北煤南运的战略目标”。第三,在钢铁上,在各地中小钢铁企业布局铺开的基础上,“凡省内没有大钢铁厂,而发展中小钢铁资源条件较好的,国家要支持地方发展中小钢铁厂”;对“省内已有大钢铁厂的”,“已有的地方中小钢铁厂,着重搞好巩固、提高,有条件的可以发展”;“有些省、区缺乏煤炭、铁矿资源”,“不宜勉强发展”,“地方所需钢铁,由国家统一分配和地方外汇进口解决”。上述文件特别指出,通过如上办法尽快把这些工业搞上去,“是关系到我们的经济能不能高速度发展的极其重要的战略任务”①。1978年4月,《中共中央关于加快工业发展若干问题的决定》(即《工业三十条》)再次指出:“国家和地方都必须把主要力量”,用于解决当前的“燃料、动力和原材料工业落后于加工工业”的问题。具体来说,在中央“分期分批地建设若干个大的燃料、动力和原材料工业基地”的同时,也需要地方“充分利用当地资源”,“积极发展中小煤矿和中小电站,巩固和提高中小钢铁企业和有色金属企业,努力增加化工原料的生产和非金属材料的生产”②。为更有效地解决这一问题,国家计委在《1978年国民经济计划汇报要点》中,对“六五”计划也做出要求:“要贯彻执行大中小并举、土洋并举的方针”,“各省市自治区要根据资源条件,因地制宜地发展中小型的动力、燃料和原材料工业”。这是因为,“这也同打仗一样,有大兵团”,“也要有地方部队、游击队。”③

不言而喻,这是鉴于电力、燃料、原材料等的严重短缺,希望通过中央和地方大中小并举的方针,即利用地方发展经济的积极性,借助地方的各种资源和条件,试图让地方为中央分担一部分生产,以弥补中央在解决这些问题上的欠缺与不足,缓解经济生活的紧张和产业链条的上游工业对国民经济新跃进的强大制约,以便中央集中力量安排和解决以120个重大项目为代表的大型基本建设。

---

① 国家经贸委:《中国工业五十年》(第六部中卷),中国经济出版社2000年版,第1090、1095、1590、1716页。

② 国家经贸委:《中国工业五十年》(第六部上卷),中国经济出版社2000年版,第601页。

③ 国家经贸委:《中国工业五十年》(第六部中卷),中国经济出版社2000年版,第1729页。

四、“急起追补”战略的重点和核心，是由中央负责的以120个重大项目为代表的大型基本建设规划

从前述情况不难看出，无论“尽最大努力把农业搞上去”，还是借助地方中小企业“加速燃料动力和原材料工业的发展”，其落脚点之一都是为了突破进行大规模经济建设时“瓶颈”产业的约束，为实现十年规划和二十三年设想创造条件。在当时中央高调“急起追补”的强大压力下，1977年11—12月召开的全国计划会议讨论了长远规划问题，形成了《关于经济计划的汇报要点》，对“急起追补”战略做出了整体性规划和安排。文件指出：到本世纪末前的今后二十三年，我国在经济上要打几个大战役，使1985年的钢产量达到6000万吨，原油达到2.5亿吨，同时相应地为此拟订了在工业方面要新建和续建120个基建方面的大项目，如30个大电站、10个大油气田、10个大石油化工厂、10大钢铁基地、10多个大化肥厂、10个大化纤厂、8个大型煤炭基地、9个大有色金属基地，以及新建续建6条铁路干线、改造9条老干线，重点建设秦皇岛等5个港口。

这些大型基本建设项目在“急起追补”战略中的地位和作用，就如连同《关于经济计划的汇报要点》一起下达的《1978年国民经济计划汇报要点》所指出的那样：“要在本世纪末实现四个现代化，使我国国民经济走在世界前列”，“从1978—1985年是关键的八年”，而这关键八年的重中之重，又是上述的在“燃料、动力、钢铁、有色、化工和铁路、港口等方面”，“新建和续建120个左右的大型项目”。这是因为，通过这些“高速度、高水平发展基础工业的歼灭战”，拿下这些“具有战略意义的项目”，才可以“在全国形成若干个比较强大的工业基地”，从而“解决战略布局，解决长远速度”。余秋里在上述会议中也指出：今后八年，通过打这些“高速度发展基础工业的歼灭战”，“拿下120个左右具有战略意义的建设项目，在全国形成十几个比较强大的重工业基地”，就可以使“在本世纪内实现建成社会主义强国的任务”，“有了可靠的物质保证”。正因如此，以120个重大项目为代表的大型基本建设规划，才是“急起追补”战略的核心和重点，同时由于它们“从投资规模和要求的技术水平来说，都大大超过前几个五年计划的项目”，所以需要“作为国家的重点工程”，由中央集中举国的人力、物力、财力，通过“组织大协作、大会战”的方式，来打这场“前所未有的具有决定意义的大仗”。①

① 国家经贸委：《中国工业五十年》（第六部中卷），中国经济出版社2000年版，第1096、1719、1727页。

“急起追补”战略的上述特点,可以从国家预算投资的安排中略窥一斑。1978 年 2 月的《1976—1985 年发展国民经济十年规划纲要》指出:“国家预算内直接安排的基本建设投资,五五为 1780 亿元,六五为 2800 亿元,十年共 4580 亿元,超过过去二十六年的投资总额”,投资的重点除农业外,即是“燃料动力、原材料和交通运输”。具体情况如下:

国家预算投资安排

部门	数额(亿元)	比重(%)
燃料动力	1113	25.4
原材料(包括钢铁、有色、化工、建材)	812	18.5
机械工业	138	3.2
铁道交通	677	15.5
合计	2740	62.6

资料来源:根据《中国工业五十年》(第六部中卷),中国经济出版社 2000 年版,第 1593 页的数据计算整理。

在上述投资中,120 个重大项目在“五五后三年需投资 300 亿元,六五需投资 850 亿元,共 1150 亿元”,“大体上占五五后三年和六五国家投资近 1/3”,加上“拟引进的成套设备费用,这些项目的八年总投资还要超过上述数字”。实际上,由于这一战略安排和项目内部的严重问题,其实际所需投资,远远超出预算估计。从“急起追补”战略一开始推行,原有预算安排就被不断突破,仅 1978 年就对这些大型基建项目投资进行了几次追加。如在国家计委和财政部要求追加 160 亿元的情况下,中央根据国家财力的可能,1978 年 4 月只能先批准解决 52 亿元,其中基建投资 34.8 亿元。同年 9 月,国务院决定再追加 48 亿元的基建投资。这样全年追加的基建投资总数就达 83 亿元(连同 1—8 月已追加的 35 亿元基建投资),这其中的 65%以上给了煤油电、化工、铁路、冶金机械、交通、邮电等基建部门。经过几次追加,国家预算里直接安排的基建投资就由年初计划的 332 亿元扩大到 415 亿元,比 1977 年增加了 100 多亿元,成为“大跃进”之后增长最高的年份,而实际完成的投资额比预计的还要多。① 而在 1978 年 9 月安排的 1979 年计划中,国家直接基建投资为 457 亿元,比已急剧膨胀的 1978 年又增长了 15.7%,致使物资、财政、外汇都留下了相当大的缺口。

---

① 参见贺耀敏、武力:《五十年国事纪要 · 经济卷》,湖南人民出版社 1999 年版,第 280、283 页。

第二节 “急起追补”战略的内在矛盾

“急起追补”与调整、整顿在这一时期虽同步进行，但二者的内在逻辑矛盾却既造成调整、整顿的局部化和表面化，又使“急起追补”因先天不足而给经济运行带来更为严重的问题。“急起追补”战略内含的“两条腿走路”的分工思路，虽然安排地方既要承担起农业生产与农业机械化的任务，又要为中央分担一部分燃料、电力、原材料等的生产，而中央则负责以120个重点项目为代表的大型基建，但由于这一时期农业、燃料、电力、原材料等生产的严重滞后，和它们对国民经济跃进的硬约束，加之实现农业机械化的特殊意义与极端紧迫性，导致中央在着手进行战略重点建设的同时，还不得不投入跟以往相比更多的经济资源对地方进行帮扶，从而陷入了资源配置上的两难困境。上述战略上的特点与矛盾所导致的经济体制搭配上的矛盾，对这一时期的经济体制模式变迁产生了甚大影响。

从前文分析中不难看出，“急起追补”战略在推行中会遇到以下两点深层的矛盾：

一、调整、整顿与“急起追补”战略存在着根本上的矛盾

调整、整顿是解决备战与“文化大革命”以来国民经济中各种严重问题的逻辑要求和结果。其内容一方面是针对国民经济的混乱无序状况，通过整顿企业的领导班子、劳动纪律、管理制度，恢复、建立良好的生产秩序与工作秩序；另一方面，则是对国民经济比例失调严重的状况，通过理顺农、轻、重之间，积累、消费之间等一系列重大比例关系，使经济结构趋向合理，重新进入有计划、按比例发展的轨道。显然，除对备战和“文革”造成的混乱无序状况进行简单的整顿恢复之外，调整、整顿的深层内容，应是对导致这些严重问题的经济指导方针与产业政策进行必要的纠正。所以，在重建国民经济领导指挥系统、恢复工业生产秩序、恢复科教文卫、恢复交通运输、恢复发展国内外贸易的同时，对造成这些表面问题的深层次调整、整顿，也在国民经济的恢复中顺理成章地一步步深入下去。如1977年2月，国家计委提出要调整经济部署后，随后又在《1977年国民经济计划汇报提纲》指出：现阶段一方面“农业和轻工业不适应生产建设和人民生活的需要”，这一问题已成为“当前国民经济中的主要问题”；另一方面，工业内部发展不平衡，比例失调严重，并且“已经铺开的基本建设规模，超过了当前财力、物力的可能”。这就需要“1977年和整个第五个五年”，“都必须特别注意农业和轻

工业,真正按农轻重的次序安排国民经济计划”,并且要“控制加工工业的发展”,“下大决心把一批项目减下来”,而“优先安排农业、支农工业、轻工业”。① 显然,这些看法主张触及经济结构失衡的产业政策原因,并已提出了调整产业结构的初步意向,是调整、整顿从表层逐步走向深入的表现。

然而,进行“急起追补”的主观意愿和这一战略的内在特点,却与将要深入的调整、整顿产生了根本性的逻辑矛盾,并进而终止了进一步深入调整、整顿的进程,这是导致这一阶段的调整、整顿只停留在表面与局部的根本原因。如前所述,掀起“急起追补”的目的是为“在本世纪内全面实现农业、工业、国防和科学技术的现代化”,从而“使我国国民经济走在世界前列”,其战略部署的重点与核心是以 120 个基建项目为代表的大型重工业建设。所以,这一战略只是把备战时期具有浓厚国防军工色彩的重工业优先,恢复为正常情况下的重工业优先,其实质上仍是一个通过重工业优先发展进行超常赶超的战略,其指导思想也依然是通过钢铁、机械、能源、化工等的工业化,来带动国民经济的现代化。所以“急起追补”战略只不过是重工业优先发展原则时代化与具体化的产物,其本质仍然是一个重工业优先发展战略。因此,“急起追补”战略的有效推行,必然会再次因优先发展重工业所导致的排他性,而再一次对农业与轻工业进行排挤,事实上这也是这一战略没有改变农业发展路径的原因所在。因此,这一战略的本质决定了重工业的优先发展在国民经济中具有不可动摇的地位。而持续的调整、整顿,必然会随着这一工作的逐步深入,触及、影响进而必然改变重工业这种特殊地位。所以,调整、整顿工作同“急起追补”战略之间存在着根本性矛盾,二者是不可能真正相融的。因此,“急起追补”战略的提出与推行,使调整、整顿工作不得不仅停留在表面与局部,最终只能做一些不触及战略实质的服务性工作,为大规模经济建设创造条件,而始终无法对造成这一重大问题的深层因素进行纠正。所以,调整、整顿与进行“急起追补”根本上的互斥性、排他性,是导致这一时期调整、整顿的有限性与不彻底性甚至被动的主要原因。如 1977 年 3 月,华国锋就指出:今年本来有调整的意思,但经过考虑没有提调整。今年还是要努力,要前进,而且要为今后三年更好地完成这一时期的五年计划打基础。要积极一点,要看到困难,更要看到有利条件、有利因素。②

① 国家经贸委:《中国工业五十年》(第六部中卷),中国经济出版社 2000 年版,第 1715—1716 页。

② 参见武力主编:《中华人民共和国经济史》(上),中国经济出版社 1999 年版,第 771 页。

不仅如此，“急起追补”在排斥调整、整顿的同时，实际就意味着这一战略的基础将是勉强、脆弱的，由此而掀起的大规模建设不仅将因先天不足而困难重重、举步维艰，也会因更为严重的产业结构失衡，而给经济社会发展带来更为严重的问题。实际上，由于国民经济基础薄弱，在“急起追补”刚开始就因资金、物资等的缺口，而使许多项目不是开开停停，就是停工待料。1978 年虽进口钢材 863.76 万吨，但仍没解决钢材短缺和物资紧张等问题。由于挤掉了生产和人民生活，国家不得不全年进口粮食 139.1 亿斤、油 5.8 亿斤、棉花 1901 万担、食糖 123.8 万吨，共计用外汇 21 亿元。此外，这一战略刚一启动，农、轻、重的产值之比即由 1977 年的 28.1：31.6：40.3，上升为 1978 年的 27.8：31.1：41.1①，积累率由此急剧攀升到 36.5%，成为中华人民共和国成立以来除“大跃进”时期外最高的年份。与此同时，1978 年一半以上的产品产量、动力消耗、利润率等指标都没能恢复到历史最好水平；大约 30%的企业有不同程度的亏损；虽然完成的投资额是历史上最多的一年，但效益却是十几年来最差的年份之一，建成投产的大中型项目只有 99 个，投产率仅为 5.8%。②

不难看出，调整、整顿与“急起追补”战略存在根本性的逻辑矛盾，结果既造成调整、整顿的表面化和局部化，又使“急起追补”因先天不足而给国民经济带来更为严重的问题。

二、对地方不得不进行的帮扶，使中央陷入资源配置的两难困境

“急起追补”战略延续了备战以来中央和地方“两条腿走路”的方针，即中央负责以 120 个重点项目为代表的大型基建工程，而地方则一方面承担起农业生产与农业机械化的任务，另一方面也要为中央分担一部分燃料、电力、原材料的生产。这即是说，为实现“急起追补”战略的设想与目标，中央把“两条腿备战”调整为“两条腿追补”，以期继续发挥和利用地方在经济建设中的作用。然而，由于这一时期我国农业、燃料、电力、原材料生产的严重滞后和这些产业对国民经济跃进的硬约束，加之实现农业机械化任务的特殊意义与极端紧迫性，中央一方面通过“农业学大寨”的广泛宣传、农业机械化的决战动员、对燃料电力原材料的重点安排，急切地向地方指派下达不切实际的任务指标；另一方面，中央也对地方在如此短的时间内完成这些任

① 参见国家统计局国民经济平衡统计司：《国民收入统计资料汇编（1949—1985）》，中国统计出版社 1987 年版，第 8 页。

② 参见《当代中国》丛书编委会：《当代中国经济》，中国社会科学出版社 1987 年版，第 396—397 页。

务的难度也心知肚明。因此,这一时期中央在为地方进行分工、指派任务的同时,也不得不投入较之以往更多的经济资源对地方进行帮扶。如在“农业学大寨”上,《1978 年国民经济计划汇报要点》就指出:在地方农田基本建设中,中央将“每年安排 35 万眼机井的配套设备”,对于“改土和兴建水利工程所需要的钢钎、炸药、手推车等”,中央也会“给以支持”,并“切实安排好”。在燃料、电力、原材料方面,《1977 年国民经济计划汇报提纲》也指出:对燃料不足,中央“要支持地方”,“特别是南方各省,多搞些中小煤矿”;在《1976—1985 年发展国民经济十年规划纲要》中也明确指出:中央会采取切实措施支持地方创办和发展中小钢铁厂、电站与煤矿等。

这里仍以农业机械化的情况为例进行说明。1976 年 12 月,陈永贵就曾指出:在农业机械化上,“国家要大力帮助各省、自治区”,“尽快把地方小钢铁和支农工业发展起来”。随后,国务院则进一步指出:完成这一任务,“地方和国务院有关部门要有明确的分工”,“充分发挥中央和地方两个积极性”,也就是说,除地方承担的任务外,“国务院有关部门要帮助地方”,“把原材料、农业机械、化肥和农药等的生产能力搞上去”,尤其是“对一些条件差、基础弱的地方”,“特别是老根据地和边疆地区,要重点扶持”,“对穷社穷队,也要给予必要的帮助”,此外,大中型拖拉机与柴油机、大型联合收割机、大化肥设备、渔轮、关键配件与部分大型农具等,都由国务院有关部门商同省市自治区规划,在协作区或全国范围内组织配套。① 1977 年 3 月的《1977 年国民经济计划汇报提纲》则明确要求:“1977 年计划用于农业和农业机械化的钢材”,“占钢材总分配资源的 10.1%,高于前两年”;“化肥供应比去年增加 400—700 万吨”;“农药比去年增加 5—6 万吨,农用塑料制品比去年增加 2.85 万吨”。同年 11 月发出的《普及大寨县工作座谈会讨论的若干问题——汇报提纲》又着重指出:对农业机械化,中央“每年从国家工业投资中拨出一定比例”,“帮助地方建立支农工业体系”,“特别是支农工业基础薄弱的省、区”,“要充分发挥中央与地方两个积极性”,要“尽快搞起来”。1978 年 1 月,第三次全国农业机械化会议的要求则更甚:国家供应的农用钢材要比过去三年增加 50%,燃油增加 1.2 倍,此外还要发放 20 亿元农机专项无息贷款。

另外,《1978 年国民经济计划汇报要点》对关系农业机械化命运的“五小”工业扶助有更为明确的指导:1. 在中小钢铁厂上,对省内没有大钢铁厂

① 参见国家农业委员会办公厅:《农业集体化重要文件汇编》,中共中央党校出版社 1981 年版,第 935 页。

但资源条件较好的,中央"要支持他们发展中小钢铁";对省内已经有大型钢铁厂的,要集中中央与地方的力量,"把大钢铁厂办好";对发展条件较差、不宜勉强发展的,地方所需钢铁,"由国家统一分配和地方外汇进口解决"。2. 在小煤矿上,中央已经从 1977 年起将补助小煤矿改造的资金从过去每年 1 亿元增加到 2 亿元,钢材由 2500 吨增加到 5000 吨。预计"今后三年,小煤矿可以每年增产 1000—1500 万吨煤"。3. 在小电站上,计划"1978 年安排小水电投资 1.5 亿元",对地方办的小电站,"国家适当补助矽钢片和铜、铝"。此外,对工业基础薄弱的边疆及少数民族地区,"国家要支援他们发展支农工业",在产品分配上也"要适当照顾"。以后的《工业 30 条》也再次要求:所有工业部门、工业企业,都要按照国家计划努力为农业提供各种生产资料,以"保证完成 1980 年基本上实现农业机械化的任务"。

事实上,仅在农业机械化上,中央对地方经济帮扶"所需投入的物力财力",就"都超出了当时国民经济的承受能力"。① 如将这一时期中央准备对地方在"农业学大寨"、农业机械化以及燃料、电力、原材料方面的支援都计算在内,中央财力物力的分流与外溢程度就可想而知了。正因如此,迫于无奈而加大对地方的帮扶力度后,分散了中央原本就捉襟见肘的有限资源,从而使中央进行战略重点建设的能力大为降低,对"急起追补"战略的各方面建设,特别是战略重点建设造成极大威胁。中央也由此陷入了资源配置的两难困境。徐向前当时的一段话,就反映了这一问题:一方面强调各省自己解决问题,一方面强调国家集中力量打歼灭战,这两者的关系如何安排好?② 由此可见,战略安排的上述特点导致了建设路径的不一致,使中央和地方存在着不同的分工。而对"农业学大寨"的过高要求、实现农业机械化的决战动员以及缓解燃料、电力、原材料严重短缺对跃进制约的迫切性,是使中央在这一战略上陷入资源配置两难困境的主要原因。这也是中央不得不通过对外引进资金、设备来缓解资源不足的重要原因。

第三节　"急起追补"战略决定了传统计划经济体制内的矛盾性变革

每一个经济发展战略的形成与实施,均会对为之服务的经济体制模式

① 《当代中国》丛书编委会:《当代中国的农业机械化》,中国社会科学出版社 1991 年版,第 51 页。

② 转引自武力主编:《中华人民共和国经济史》(上),中国经济出版社 1999 年版,第 776 页。

提出相应的要求。“急起追补”战略的实施虽然只开了个头,但却已对这两年的经济体制模式造成一定的影响,尤其是这一战略的内在特点与矛盾,随着战略的部分推行,得到了较为充分的暴露,对体制变迁造成深深的影响。从“急起追补”战略的特点与矛盾中,可以从这一时期较为混乱、复杂的经济体制变化中,梳理出体制模式变迁的几种情况。

一、调整、整顿引起的中央权力集中与这种集中的有限性

对国民经济的调整、整顿,必然在一定程度上引起中央权力的集中,而调整、整顿的表面化和局部化,又决定了这种集中的有限性。

为了对中央管理无力、地方调度不畅、规章制度废弛、交通运输堵塞、厂矿企业停工等经济社会中的无序、混乱状态进行解决,就需要整顿相关职能机构、恢复原有管理制度、调整各级领导班子、建立良好的生产纪律与工作秩序,也就是说要对备战和“文化大革命”以来因体制下放与政治动乱造成的中央和地方的权力分配格局,进行局部的规整和集中。所以,从 1977 年到 1978 年 3 月五届人大开幕,国务院重新增设了 20 多个部门机构,其中经济管理部门就有 16 个,占总数的 80%。① 这就初步改变了自体制下放以来中央“条条”管理弱化的态势,有助于中央在调整、整顿中对经济资源进行集中配置与管理。与此同时,中央先后召开了一系列经济部门的会议,调整、整顿各部门经济管理上的混乱现象。如 1977 年 2 月的全国铁路工作会议,对铁路运输再度进行了整顿,调整了铁道部与各地铁路枢纽的领导班子,重申铁路运输要由铁道部集中统一指挥,从而使铁路系统出现焕然一新的局面。随后,邮电、民航等部门也加强了集中统一领导,逐步摆脱了混乱状态。但另一方面也应该看到,由于调整、整顿与“急起追补”战略存在的根本矛盾和二者之间的互斥性、排他性,所以随着“急起追补”战略的提出和推行,调整、整顿工作必然只能停留在表面与局部。这就不难理解,由调整、整顿引起的体制变化,必然会让位于“急起追补”战略主导下的体制变动,从而使调整、整顿带来的这种中央权力集中只具有有限性。

二、“两条腿追补”的战略分工特点,使经济体制模式在整体上延续了备战以来的权力下放格局

“急起追补”战略根据“两条腿走路”方针,对中央和地方所进行的总体

① 参见辛向阳:《百年博弈——中国中央与地方关系 100 年》,山东人民出版社 2000 年版,第 241 页。

战略分工,使经济体制模式必然在整体上延续了备战以来的权力下放格局。

如前所述,为了在积贫积弱的条件下,使中央集中力量完成以120个重点项目为代表的大型基建,给"本世纪末实现四个现代化""打下坚实的物质基础","急起追补"战略延续了备战以来中央和地方"两条腿走路"的方针。为发挥地方积极性,完成其在战略建设中这种不同寻常的任务,中央就必须延续备战以来权力下放的体制格局,保证地方能够获得便于农业生产与发展中小企业所需要的必要财力、物力。当然,这也是活跃地方经济、发挥地方作用所必须的条件。以财政体制为例,1977年11月《财政部关于1977年国家财政决算编审工作的通知》就指出:对实行"收支包干"办法的六省市,"超收不满一亿元的,其超收部分全部留归地方","超收一亿元以上的,其超过一亿元的部分,中央和地方对半分成";其他地方"继续实行'收支挂钩,总额分成'的体制",即从1976年起实行的对地方财权继续有所照顾的办法。同时,"1977年地方财政的支出结余","仍然全部留归地方"。为调动地方为国家与地方积累建设资金的积极性,1978年2月《财政部关于试行"增收分成,收支挂钩"财政体制的通知》中又指出:这一年在十个省市试行"增收分成、收支挂钩"的体制。为此,中央特别指出:收入分成的比例,"要本着使地方机动财力有所增加的精神","在分成比例上适当提高一点","以便地方在一般情况下得到的增收分成数额,大于原来得到的好处"。① 因此,这一时期基本维持了20世纪60年代末70年代初体制下放时的格局,下放企业中的大部分情况依旧,财政、税收、基建、物资和信贷体制都没有根本性变化。

三、资源配置的两难困境与战略内部的不平衡性,使经济体制模式出现动态平衡基础上的集中趋势

中央在资源配置中的两难困境与战略内部的不平衡性,又使中央为确保战略重点而使经济管理权力在动态平衡的基础上,呈现出一定的集中趋势。由于中央在集中举国的人力、财力、物力进行重点建设的同时,还不得不投入相较以往更多的经济资源对地方进行帮扶,这种资源配置上的两难困境,在国民经济沉疴未去与经济资源捉襟见肘的情况下,分散了国家的有限资源,削弱了开展重点建设的能力,加剧了中央对战略重点建设的困难。因为"急起追补"中各种战略规划项目的性质、地位、作用不尽相同,导致中央和地方各自承担的任务具有不平衡性,也就是说,由于以120个重点项目

① 《中华人民共和国财政史料》第1辑,中国财经出版社1982年版,第189、192页。

为核心的大型基建,在这一战略中具有重点与中心的地位,所以在战略推行中当出现资源分配严重困难而不得不进行取舍之时,中央自然会把资源配置的天平向战略重点进行倾斜。正因如此,当“急起追补”战略一旦全面铺开,尤其是以120个重点项目为代表的大型基建逐步开工后,经济资源的严重短缺和匮乏,迫使中央一方面向国外借款,另一方面又不得不在不影响中央和地方权力分配大格局的前提下,对既定的经济资源总量进行一些适量的重新调整和分配,即通过小幅上收经济管理权限,以便使中央能掌握更多的经济资源。

正是基于这一原因,从1977年开始中央陆续做出一些规定,对个别体制权力进行局部上收。1. 在企业方面,1978年4月的《工业30条》指出:“关系国民经济全局的重点企业”,“应实行中央和地方双重领导,以中央部门为主进行管理”,“其余的大中型企业则由地方管理,或者双重领导,以地方为主管理”。这就做出了与以往明显不同的规定。根据这一精神,中央陆续上收了备战以来下放的一些企业。2. 在财政方面,1978年1月通过的《关于改进固定资产更新改造资金管理的报告》指出:备战以来“企业折旧基金全部留给企业和地方”,“下放得多了一些”,致使“资金使用上有分散,不利于集中财力”,因此,今后要将基本折旧基金的50%留给企业,20%由各省市区安排,其余30%由国家计委、财政部与各部门“统一安排,调剂使用”。① 3. 在税收方面,针对体制下放后一些地区通过简化税种税目,进行任意扩大减税、免税范围,造成税收流失,影响国家财政收入的问题,1977年11月,国务院在批转《关于税收管理体制的规定》中严肃指出:无论改变税收政策、颁布与实施税法,还是开征与停征税种、增减税目与调整税率,都一律由国务院统一规定。② 4. 在物资方面,从1977年起冶金、煤炭、林业、机械等工业部门的产品销售机构,陆续实行国家物资部门与主管部门双重领导、以国家主管部门为主的管理体制,逐步叫停以往“地区平衡、差额调拨”的办法,扩大定点定量供应,增设供应网点。1978年,统配与部管物资重新恢复到689种。这样就逐步恢复了备战以前的统配物资管理办法,渐次收回了下放地方的物资管理权,为集中统一调配物资创造了条件。③

---

① 国家经贸委:《中国工业五十年》(第六部上卷),中国经济出版社2000年版,第745—746页。

② 参见《当代中国》丛书编委会:《当代中国的经济体制改革》,中国社会科学出版社1984年版,第160页。

③ 参见《当代中国》丛书编委会:《当代中国物资流通》,当代中国出版社1993年版,第42—43页。

不难看出,在影响经济体制变化的几种力量中,既有推动权力向中央集中的因素,也有继续保持地方分权格局的力量。正因这几种方向、强弱不同力量交织在一起,才使这一时期的体制模式变迁出现了较为矛盾、复杂的情况。如在《1978 年国民经济计划汇报要点》中提出的确保今后八年的政策措施中,就一方面指出:"要加快速度"就必须"加强统一计划,加强计划性",因此"不论中央单位和地方单位",其"生产、建设、劳动、工资、物价、财务等经济活动"都要"纳入各级统一计划","强调计划的严肃性"。据此,还做出了上收部分企业与物资管理权的规定。但另一方面又指出:"要打好八年这一仗","必须坚定不移地贯彻执行""一套两条腿走路的方针",因此"企业下放的方向必须坚持",甚至"为了使地方能主动地多办一些事情",在财政管理体制上要"逐步增加地方财力的数额"。

总之,正是"急起追补"战略的内在矛盾,派生出了经济管理体制上的矛盾,进而造成这一时期体制模式变迁中的两难和混乱。

第五章 “三步走”总战略的第一步分战略

——“温饱”战略与“双轨制”体制模式(1979—1987年)

1978年后邓小平对我国现代化问题进行了新的思考和探索。1982年9月中共十二大提出“两步走”战略,标志着“三步走”总战略的前两步分战略已初步形成。此后,邓小平一方面在第一步分战略的实施中检验“翻两番、奔小康”的可能性,另一方面又开始构思第三步分战略。伴随着分“三步走”实现现代化的构想趋于成熟,“温饱”战略的名称和目标也最终在中共十三大前夕被明确。虽然这一战略具有名称后定和实践先行的特点,但重工优先发展战略的搁浅、放弃和新战略的内在特点与逻辑要求,使体制外增量改革得以启动,“计划轨”逐步缩小和“市场轨”逐渐扩大的“双轨制”体制模式随之出现并不断发展。

第一节 “温饱”战略的形成与特征

一、“温饱”战略的形成

1.通过经济发展战略实现中国现代化的历史渊源

源于近代欧洲工业革命的现代化,早已成为世界性的历史发展潮流。我国现代化的过程是在鸦片战争之后才开始的。可以说,一部中国近现代史就是中国人寻求探索实现现代化的艰辛历史。由于诸多原因的影响,众多志士仁人在营造民族独立、主权完整、政治稳定和必要的工业基础等这些实现现代化所需的一般前提上的努力,都没有成功。只有中国共产党通过新民主主义革命建立了独立自主的国家,才解决了实现现代化所必须的前提。因此,选择社会主义现代化模式,是我国经济社会发展客观规律作用的必然结果。中华人民共和国成立后,党中央对我国现代化问题进行了长期不懈的思考和探索,并在优先发展重工业发展观的指导下先后形成了四个经济发展战略,即“一五”计划时期的均衡重工业优先战略——“一五”战略,“大跃进”时期的畸形重工业优先战略——“大跃进”战略,备战时期的特殊重工业优先战略——备战战略,“文化大革命”以后的极端重工业优先战略——“急起追补”战略。① 由于这一传统发展观的内在深层次问题，致使通过这些经济发展战略实现我国现代化的努力都未能如愿。

2.“温饱”战略的形成

作为第一步分战略的“温饱”战略，其形成与“三步走”总战略的形成息息相关。1978 年党的十一届三中全会在把工作重点转移到现代化建设上来的同时，也提出要“正确解决实现四个现代化的具体道路、方针、方法和措施”。会后，随着国民经济的再次调整，以邓小平同志为核心的党的第二代中央领导集体对这一问题进行了认真思考和不懈探索。在对国情逐渐有清醒认识的前提下，1979 年 10 月邓小平指出：在战略目标问题上“我们开了大口”，即要到“本世纪末实现四个现代化”。后来不得不“改了口，叫中国式的现代化”，其实“就是把标准放低一点”，“降低原来的设想，完成低的目标”。② 同年 12 月，在会见来访的日本大平正芳首相时，他开始明确提出：“我们要实现的四个现代化”，“是中国式的四个现代化”，具体说就是即便 20 世纪末“中国的四个现代化即使达到了某种目标”，我们的“国民生产总值人均水平也还是很低的”，简言之就是“中国到那时也还是一个小康状态”。③ 这就第一次将四个现代化的目标变更为达到“一千美元”和“小康状态”。1980 年 1 月，邓小平在中共中央召集的干部会议重申了他关于 20 世纪末经济发展战略目标变更的设想，并进一步指出要把我国现代化分为上下两个十年来完成，强调如果在 20 世纪 80 年代“这个十年把基础搞好了”，“在今后二十年内实现中国式的四个现代化”，“就可靠，就真正有希望”。因此，他认为 20 世纪 80 年代的这十年“很重要，是决定性的”。④ 这种两个十年及其各自任务的表述，可以看作是温饱战略形成的萌芽。根据这一构想，1981 年 6 月中共十一届六中全会提出要“有步骤分阶段地实现现代化的目标”。同年 11 月的五届人大四次会议不仅指出我国经济发展的前景是“力争用二十年的时间使工农业总产值翻两番，使人民的消费达到小康水平”，而且认为“‘六五’期间经济的发展速度不可能很快”，“‘七五’的发展速度有希望比‘六五’高，再后十年的发展速度有希望更高一些”。⑤ 在此基础上，1982 年 9 月中共十二大制定了到 20 世纪末的经济发

① 关于 1979 年以前我国经济发展战略的相关情况，请参见苏少之、任志江：《1949—1978 年中国经济发展战略研究》，《中南财经政法大学学报》2006 年第 1 期。

② 《邓小平文选》第二卷，人民出版社 1994 年版，第 194—195 页。

③ 《邓小平文选》第二卷，人民出版社 1994 年版，第 237 页。

④ 《邓小平文选》第二卷，人民出版社 1994 年版，第 241 页。

⑤ 《三中全会以来重要文献选编》(下)，人民出版社 1982 年版，第 1039 页。

展战略，即“在不断提高经济效益的前提下”，“力争使全国工农业的年总产值翻两番”，这样“我国国民收入总额和主要工农业产品的产量将居于世界前列”，“整个国民经济的现代化过程将取得重大进展”，“人民的物质文化生活可以达到小康水平”。为此，就需要“在战略部署上要分两步走”，具体说就是“前十年主要是打好基础，积蓄力量，创造条件”，然后在这一基础上“后十年要进入一个新的经济振兴时期”。① 这就标志着“三步走”总战略中的前两步分战略——“温饱”战略和“总体小康”战略，已初步形成。

在此之后，邓小平一方面先是在第一步分战略的实施中检验“分两步、翻两番、达小康”构想的现实性，继而又开始构思和设计第三步分战略；另一方面也根据实践的发展，对第一步分战略进行了一些必要的探索和补充，下文将对此详述。随着第三步分战略蓝图的日渐明朗和“三步走”总战略遂趋向成熟，邓小平对第一步分战略的核心和实质进行了必要的归纳和提炼。客观的现实性和逻辑的连贯性，最终使“温饱”成为第一步分战略的简明概括和不二选择。对此，下文也将详述。1987 年 8 月，邓小平在对这一分战略做了新的总结和概括后指出：“我国经济发展分三步走，本世纪走两步，达到温饱和小康。”②这是他首次明确第一步分战略要达到温饱水平。同年 10 月的中共十三大对此进行了确认并进一步指出：改革开放后“我国经济建设的战略部署大体分三步走”，现在“已基本实现”了“第一步”，即“实现国民生产总值比 1980 年翻一番，解决人民的温饱问题”。③

二、“温饱”战略的特征

第一，在特定历史阶段所肩负的一些特殊历史使命和任务，使“温饱”战略具有一定的服务性和从属性，这也是这一分战略较之后两步分战略在这一时期被较少提及和关注的重要原因。

作为“三步走”总战略中的第一步分战略，“温饱”战略所处的特定历史阶段使其肩负着一些特殊的历史使命和任务，即在新时期的战略建设高涨之前，除了要通过国民经济再次调整来恢复经济社会发展的正常环境外，还要积极为逐步探索出的新经济发展战略营造全面高涨的条件。伴随着国民经济的再次调整，邓小平也开始了对新时期现代化建设道路的探索。当邓小平于 1980 年 1 月向全党表达小康目标构想的同时，也首次提出准备分

① 《十二大以来重要文献选编》（上），人民出版社 1986 年版，第 14、16 页。
② 《邓小平文选》第三卷，人民出版社 1993 年版，第 251 页。
③ 《十三大以来重要文献选编》（上），人民出版社 1991 年版，第 16 页。

上下两个十年来完成这一任务,并指出:“这个十年把基础搞好了”,再“加上下一个十年”,这样“在今后二十年内实现中国式的四个现代化”,“就可靠,就真正有希望”。因此“八十年代是很重要的,是决定性的”。① 这种两个十年及其各自任务的表述,可以看作是第一步分战略形成的萌芽。1982年9月的中共十二大正式把小康水平作为全党和全国人民到20世纪末奋斗的战略目标,并提出了相关的战略步骤,即“前十年主要是打好基础,积蓄力量,创造条件,后十年要进入一个新的经济振兴时期”②。不难看出,虽然相关的具体指标和正式名称还未明确,但作为实现现代化的第一步分战略,显然已初步形成了。

需要指出的是,不论国民经济的再次调整,还是前十年的打基础、做准备,这种为战略建设全面高涨和实现现代化相关目标而进行“预热”与“助跑”的特殊使命和任务,都使第一步分战略具有了显著的服务性和从属性,同时这也是为什么相对于第二步和第三步分战略而言,“温饱”战略在这一时期是一个被较少提及和关注的问题。正是由于这样的原因,邓小平在构思和设计“三步走”总战略时甚至曾一度略过这一阶段,而将达到小康水平直接当作现代化建设的“第一步”。如1985年3月他指出:“我们奋斗了几十年”,“就是为了消灭贫困”,因此我国现代化建设的“第一步”,就是到“本世纪末,达到小康水平”,也就是“不穷不富,日子比较好过的水平”;在此基础上的“第二步”则是“再用三五十年的时间”,“接近发达国家的水平”,“使人民生活比较富裕”。③ 不久他又指出:“我们有个雄心壮志”,就是“从八十年代起,到本世纪末把中国建设成为一个小康社会”,然后“再用三十到五十年的时间建设”,“就可以接近世界上发达国家的水平”。④ 同年4月,他再次强调指出:我们“要发展生产力,逐步发展中国的经济”,就是要“第一步,到本世纪末翻两番,达到小康水平”,“第二步,再花三十年到五十年时间,接近发达国家的水平”。⑤

第二,任务的艰巨性和探索的渐进性,使作为“三步走”总战略起始部分的“温饱”战略不可避免地具有实践先行和名称追认的特点。

中国社会主义建设的根本目标是要把我国由一个贫穷落后的国家,建

---

① 《邓小平文选》第二卷,人民出版社1994年版,第241页。

② 《十二大以来重要文献选编》(上),人民出版社1986年版,第16页。

③ 《邓小平文选》第三卷,人民出版社1993年版,第109页。

④ 中共中央文献研究室:《邓小平年谱(1975—1997年)》(下),中央文献出版社2004年版,第1034—1035页。

⑤ 《邓小平文选》第三卷,人民出版社1993年版,第117页。

设成一个现代化强国。但我国现代化建设是在“底子薄”和“人口多,耕地少”的基础上开始的,这种“中国式的现代化,必须从中国的特点出发”①的初始特点,决定了新时期现代化建设任务的艰巨性。鉴于我国人民的生活水平长期处于徘徊、停滞状态,为配合新时期工作重点转移后的“第一个战役”——国民经济的再次调整,中央在努力贯彻新八字方针的同时,也开始采取各种切实有效的措施来改善和提高人民的生活水平。与此同时,中央根据世界各国发展的经验教训和经济发展的一般特点,开始用新的发展观来设计和规划经济发展战略。继 1979 年 12 月邓小平首次提出小康目标的设想后,1982 年 9 月的中共十二大又正式确立了分两步、翻两番、达小康的目标。这不仅标志着“三步走”总战略中前两步分战略的初步形成,实际上也意味着以人民生活水平提高程度为衡量标准的新时期经济发展战略已初步确立。虽然当时对第一步分战略的要求是“打好基础,积蓄力量,创造条件”,但事实上这种服务性工作中蕴含的一项重要任务就是要继续不断地改善和提高人民的生活水平,以便为日后实现小康目标打下一定的基础。因此,第一步分战略的初步形成实际上使改善和提高人民生活水平的努力,从国民经济再次调整时的短期、临时的自发性先期实施阶段,过渡到此后长期、固定的自觉性战略实施阶段。正是从这个意义上来讲,伴随着国民经济的再次调整,“温饱”战略的实践已早于其形成而先行了。

任务的艰巨性,派生和决定了探索的渐进性。这一战略初步形成后,邓小平一方面先是检验分两步、翻两番、达小康构想的现实性,继而又开始构思和设计第三步分战略;另一方面,邓小平也根据实践的发展,对正在实施的第一步分战略进行了一些必要的探索和补充。20 世纪 80 年代中期,在全面改革的带动下经济建设掀起了高潮,第一步分战略由此获得迅速推进,各项任务也逐渐接近完成。与此同时,第三步分战略的蓝图已日渐明朗,“三步走”总战略遂趋向成熟。在这种背景下,为了使这一总战略更加完整、科学和规范,邓小平对第一步分战略的核心和实质进行了必要的归纳和提炼。鉴于已经明确的新经济发展战略的目标都是以与人民生活水平的提高程度为衡量标准,同时这一分战略所属的每一阶段都把改善和提高人民生活水平作为各自当时的重要任务,而从贫困过渡到小康的中间环节又只能是温饱,这种客观的现实性和逻辑的连贯性,使“温饱”遂成为第一步分

① 中共中央文献研究室:《邓小平年谱(1975—1997 年)》(上),中央文献出版社 2004 年版,第 502 页。

战略的简明概括和不二选择。如邓小平在对这一分战略做了新的总结和概括后，于 1987 年 8 月指出："我国经济发展分三步走，本世纪走两步，达到温饱和小康。"①这是他首次明确第一步分战略要达到温饱水平。由于这一时期第一步分战略所肩负的各项任务已基本完成，于是这一名称也就不可避免地具有事后追认的特点了。如 1987 年 10 月邓小平就指出："我们的第一个目标是解决温饱问题，这个目标已经达到了。"②随后召开的中共十三大又对此进行了正式确认。

第三，探索和实施的同步性，使"温饱"战略的内涵随着实践的发展而被不断地充实和完善。

任务的艰巨性，不仅派生和决定了探索的渐进性，实际上也派生和决定了"温饱"战略探索与实施的同步性。如前所述，当"温饱"战略在中共十二大初步形成时，其任务被确定为"主要是打好基础，积蓄力量，创造条件"。具体来说就是，在"六五"期间要继续贯彻新八字方针，"把全部经济工作转到以提高经济效益为中心的轨道上来"；在这一基础上，"七五"期间要"继续完成企业组织结构和各方面经济结构的合理化"，"广泛进行企业的技术改造"，同时"逐步展开经济管理体制的改革"。③ 当确信通过两步走实现翻两番和达小康的目标能够实现后，中央一方面开始构思和设计第三步分战略，另一方面也根据第一步分战略的实施情况和客观需要，开始对其进行必要的充实和完善。如 1985 年 9 月的"七五"计划建议指出：要"使 1990 年工农业总产值和国民生产总值比 1980 年翻一番或者更多一些"④。这就根据形势的发展，扩充了第一步分战略的内涵，明确了其国民生产总值翻一番的任务。1987 年 4 月，邓小平指出："我们原定的目标是"，第一步"以 1980 年为基数"，"翻一番，达到五百美元"。⑤ 显然，这就在国民生产总值总量翻番的基础上，又为这一分战略进一步赋予了人均翻番的任务。中共十三大前夕，中央又根据如上所述的客观现实性和逻辑连贯性，明确了这一分战略解决温饱的任务和目标。

第四，发展观的改变和路径依赖原理的作用，使"温饱"战略所包含的每一阶段都切实贯彻了改善和提高人民生活水平的原则。

由于特定的历史背景和原因，中华人民共和国成立后我们形成了优先

---

① 《邓小平文选》第三卷，人民出版社 1993 年版，第 251 页。

② 《邓小平文选》第三卷，人民出版社 1993 年版，第 256 页。

③ 《十二大以来重要文献选编》(上)，人民出版社 1986 年版，第 17 页。

④ 《十二大以来重要文献选编》(中)，人民出版社 1986 年版，第 800 页。

⑤ 《邓小平文选》第三卷，人民出版社 1993 年版，第 226 页。

发展重工业的发展观。[①] 在其指导下,虽然我们也取得了一定的成就,但经济发展的整体效果远不尽如人意。根据世界各国的经验教训和经济发展的普遍规律,中央更新了发展思路和理念,开始用新的发展观来设计和规划经济发展战略。如针对传统发展观过分重视重工业而忽视人民生活水平的问题,1978 年年底的十一届三中全会就指出:“必须坚决反对对人民生活中的迫切问题漠不关心的官僚主义态度”,“城乡人民的生活必须在生产发展的基础上逐步改善”。[②] 陈云于 1979 年 3 月也指出:“我们国家是一个九亿多人口的大国,80%的人口是农民”,虽然“革命胜利三十年了”,“但不少地方还有要饭的,这是一个大问题”,“不估计到这种情况,整个经济搞不好”。[③] 为此,次月的中央工作会议强调指出:“社会主义生产的目的就是要不断满足人民日益增长的物质和文化生活的需要。”[④]在此基础上,赵紫阳于 1980 年 12 月在深刻分析了传统发展观的弊病后指出:“今后再也不能走这条老路了”,而应该寻找一条“速度可能不那么高,但是经济效益会好,社会财富会增加得多,人民得到的实惠也会多”[⑤]的新路子。邓小平不仅赞同上述看法,还进一步把改善和提高人民生活水平的作用提升到一个新的高度,赋予了其更为重大而深刻的意义。如 1980 年 11 月,他严肃指出:“社会主义是好东西,但如果是穷社会主义总不能说是好的”,“马克思主义是好东西,但如果马克思主义不能带来人民生活的改善,谁还相信马克思主义?”[⑥]发展观的这种变化,直接体现到正在探索中的经济发展战略上。邓小平在此前后已开始酝酿以人民生活水平提高程度为衡量标准的新时期经济发展战略。

发展观的改变,使中央在经济工作中开始切实注意改善和提高人民的生活水平。如在中共十一届三中全会后即逐步开始的国民经济初步调整中,中央就已着手在农村落实分配政策,提高农副产品收购价格,减免部分地区和社队的农业税收与统购任务等;在城市,两年共安排两千多万人就业,提升职工工资级别,调整部分地区工资类别,发放职工副食补贴,在企业普遍实行奖金制度等。需要指出的是,新发展观指导下的这种切实改善和

---

① 关于这一发展观的具体内容,可参见李高山、任志江:《建国以来发展观与经济体制模式的历史互动》,《贵州社会科学》2007 年第 9 期。

② 《三中全会以来重要文献选编》(上),人民出版社 1982 年版,第 9 页。

③ 《陈云文选》第三卷,人民出版社 1995 年版,第 250 页。

④ 《李先念文选(1935—1988 年)》,人民出版社 1989 年版,第 365—366 页。

⑤ 《三中全会以来重要文献选编》(上),人民出版社 1982 年版,第 620—621 页。

⑥ 中共中央文献研究室:《邓小平年谱(1975—1997 年)》(上),中央文献出版社 2004 年版,第 687—688 页。

提高人民生活水平的做法,在路径依赖原理的作用下,得以持续贯彻到温饱战略所包含的每一阶段。

路径依赖原理认为,一旦人们做了某种选择,就可能对所选的这种路径产生依赖,具体来说就是,惯性的力量会使开始选定的方向在以后的发展中得到不断的自我强化,因而人们现在做出的选择会在很大程度上决定着以后的选择。正因如此,当中央确定了小康水平这样以人民生活水平为衡量标准的目标,并开始在国民经济再次调整中采取切实措施来加以落实时,实际上也就意味着我国已不自觉地进入了持续改善和提高人民生活水平的路径中,并开始受这一路径依赖规律的作用和影响。正是从这个意义上来说,虽然第一步分战略的具体名称长期未能明确,但小康目标的确定和路径依赖原理的作用,不仅早已规定了这一分战略发展的温饱方向,还确定了其发展的主线,即在每一阶段都切实贯彻改善和提高人民生活水平的原则。如当后续调整接近尾声,中央决定进行全面改革时,陈云还专门指出:“改革的步骤一定要稳妥,务必不要让人民群众的实际收入因价格调整而降低。”①为此,《中共中央关于经济体制改革的决定》也强调指出:“改革的进行,只应该促进而绝不能损害社会的安定、生产的发展、人民生活的改善和国家财力的增强。”在温饱问题已获得重大改善的情况下,中央依然强调要继续提高人民的生活水平。如 1985 年 9 月赵紫阳就指出:“当前消费结构和生产结构已发生明显变化”,我国“今后将开始由温饱型逐步转向小康型”,虽然“这是一个渐进的过程,但这种发展趋势日益明显”。为此,他特别强调指出,“七五”计划期间的三大任务之一就是要“使人民生活继续有所改善”。② 在这一思想指导下,20 世纪 80 年代中后期成为新中国经济发展史上人民生活提高幅度最大的时期。

第五,这一战略在一定程度上切合了经济学中资源禀赋比较优势理论的要求,这是“温饱”战略得以顺利实施并提前完成的深层原因。

经济学上的资源禀赋比较优势理论认为,一个国家应根据其资源禀赋特点来发展经济,即如果一国的劳动力资源相对丰裕,而资本资源相对稀缺,则劳动力就是该国的优势资源,在经济中就应重点发展劳动密集型产业;相反,如果资本资源相对丰裕,劳动力资源相对稀缺,则资本就是该国的优势资源,在经济中就应重点发展资本密集型产业。这是因为,如果劳动力

① 《陈云文选》第三卷,人民出版社 1995 年版,第 337 页。

② 《十二大以来重要文献选编》(中),人民出版社 1986 年版,第 787—788 页。

资源相对丰裕的国家遵循这一原则多发展劳动力密集型产业，由于生产过程中使用了较多的廉价劳动力，而较少使用昂贵的资本，则其产品的成本就会相对比较低，因而也就具有了较强的竞争力，最终可以获得的利润也就较多。

中国是“底子薄”和“人口多，耕地少”的国家，这样的基本国情决定了我国的经济比较优势在于属于劳动密集型产业的轻工、纺织、食品等工业上。然而，以往在优先发展重工业发展观的指导下，中华人民共和国成立后的很长时间里我们重点发展的却是资本密集型的产业，经济发展的效果自然难遂人愿。1978 年以来，中央一方面对国民经济进行再次调整，另一方面也对长期以来的发展观进行了如前所述的更新。值得强调的是，发展观的这种改变，客观上使正在国民经济再次调整中进行自发性先期实施的温饱战略，在一定程度上切合了经济学中资源禀赋比较优势理论的要求，我国的经济工作开始逐渐符合劳动力资源丰裕、资本资源稀缺的资源禀赋特点。如 1979 年 4 月的中央工作会议就指出：今后在基本建设方面，“首先要安排好当年生产，适当安排好符合当前生产水平的人民的衣、食、住、用、行，再安排基本建设”；在原材料供应方面，“首先要保证生活必需品生产增长的最低限度的需要，其次要保证必要的生产资料生产增长的需要，剩余多少再用于基本建设”。① 在此基础上，这次会议提出了调整国民经济的十二条措施，事实上确立了优先发展轻工业和农业的原则。实际上，不仅国民经济再次调整时期，在“温饱”战略所包含的几个阶段，中央都把改善和提高人民生活水平作为各自当时经济工作的指导思想，并在此基础上不仅对劳动密集型的轻工、纺织、食品等工业进行了优先扶持和大力发展，而且调整了重工业的服务方向和内部结构，要求其更多地为轻纺工业、消费品工业和农业服务，对此不再一一而足。由于顺应了经济发展的一般规律，加之市场机制作用的日渐增强，这一时期我国的资源配置效果大大优化，经济发展也由此迸发出前所未有的蓬勃生机，取得了举世瞩目的成就。其结果就是不仅轻、重工业的产值比重由 1978 年的 43.1∶56.9 转变为 1987 年的 48.2∶51.8②，比例逐渐趋于协调，而且“温饱”战略也得到顺利推进并提前完成。

---

① 《李先念文选（1935—1988 年）》，人民出版社 1989 年版，第 357 页。

② 参见国家统计局工业交通统计司：《中国工业经济统计年鉴（1998 年）》，中国统计出版社 1998 年版，第 21 页。

第二节 “温饱”战略的先期实施阶段
——国民经济再次调整与“计划经济为主、市场调节为辅”模式的提出和确立(1979—1981年)

一、1979年前后国民经济面临的严重问题

“文化大革命”结束后,我国在延续优先发展重工业发展观和传统计划经济体制的基础上,又着手推行了不切实际的“急起追补”战略,使本已全局失衡、难以为继的国民经济雪上加霜、危机四伏,具体表现在如下层面。

第一,农业与工业的比例严重失调。如虽然1978年粮食产量达到我国历史最高水平,但人均产量却只略高于1957年产量18斤。因此,从1976年到1978年我国净进口粮食265亿斤,并且还挖了库存近200亿斤。陈云对此情况曾痛心地描述道:我国“九亿多人口”,居然“80%在农村”,虽然“革命胜利三十年了”,但却“还有要饭的”。①

第二,轻工业与重工业比例严重失调。如1978年全部基建投资中重工业占55.7%,轻工业则仅占5.7%,比轻重比例已显失调的“一五”计划时期还低0.2%。这就不可避免地造成轻工产品极度短缺,远远满足不了广大群众的生产生活需要。

第三,积累与消费比例严重失调。在农民和工人十几年里收入几乎没有增加的情况下,1978年的积累占国民收入的比例为36.5%,不仅高于“一五”计划时24%的水平,也高于1958年“大跃进”时的水平。在基建投资中,同群众生活直接相关的文教卫生、城市公用事业、住宅等所占的比重,从“一五”计划时是28.3%,降为1978年的17.4%。

第四,就业结构失衡。在重工业优先发展的工业化战略和传统计划经济体制的共同作用下,我国经济社会事业发展非常缓慢,加之由于人口增长过快,就业问题异常严峻。撇除农村中大量的剩余劳动力不说,仅城镇中就有约2000多万人需要就业,其中1979年急需安排的约800万人。②

针对这一情况,陈云和李先念早在1978年12月的中央工作会议上,就提出要对经济指导思想进行调整。李先念还针对经济结构失调等的问题,主张明后两年应进行经济调整。这是中央领导人首次提出国民经济调整任

① 《陈云文选》第三卷,人民出版社1995年版,第251页。

② 参见《三中全会以来重要文献选编》(上),人民出版社1982年版,第112—115页。

务。在此基础上,随后召开的党的十一届三中全会指出:目前,国民经济中“一些重大的比例失调状况还没有完全改变过来”,因此必须“认真地逐步地解决这些问题”。[①] 会后,更多的问题逐渐暴露出来。经过 1979 年 3 月的中央政治局会议和次月的中央工作会议,我国正式进入了国民经济第二次大调整时期。

二、这一时期经济工作的指导思想

首先,针对以往脱离我国生产力水平低和人口多这一基本情况的经济发展模式,开始特别强调经济建设要从基本国情出发。陈云在 1979 年 3 月初就强调指出:“我国社会经济的主要特点是农村人口占 80%,而且人口多,耕地少”,“如果不纠正这种认识上的盲目性,必然碰壁”。随后,他在中央政治局会议上深入阐释了这一问题:“我们搞四个现代化,建设社会主义强国,是在什么情况下进行的”,“这个问题不搞清楚,什么事情也搞不好”。在详细分析了我国的基本情况后,他严肃地总结指出:总之,我们的现实情况是九亿多人口 80%在农村,革命胜利三十年了还有要饭的。[②] 在 1980 年 12 月的中央工作会议上,他再次指出:“我们是十亿人口、八亿农民的国家”,这是我们搞现代化的基础和起点。在此基础上,他强调指出“我们必须认识这一点”,但“现在真正清醒认识到这一点的人还不很多”。[③] 对此,邓小平在 1979 年 3 月底也指出:要实现我国现代化“至少有两个重要特点是必须看到的”,即“一个是底子薄”,另一个“是人口多,耕地少”。所以“现代化,必须从中国的特点出发。”[④]

在对这一问题达成共识之后,1979 年 4 月,李先念在中央工作会议上代表中共中央和国务院,对上述认识做了重申,并一再强调:“我们搞现代化,一定要从中国的国情出发。”[⑤]不久后,赵紫阳对此做了深入细致的分析,指出:通过“总结过去的经验”,可以看出“长期以来我们在社会主义建设中老是犯‘左’的错误”,“问题就出在离开了中国的国情”。他认为:“我们讲解放思想”,“就是要正视中国的国情,破除那些不适合中国国情的东西”。因此“搞四化,搞经济建设,我们的指导思想必须统一到这点上来”,

---

① 《三中全会以来重要文献选编》(上),人民出版社 1982 年版,第 6 页。

② 参见《陈云文选》第三卷,人民出版社 1995 年版,第 250—251 页。

③ 《陈云文选》第三卷,人民出版社 1995 年版,第 281 页。

④ 中共中央文献研究室:《邓小平年谱(1975—1997 年)》(上),中央文献出版社 2004 年版,第 502 页。

⑤ 《李先念文选(1935—1988 年)》,人民出版社 1989 年版,第 355 页。

尤其是“清醒地认识这一点，把指导方针搞端正”，就不仅“能够较好地克服当前的经济困难”，还“能够使我国的经济协调地、健康地稳步发展”。① 显然，上述认识和主张实际上标志着邓小平“从国情出发”理论开始萌发和形成，同时这也意味着从新时期开始的经济建设和体制改革由于有了务实理论的指导，而将会出现与以往不同的全新面貌。

其次，重新把综合平衡、比例协调作为经济工作的指导方针。我国在1956年前后和国民经济第一次调整期间，曾提出并在实践中遵循过综合平衡、比例协调的方针，对当时国民经济的发展和调整起到了积极的作用。由于各种原因，这一方针在1957年以后的“大跃进”和第一次大调整结束后的备战与“文化大革命”期间以及这之后的“急起追补”中，被否定或批判。这一时期以来，中央逐步恢复了这一方针，并将其作为国民经济第二次调整的指导方针。1979年3月中旬，李先念和陈云在给中央的信中就指出：“现在的国民经济是没有综合平衡的”，“比例失调的情况是相当严重的”，因此“要有两三年的调整时期”，并且认为“从长期来看，国民经济能做到按比例发展就是最快的速度”。几天后，陈云在中央政治局会议上继续阐发这一思想：因为现在的比例失调“比1961、1962年严重得多”，所以“要有两三年调整时间”。② 次月，李先念代表中共中央和国务院指出：所以在这次调整中不仅“国家计委要认真搞好综合平衡”，“各地方、各部门也要搞好综合平衡”，以切实“保证国民经济有计划按比例发展”，切实做到“严格遵守财政平衡、信贷平衡、物资平衡、外汇平衡的原则”。③ 针对初步调整未能切实有效地贯彻落实综合平衡、比例协调方针，所造成的财政经济困难和物价上涨的严峻局面，1980年12月的中央工作会议指出1981年要进一步调整，为此还制定了调整工作的三条方针。

再次，国民经济中各种深层次问题的进一步暴露，使中央加深了对传统工业化道路弊病的了解和认识。历史的惯性和认识的原因使我国于1979—1980年在对国民经济进行初步调整的同时，仍部分地延续了传统工业化道路下的建设方式，在取得一定调整成果的同时也造成了如前所述的严峻局面。经过多次会议，尤其是1980年12月的中央工作会议，中央大大深化了对这种经济发展道路的认识。

如陈云在这次会议上针对过去的经济建设问题强调道：“必须指出，开

① 《三中全会以来重要文献选编》（上），人民出版社1982年版，第611—612、624页。

② 《陈云文选》第三卷，人民出版社1995年版，第251—253页。

③ 《李先念文选（1935—1988年）》，人民出版社1989年版，第352、366页。

国以来经济建设方面的主要错误是‘左’的错误”,“错误的主要来源是‘左’的指导思想”,“这是主体方面的错误”。[①] 赵紫阳则在此基础上对传统工业化道路进行了深入分析,认为:“造成当前财政经济严重困难的原因是多方面的”,但主要是由于“长时期以来,我们走的是一条重基建轻生产、高积累低效率的道路”,特别热衷于“投资大、工期长的重工业厂子”。显然,这就指出了重工业优先发展的传统工业化道路的核心问题。在进行了较为详尽的分析后,他指出:上述这些由这种旧式工业化道路内生出的根本性问题“几乎成了一种顽症,使我们付出了极大的代价”。在此基础上,他总结道:“这条路子”,虽然从“表面上看,生产的增长速度并不算慢”,“但是真正创造的社会财富很少,人民得到的实惠不多”。[②] 不难想见,这种认识上的突破,将对国民经济的进一步调整起到积极的作用和影响。

最后,开始切实重视改善人民的生活水平。由于从 1953 年起我国选择了优先发展重工业的工业化道路,为给重工业建设筹集资金,我国长期实行以牺牲当前消费为手段的高积累政策,加之一系列政治运动的干扰破坏,人民的生活水平长时间处于徘徊、停滞状态。针对这一问题,1978 年年底的十一届三中全会指出:今后“城乡人民的生活必须在生产发展的基础上逐步改善”。1979 年 3 月陈云也指出:我国“80%的人口是农民”,“革命胜利三十年了”,“但不少地方还有要饭的”,“不估计到这种情况,整个经济搞不好”。[③] 次月,李先念在中央工作会议上代表中共中央和国务院要求:今后“必须在发展生产和提高劳动生产率的条件下”,“保证城乡人民的生活水平逐步有所提高”,并将这一要求作为调整国民经济的十二条原则措施之一。同年 12 月在全国计划会议上,他再次明确要求:因为“我国人民的生活,长期以来几乎没有得到什么改善”,所以虽然这几年把新增加的财政收入几乎都用在改善人民的生活方面,但今后“还要继续做出努力”。[④] 叶剑英代表中共中央在 1979 年 9 月庆祝中华人民共和国成立三十周年的讲话中也指出:“我们一定要把加快经济发展同逐步提高几亿人民的生活水平很好地结合起来。”[⑤]1980 年 12 月赵紫阳在强调“必须下大力量增加消费品的生产和供应”来改善人民生活的同时,也指出:“现在有些不切实际的要求,有些埋怨、失望情绪”,对这些一方面“要引导干部和群众,以大局为

① 《陈云文选》第三卷,人民出版社 1995 年版,第 281—282 页。
② 《三中全会以来重要文献选编》(上),人民出版社 1982 年版,第 610、620 页。
③ 《陈云文选》第三卷,人民出版社 1995 年版,第 250 页。
④ 《李先念文选(1935—1988 年)》,人民出版社 1989 年版,第 400—402 页。
⑤ 《三中全会以来重要文献选编》(上),人民出版社 1982 年版,第 233 页。

重”,另一方面也要“使人民体谅国家的困难”,“增强前进的信心”。① 邓小平不仅赞成这样的做法,而且开始在此基础上酝酿以人民生活水平提高程度为衡量标准的新时期经济发展战略,即经济发展分三步走的总战略。

三、这一时期经济工作的逻辑内涵

一方面,上述指导思想及其调整措施的提出,意味着“急起追补”战略的终结和传统发展观的暂停和搁浅。由于特定的时代和历史背景,中华人民共和国成立后我国在优先发展重工业发展观的指导下,在不同阶段和时期推行了不同的经济发展战略。② 新八字方针的上述指导思想,则中止了以往长期指导我国经济发展的这一发展观。如邓小平在 1979 年 1 月就针对经济工作指出:“我们对经济建设的方针、规划要进行一些调整”,“宁肯减少一些钢铁厂和一些大项目”,也要“先搞那些容易搞、见效快、能赚钱、创外汇多的”。不久他又指出:“现在国家计划想掉个头”,即从“过去工业是以钢为纲”,转到今后“要先搞资金周转快的”,“如轻工业、手工业、补偿贸易、旅游业等”。这年 3 月,在中央政治局会议确定了对国民经济进行调整后,根据这一工作的指导思想,他指出:“过去提以粮为纲、以钢为纲,现在到该总结的时候了。”次月,他又提出:现在我们在“经济上做些调整”,“要把力量移到见效快的工业上去,移到轻工业、能源等其他方面,见效快些。”③在此基础上,1979 年 4 月的中央工作会议提出了调整国民经济的十二条措施,事实上确立了优先发展农业和轻工业的原则。应该指出,这一新原则的确立,不仅标志着“文化大革命”结束后不久即掀起的“急起追补”战略正式终结,而且意味着长期以来我国所推行的重工业优先发展原则的暂停和搁浅。

另一方面,特定的历史和时代背景,使新八字方针在调整国民经济的同时,还肩负着探索中国特色社会主义建设道路的任务。经过 1978 年前后我们打开国门又一次“睁眼看世界”的强烈刺激和对我国以往经济发展道路的初步反思后,李先念代表中共中央在 1979 年 4 月的中央工作会议上指出:“我们一定要从自己国家的实际出发”,“走出一条在社会主义制度下实

---

① 《三中全会以来重要文献选编》(上),人民出版社 1982 年版,第 623—624 页。

② 参见苏少之、任志江:《1949—1978 年中国经济发展战略研究》,《中南财经政法大学学报》2006 年第 1 期。

③ 中共中央文献研究室:《邓小平年谱(1975—1997 年)》(上),中央文献出版社 2004 年版,第 466、471、497、505 页。

现现代化的中国式的道路”。[①] 陈云在1979年9月也针对这一问题指出：一方面“经济的调整，即实行调整、改革、整顿、提高的方针，是必要的”，另一方面人民向往四个现代化，要求“在不再折腾的条件下有较快的发展速度”，“我们应该探索在这种条件下的发展速度”。[②] 叶剑英在1979年9月庆祝中华人民共和国成立三十周年的讲话中也明确指出：我们要“认真研究经济规律和自然规律”，“努力走出一条适合我国情况和特点的实现现代化的道路。”[③]邓小平在1980年1月也指出：十一届三中全会以来，我们在对国民经济进行再次调整的同时，“正在寻求一条合乎中国实际的”，“能够快一点、省一点的道路”。[④]

然而，初步调整后国民经济中各种深层次问题的暴露和对传统工业化道路弊病认识的加深，使中央在继续调整的同时，也把对中国特色社会主义经济建设道路的探索持续引向深入。如赵紫阳在1980年12月的中央工作会议上对传统工业化道路的弊病分析后强调道：“今后再也不能走这条老路了”，“应当寻找一条新的路子”。[⑤] 这种对旧路的毅然否定和对新路的理想表述，说明中央已提出了经济发展道路转轨的初步意向。

在此基础上，1981年6月中共十一届六中全会通过的《关于建国以来党的若干历史问题的决议》指出：自“三中全会以来，我们党已经逐步确立了一条适合我国情况的社会主义现代化建设的正确道路”[⑥]。继而，同年11月的五届人大四次会议系统总结了中华人民共和国成立以来尤其是新八字方针实施以来的经验教训，概括出这条新道路的基本内涵，即经济建设要真正从实际出发，做到速度比较实在、经济效益比较好、人民可以得到更多的实惠。为了使国民经济切实走上这条新路，这次会议还明确了与之相适应的十条具体方针。[⑦]

这些意向和方针的提出，说明新八字方针实施以来经济工作的前述指导思想由被动逐步变为主动，由模糊逐步变得清晰，由自发逐步变为自觉，并开始从为满足调整之需的临时性指导，向经济正常发展的长期性指导转变。这都标志着中国经济现代化进程正面临着重大的战略性转轨。显然，

---

① 《李先念文选(1935—1988年)》，人民出版社1989年版，第354—355、358页。

② 《陈云文选》第三卷，人民出版社1995年版，第264、268页。

③ 《三中全会以来重要文献选编》(上)，人民出版社1982年版，第233页。

④ 《邓小平文选》第二卷，人民出版社1994年版，第246页。

⑤ 《三中全会以来重要文献选编》(上)，人民出版社1982年版，第620—621页。

⑥ 《三中全会以来重要文献选编》(下)，人民出版社1982年版，第839页。

⑦ 参见《中华人民共和国第五届全国人民代表大会第四次会议文件》，人民出版社1981年版。

中国特色社会主义经济建设道路探索的深入和经济发展道路转轨意向与方针的提出，意味着我国过去长期推行的传统重工业优先发展的工业化道路已被正式放弃，作为符合国情和经济发展普遍规律的转轨具体成果——新经济发展战略也就呼之欲出了。

四、这一时期经济体制改革的必要性和可能性

面对一穷二白、积贫积弱的国情国力，为了使农业、轻工业等"短腿"产业得到切实有效的恢复发展，中央除了可以运用指令性计划，将从国内、国外所能动员和筹措到的有限资金、技术等资源对上述产业进行倾斜性配置外，唯一还可以采取的现实性措施就是对国民经济的原有制度体系进行重新调整和安排，即通过对我国经济体制进行改革，来减少和消除这些"短腿"产业发展的各种阻力与障碍，也就是通过营造适合这些产业发展的制度和体制环境，来尽可能降低其发展成本。在资金、技术等"硬"投入不足的情况下，通过经济体制改革这种"软"投入来寻求农业、轻工业等产业恢复发展的出路，不仅是必要的，而且对一些"硬"投入长期严重亏欠而政府又无力负担的部门、产业和地区来说，甚至可能会成为其主要的办法和出路。以农业为例，中共十一届三中全会通过的《关于加快农业发展若干问题的决议（草案）》中指出：确定农业政策和农村经济政策除了需要"切实加强国家对农业的物质支持和技术支持"外，更重要的则是"充分发挥社会主义制度的优越性，充分发挥我国八亿农民的积极性"，并且强调"一切政策是否符合发展生产力的需要，就是要看这种政策能否调动劳动者的生产积极性"。① 1979 年 4 月的中央工作会议也指出："农业要上去，国家要从各方面加强对农业的支援，适当增加对农业的投资，但主要的要靠落实党的各项政策，充分发挥八亿农民的积极性"。在上述方针的指导下，这一时期中央除加大国家对农业的物质支援外，还在恢复和重申以往一些行之有效的政策的同时，试验和推广了形式多样的农业生产责任制，逐步展开了农村经济体制改革，并在此基础上使一些农民自发改革的成果得以逐渐演变上升为正式的国家政策。鉴于介绍和说明这方面改革具体情况的论著已如汗牛充栋，这里不再对其展开。

对于传统计划经济体制的弊病，虽然中央早在 1956 年前后就意识到了，但由于固守重工业优先发展的工业化原则，所以尽管中央在 1978 年前做了种种努力，却始终未能突破这一体制的框架。事实证明，传统计划经济

---

① 《三中全会以来重要文献选编》（上），人民出版社 1982 年版，第 183—184 页。

体制对于重工业优先发展的工业化道路具有不可或缺的相随性，只要固守这一工业化原则，这种体制就只能随着这一原则在具体实施中的缓急程度，而做松紧搭配的调整。因此，虽然对传统体制进行变革的呼声一直不断，并且事实上在这一体制下断断续续地也存在和生长着不少非计划经济成分和因素，但在推行和沿袭传统工业化道路的情况下，这些成分和因素都只能在不从根本上威胁和影响到重工业优先发展原则的前提下而存在和生长，一旦触及传统工业化道路的本质和核心，这些非计划经济成分和因素也就走到了尽头。这是它们始终难以真正发展壮大起来的经济根源。1978 年前的实践说明，只停留在表面的修修补补，而不对传统工业化道路进行根本性的修正，不仅使我们难以真正“赶超”发达国家，也使传统计划经济体制无法被根本突破。因此，优先发展重工业发展观的暂停、搁浅和中国特色社会主义建设道路探索的启动，都使服务于传统工业化道路的体制模式有了松动和变化的可能。正是从这个意义上说，虽然这一传统工业化道路还未被新探索出的工业化道路正式取代，但它的中止、延缓和中国特色社会主义建设道路探索任务的启动，为新时期的体制改革已提供了最基本和最重要的前提条件，为我国市场化改革的启动创造了可能性。

这种必要性和可能性的结合，成就了我国经济体制改革的现实性，使新时期体制改革的大幕伴随着国民经济再次调整而正式拉开。

五、这一时期经济体制改革的主要特点

“计划经济为主、市场调节为辅”模式的提出、确立和资源配置方式的突破。

1978 年年底的十一届三中全会指出了传统计划经济体制的一些弊病，初步提出要“根据新的历史条件和实践经验”，“采取一系列新的重大的经济措施”，“对经济体制和经营管理方法着手认真的改革”。① 这些思路和政策，是中央确定新时期改革的开端。会后，中央逐步确定了在实行传统计划经济体制的前提下，更多地利用价值规律和市场机制来进行体制改革。在此基础上，主持经济工作的陈云于 1979 年 3 月论述了调整期间体制改革的必要性，分析了计划与市场的关系。他指出：我们“生产不能丰富多彩，人民所需日用品十分单调”的重要原因，是原有体制模式中“只有有计划按比例这一条”，而没有“必须有市场调节这一条”。他认为：在“整个社会主义时期经济必须有两个部分”，即计划经济部分和市场调节部分，其中前者

① 《三中全会以来重要文献选编》（上），人民出版社 1982 年版，第 5—6 页。

"是基本的主要的",后者"是从属的次要的,但又是必需的"。因此在今后的调整工作中,"计划经济和市场调节这两个部分的比例的调整,将占很大的比重"①。根据这一思想,次月的中央工作会议较为详细地分析了以往体制的弊病,在初步提出改革的原则和要求的同时,也明确指出:"在我们的整个国民经济中",将"以计划经济为主","同时充分重视市场调节的辅助作用"。② 这就是"计划经济为主、市场调节为辅"模式提法的最初由来,标志着这一模式已被提出。

显然这一模式暗含着这样的基本内涵,即社会主义经济就是计划经济,其对资源配置是有效率的,因此在资源配置中应处于支配地位,只是在计划经济照顾不到的一些方面,应交给市场去调节,以激活僵化的体制,所以市场只处于从属、补充的地位。虽然由于时代和历史的局限,这一模式还存在着重大局限,但它是我国经济体制改革中形成的第一个比较系统的目标模式,在我国体制改革模式的演变史上具有重要的理论和实践意义。从理论角度看,这一模式突破了传统计划经济体制的观念和范式,已具有明显的市场导向特征,是对社会主义经济体制理论的重大发展。具体说就是,这一模式侧重强调市场机制的作用,突破了"社会主义经济是单一计划经济"和"计划经济与市场调节不相容"等长期处于支配地位的观念,实现了计划经济与市场调节的兼容。从实践角度看,在这一理论和模式指导下的改革,从一开始就跳出了长期以来把体制变革局限于经济管理权限在行政层级间收放调整的窠臼,使改革率先在扩大企业和农村集体经济基层经营单位的自主权与扩大市场机制等方面展开。相对于历史上的体制变革而言,这种改革是实质性的、深层次的。③ 总的来说,这一时期改革的突出特点是资源配置方式上的突破,即市场因素从无到有、从小到大地迅速增加,市场调节在资源配置中的比重逐渐扩大。

在进一步调整期间,1981 年 6 月中共十一届六中全会通过的《关于建国以来党的若干历史问题的决议》,对这一模式和理论做了更为全面和系统的论述:"国营经济和集体经济是我国基本的经济形式","一定范围的劳动者个体经济是公有制经济的必要补充"。在此前提下,既要"在公有制基础上实行计划经济",也要"同时发挥市场调节的辅助作用"。④ 这不仅指明了资源配置方式和经济运行机制的问题,而且也阐明了这一模式下的所

---

① 《陈云文选》第三卷,人民出版社 1995 年版,第 245—247 页。

② 《李先念文选(1935—1988 年)》,人民出版社 1989 年版,第 372 页。

③ 参见赵凌云:《中国经济通史》第 10 卷下,湖南人民出版社 2002 年版,第 28—29 页。

④ 《三中全会以来重要文献选编》(下),人民出版社 1982 年版,第 840—841 页。

有制结构和经济形式问题。这年年底的五届人大四次会议在总结前一阶段经验教训的基础上，进一步指出：“我国经济体制改革的基本方向”应当是：在实行计划经济的前提下发挥市场调节的辅助作用，制定计划时要充分考虑和运用价值规律；对全局性和关系国计民生的经济活动，要加强国家的集中统一领导；改变单纯依靠行政手段管理经济的做法，把经济手段和行政手段结合起来。显而易见，这些论述已深入说明了“计划经济为主、市场调节为辅”模式的内在机理和运作框架，标志着这一模式的成熟和最终确立。为了正确处理计划与市场这一“改革中的关键问题”，这次会议着重提出了这二者的四种搭配方法：第一种是按照国家指令性计划进行生产；第二种是按市场变化而在国家许可的范围内生产；第三种是大部分按国家计划生产，小部分由企业自行组织生产；第四种是大部分由企业按照市场变化组织生产，小部分按照国家计划进行生产。① 这些方法的提出，说明伴随着“计划经济为主、市场调节为辅”模式的确立，这一时期的资源配置方式出现多元化态势。

第三节 “温饱”战略初步形成后的稳步实施与“计划经济为主、市场调节为辅”模式的发展(1982—1984 年)

国民经济调整任务主体工作的完成，使我国度过了危险时期，整个经济形势全面好转，为全面开创现代化建设的新局面创造了基础和条件。正是在这样的基础上，中央开始着手制定新时期经济建设的宏伟战略，“三步走”总战略的前身——“两步走”战略应运而生，兼为这二者第一步分战略的“温饱”战略，也由此而初步形成并在前一阶段自发性先期实施的基础上获得稳步推进。这一战略的初步形成和实施，对经济体制改革模式提出了转轨和升级的要求。然而，在诸多原因的共同作用下，这一时期我们没有实现体制模式的突破，“计划经济为主、市场调节为辅”的模式在转轨和升级的压力下被延续下来。

一、这一时期经济工作的指导思想

首先，将国民经济后续调整，作为“温饱”战略从以往全面调整时的自发性先期实施阶段，向自觉地促进战略建设全面高涨阶段到来的缓冲和过

① 参见《三中全会以来重要文献选编》(下)，人民出版社 1982 年版，第 1028—1030 页。

渡。如前文所述,作为工作重心转移到现代化建设上来后的第一场战役,1979—1981 年期间的国民经济调整实际上是全面开创新时期现代化建设新局面的前奏,是“三步走”总战略中第一步分战略的先期实施阶段。在经过全面调整已“走上了稳步发展的健康轨道”后,我国仍需要进一步解决过去遗留下来的诸多阻碍经济发展的问题,争取财政经济状况的根本好转,为“七五”计划和后十年经济的发展创造更有利的条件,以促进经济建设的全面高涨。为此,1981 年 11—12 月的五届人大四次会议就指出:虽然全面调整以来我们取得了很大成绩,但“国民经济中的潜在危险还没有完全消除”,所以“有必要从今年起再用五年或者更多一点的时间”,继续贯彻调整方针。[①] 1982 年 9 月,中共十二大在提出“两步走”战略的目标、重点和步骤的同时,也明确指出:为了实现这一战略,在属于第一步走的“第六个五年计划期间,要继续坚定不移地贯彻执行调整、改革、整顿、提高的方针”。[②] 同年 11 月,五届人大五次会议通过的“六五”计划则正式指出:“我们要继续贯彻执行调整、改革、整顿、提高的方针”,“为第七个五年计划期间国民经济和社会发展奠定更好的基础,创造更好的条件”。[③] 这就说明,在经历了前一阶段全面调整时的自发性先期实施后,作为新时期经济发展总战略中第一步分战略的“温饱”战略,不仅已初步形成,而且进一步把国民经济后续调整作为促进战略建设全面高涨阶段到来的缓冲和过渡,使这一战略由被动的自发实施阶段迈入主动的自觉实施的阶段。

其次,强调经济建设要提高效益和稳步推进。如五届人大四次会议在确定今后经济建设方针时就指出:“千方百计地提高生产、建设、流通等各个领域的经济效益,这是一个核心问题”,因此以后“我们考虑一切经济问题,必须把根本出发点放在提高经济效益上”。[④] 中共十二大在初步提出“温饱”战略后,也就此问题指出:今后要“把全部经济工作转到以提高经济效益为中心的轨道上来”。五届人大五次会议则进一步明确道:“着重于提高经济效益,这是‘六五’计划的一个显著特点”。为了有效提高经济效益,确保战略目标的顺利实现,中央确定了经济建设稳步推进的方针。如赵紫阳在 1981 年 11—12 月就指出:经济建设“要争取的速度,必须是经过努力可以达到的、扎扎实实的速度”,因此“‘六五’期间经济的发展速度不可能很快”。1982 年 9 月的中共十二大也指出:在 20 世纪 80

① 参见《三中全会以来重要文献选编》(下),人民出版社 1982 年版,第 1004 页。

② 《十二大以来重要文献选编》(上),人民出版社 1986 年版,第 17 页。

③ 《十二大以来重要文献选编》(上),人民出版社 1986 年版,第 164 页。

④ 《三中全会以来重要文献选编》(下),人民出版社 1982 年版,第 1006—1007 页。

年代的“六五”和“七五”计划的十年时间里,需要“把历史遗留的问题解决好,并且为后十年的经济增长打下比较坚实的基础”,“因此,国民经济的发展不可能很快”。这一指导思想在实践上则表现为“六五”计划的具体要求:在提高经济效益的前提下,1985 年工农业总产值比 1980 年增长 21.7%,年均增长 4%,其中农业总产值年均递增 4%—5%,高于过去二十八年的速度,工业总产值年均增长 4%,低于历史平均水平,基本建设安排大体保持“五五”计划的水平,施工的大中型项目减少到 890 个,提高投产比例,计划全部建成 400 个等。①

最后,在加强“瓶颈”产业建设的同时,强调继续改善和提高人民生活水平。为了营造经济建设全面高涨的条件和有效推进“温饱”战略的实施,这一时期中央延续并遵循了全面调整以来“一要吃饭、二要建设”的原则,一方面对国民经济的“瓶颈”产业——能源、交通等基础产业进行重点建设,另一方面继续努力改善和提高人民群众的生活水平。1982 年 9 月,中共十二大在提出“两步走”战略的同时,就明确指出:“当前能源和交通的紧张是制约我国经济发展的一个重要因素”。因此,“要保证国民经济以一定的速度向前发展,必须加强能源开发,大力节约能源消耗,同时大力加强交通运输和邮电通讯的建设”,今后要抓住这些根本环节,将其“作为经济发展的战略重点”。② 在这一思想的指导下,1982 年 11 月通过的“六五”计划指出:要使国民经济中“两个最薄弱的部门得到改善和加强”,就必须“集中力量搞好以能源、交通为中心的重点建设”,“这是使整个国民经济转向主动的重要环节,是关系经济建设全局的大事”。在改善和提高人民生活水平上,1981 年 11—12 月赵紫阳在今后经济建设的十条方针中就指出:“今后,国家将继续采取有力措施,调整国家、集体、个人三者之间的经济利益关系”,“把人民利益放在第一位,在处理生产建设和人民生活的关系时,首先保证人民生活的基本需要,这是今后必须坚持的原则”。③ 中共十二大重申了“一要吃饭,二要建设”的经济工作原则,并指出“关心群众生活是我们党的优良传统,任何时候也不应当忽视”。“六五”计划则明确指出:这一计划“是使人民生活继续得到改善的计划”,这一期间“要继续提高城乡人民的生活水平”,并计划五年内在城镇吸收 2900 万人就业,全国农民人均纯收入每年递增 6%,职工工资总额每年递增 4.5%,到 1985 年城乡居民人均消费

---

① 参见《十二大以来重要文献选编》(上),人民出版社 1986 年版。

② 《十二大以来重要文献选编》(上),人民出版社 1986 年版,第 15—16、18 页。

③ 《三中全会以来重要文献选编》(下),人民出版社 1982 年版,第 1034、1035 页。

水平比 1980 年提高 22%。

二、这一时期经济工作的逻辑内涵

一方面,这一战略的初步形成不仅标志着战略转轨正式获得成功,而且确定了延续调整与发展并进的建设思路。如前文所述,中共十一届三中全会以来,中央在对国民经济进行调整的同时,一方面深入反思了原有经济发展道路所存在的根本性问题,另一方面又对新时期的中国特色社会主义经济发展道路进行了积极的探索。这表明我国经济发展道路正在经历着战略转轨。"温饱"战略的初步形成,不仅意味着这一时期的反思和探索取得了重大的阶段性成果,而且标志着战略转轨正式获得成功,长期以来以苏联模式为样板的重工业优先发展的工业化道路,被较为符合我国国情和经济发展普遍规律的"温饱"战略所取代。鉴于当时国民经济的整体情况,中央在形成"温饱"战略的同时,确定了延续调整与发展并进的建设思路。如 1981 年 11 月,赵紫阳就指出:今后"要把主要的力量用于调整经济结构,整顿现有企业,对重点企业进行技术改造",但"这并不是说不要争取一定的增长速度"①。"六五"计划:"使工农业生产保持适当的发展速度,是我们制订计划的一项重要原则",因此,"第六个五年计划是在调整中稳步发展的计划,是进一步推进我国现代化建设的计划,是使人民生活继续得到改善的计划"。②

另一方面,作为中共十一届三中全会以来经济发展道路探索成果的集中体现,该战略内含和承载了国民经济调整以来所探索出的经济建设道路与方针。如 1981 年 11—12 月的五届人大四次会议在提出经济建设新道路的基本内涵和十条具体方针后,随即就指出:要使正在编制的"六五"计划"在指导思想上和具体安排上都要有一个大的转变",以"走出一条发展国民经济的新路子",体现前述"十条方针及其提高经济效益的中心思想"。③ 1982 年 9 月,中共十二大在初步提出"温饱"战略的同时,也强调指出:"在全部经济工作中,必须继续贯彻执行五届人大四次会议批准的十条经济建设方针","把全部经济工作转到以提高经济效益为中心的轨道上来"。④ 同年 11 月,五届人大五次会议通过的"六五"计划也指出:"我们要在今后三年内全面实现第六个五年计划","关键在于按照去年五届人大四次会议

① 《三中全会以来重要文献选编》(下),人民出版社 1982 年版,第 1038—1039 页。
② 《十二大以来重要文献选编》(上),人民出版社 1986 年版,第 165 页。
③ 《三中全会以来重要文献选编》(下),人民出版社 1982 年版,第 1038 页。
④ 《十二大以来重要文献选编》(上),人民出版社 1986 年版,第 17—18 页。

和今年党的十二大的精神,把全部经济工作转到以提高经济效益为中心的轨道上来”①,并为此制定了切实管好用好计划安排的全部固定资产投资、坚决调整和整顿好现有企业、大力促进社会生产的技术进步和继续改革现行体制等四方面措施。全面调整以来诸多探索成果的贯彻落实和经济结构的逐渐优化,使“温饱”战略在后续调整中得以稳步推进。显然,作为中国特色社会主义建设道路探索的阶段性成果和经济发展战略转轨后的第一个分战略,“温饱”战略内含和承载了全面调整以来所探索出的建设道路和方针,继承和吸收了前一阶段探索成果的精华和精髓,在经济建设上具有与全面调整以来一脉相承的特点。

三、这一时期经济体制改革的特点

如上所述,在“温饱”战略的初步形成和稳步推进中,一方面要力图使经济工作在后续调整和建设发展中转入以提高经济效益为中心的轨道,以实现经济发展的健康、平稳和高效;另一方面又要继续贯彻新八字方针,对国民经济进行后续调整,以求夯实发展基础。战略任务的这种二重性,使体制改革不可避免地呈现出一定的两难性。

不言而喻,确保经济建设的顺利进行和经济效益的有效提高,从根本上说要依靠经济体制改革的深入进行和资源配置方式的切实转变。中央当时对此已有一定的认识,如五届人大五次会议通过的“六五”计划就指出:“改革经济体制,是全面提高经济效益,实现社会主义现代化的重要保证”。然而,“计划经济为主、市场调节为辅”的体制改革模式,作为陈云于中共八大期间提出的“三个主体、三个补充”的设想在新时期的复兴,自然有其明显的时代特点和历史局限,并且这些局限在这一时期已日渐显现和严峻。鉴于下文对这一问题有专门论述,在此就不再展开。所以加快经济体制的改革步伐,是解决国民经济中长期存在的矛盾与弊病的根本途径,也是确保经济效益有效提高、经济建设顺利进行和“温饱”战略有效实施的根本途径。因此,这就在客观上需要我们对“计划经济为主、市场调节为辅”的体制改革模式进行突破和升级,以打破这一模式对进一步发展商品经济和扩大市场化改革范围与程度的束缚和限制,使市场在资源配置中发挥更多的作用。如为给中共十二大在关于实施“两步走”战略和“六五”计划期间我国经济体制如何配套改革的问题上做准备,1982 年 5—9 月国家体改委组织了关于体制改革理论问题的讨论,其间就有不少经济工作者和经济学家认为我

① 《十二大以来重要文献选编》(上),人民出版社 1986 年版,第 190 页。

国现阶段的社会主义经济是生产资料公有制占优势、在国家计划指导下的商品经济，我国经济体制改革的原则和方向应当是按照发展商品经济的要求，把单一的计划调节改为计划调节和市场调节相结合、在国家计划指导下充分发挥市场调节的作用[①]，主张"计划调节与市场调节相结合"。又如在解决了农民自主权的问题后，我国农村当时迫切需要进一步为发展商品生产开辟渠道和营造条件。1982 年 11 月，当时分管农业和农村工作的万里就此问题指出：虽然已经实行的农村政策"解决了生产和分配的大问题，但还是没有解决流通的问题"，现阶段"流通不畅已经阻碍生产的发展，到了非改不可的时候了"。不久他又指出："商品经济不发展是搞不好社会主义的"，因此"当前的中心问题是，在共产党的领导下如何发展商品经济"。[②]

然而，国民经济的后续调整要求经济体制必须保持相对的稳定和必要的集中。如 1982 年 11 月通过的"六五"计划指出：为了继续贯彻新八字方针，有效落实后续调整政策，就必须严格控制投资规模和保证建设资金的合理使用，为此专门做了五条集中权力的规定。此外，该计划明确指出："在这个问题上，一定要态度坚决，雷厉风行"，并强调要用相应的组织纪律和法律规章作保障。[③] 虽然做了上述严格的规定，但随着经济状况的趋好，停、缓建项目又逐步上马，不少地方又开始攀比速度，要求提前翻番，固定资产投资规模又开始新一轮扩张。为此，1983 年 6 月中央召开工作会议，决定运用行政手段，采取切实措施集中财力物力，保证以能源、交通为中心的重点建设。如通过下达指令性指标严格控制基建投资规模；规定各种基建资金统一纳入计划；实行地区和部门行政管理负责制，确保各地各部和银行贷款不突破国家控制额度等。权力的集中和指令性计划的运用，很快开始扭转基建投资失控和分散的问题。

正因如此，当国民经济中出现计划范围日渐缩小和市场因素不断扩大的情况时，负责经济工作的陈云从 1981 年 11 月到次年 1 月，先后四次就坚持以"计划经济为主、市场调节为辅"模式的问题发表谈话，强调"计划经济和市场经济两者的关系是主要方面和从属方面的关系，计划经济起主要作用，市场调节还是从属于计划"，"国家建设必须全国一盘棋，按计划办事"。可是，改革的持续进行必然会对这一模式造成冲击。当市场化改革日益对"计划经济为主、市场调节为辅"的模式构成威胁和要求突破时，1982 年 11

① 参见薛暮桥：《薛暮桥回忆录》，天津人民出版社 1996 年版，第 375 页。

② 彭森、陈立等：《中国经济体制改革重大事件》（上），中国人民大学出版社 2008 年版，第 140—141 页。

③ 参见《十二大以来重要文献选编》（上），人民出版社 1986 年版，第 193 页。

月到12月陈云又提出“鸟笼子”理论，三次用笼子和鸟的关系来说明计划和市场的关系，强调“搞活经济是在计划指导下搞活，不是离开计划的指导搞活”，也就是“搞活经济、市场调节，这些只能在计划许可的范围内发挥作用，不能脱离开计划的指导”，“要防止在搞活经济中，出现摆脱国家计划的倾向”①，继续强调要坚持“计划经济为主、市场调节为辅”的模式。在这种背景和形势下，邓小平在1982年4月也指出：经济体制改革的目标还是“公有制基础上的计划经济，计划经济为主、市场调节为辅，全国一盘棋，主要经济活动都要纳入国家计划轨道”。② 同年7月，他针对今后二十年分两步走和后续调整中“六五”计划的重点建设问题又指出：“我们历来解决困难，最后落实到集中统一”，“集中力量办大事这个决心要下，明年就要开始”。③

这种既要努力提高经济效益，又要进行后续调整的二重性任务，是造成这一时期既有突破和创新体制改革模式的推动力，又有维护和延续原有体制改革模式的牵制力的根本原因，也即是这一时期的体制改革出现两难状况的深层原因。其后果，一方面是客观上的后续调整任务和主观上的认识原因，使前述“计划调节与市场调节相结合”的改革受到掣肘，其主张在提出后不久也受到批评和指责，体制改革模式因此而未能获得及时的突破和升级；另一方面，某些方面的改革得到持续进行，并逐渐突破这一模式的局限。但是，体制改革的不到位和后续调整工作的不彻底等原因，却使国民经济回升过快，并在1984年再次走向过热。

四、“计划经济为主、市场调节为辅”模式在转轨、升级压力下的延续

1982年中共十二大全面系统地阐述了“计划经济为主、市场调节为辅”模式的内涵。关于这一模式的所有制基础，报告指出：要坚持国营经济为主导，同时坚持多种经济形式并存。关于计划经济与市场调节的关系，报告指出：计划经济是中国经济的主体，市场调节是计划经济的有益补充。报告还明确了这一体制模式的具体实现形式，即根据不同情况分别采取指令性计划、指导性计划和市场调节三种不同的形式。中共十二大将这一体制模式当作实现“两步走”战略的体制保障，强调这一体制模式是促进经济全面高涨和实现“两步走”战略的一项基本原则，确立了其地位和意义。

① 中共中央文献研究室：《陈云传》（下），中央文献出版社2005年版，第1637、1640、1653页。

② 转引自中共中央文献研究室：《陈云传》（下），中央文献出版社2005年版，第1646页。

③ 中共中央文献研究室：《邓小平年谱（1975—1997年）》（下），中央文献出版社2004年版，第832页。

"计划经济为主、市场调节为辅"模式是新时期我国体制改革中形成的第一个比较系统的目标模式,在我国体制改革目标模式演变史上具有重要的理论意义和现实意义。从理论上看,这一模式突破了传统计划经济体制的观念与模式,具有明显的市场导向。具体来说,这一模式侧重强调扩大市场调节的作用,突破了长期以来社会主义经济是单一公有制经济、单一计划经济,以及计划经济的实现形式是单一指令性计划、计划经济与市场调节不相容等占支配地位的错误观念,论证了公有制与非公有制、计划经济与市场调节的兼容性。从实践上看,这一模式指导了 1979—1984 年间的改革过程。正因如此,新时期以来的改革,一开始就跳出了长期以来体制变革限于经济管理权限在行政层级间调整的窠臼,在扩大农村基层经营单位和企业自主权,以及引入市场机制等方面展开。相比于过去的体制变革,这种改革是深层次的。这一时期我国体制变化的突出标志是:市场因素从无到有、从小到大,资源配置中市场调节的比重迅速扩大。

从纵向历史来看,"计划经济为主、市场调节为辅"模式是 20 世纪 50 年代中期和 60 年代初期,以毛泽东同志为核心的党的第一代中央领导集体对我国经济管理体制探索过程的历史继承,它与陈云在中共八大上提出的"三个主体、三个补充"的设想在内容与实质上基本一致。从这个意义上说,这一模式是"三个主体、三个补充"在新的历史条件下的复兴。因此这一模式也具有难以避免的历史局限性,并且这些局限在这一时期已日渐显现和严峻。其一,这一模式的理论基础是坚持计划经济是社会主义基本经济制度的认识,其出发点是在坚持计划经济的基础上完善计划经济体制。在 20 世纪 50 年代中共八大前后,传统计划经济体制刚刚形成,"三个主体、三个补充"的设想是符合让计划体制发挥其内在潜力这一历史要求的。但到 20 世纪 70 年代末期,传统计划经济体制的弊病已充分暴露,如果仍固守这一体制,把市场因素只看作是对其的局部完善和补充,那显然是不符合时代要求的。其二,这一模式存在着逻辑上的矛盾。计划经济被理解为社会主义基本经济制度,具有社会经济制度的特征,而市场调节被理解为一种经济调节手段,没有被看作是一种经济体制因素。因此,两者不是处在同一个层次之上,因而也就不存在谁为主、谁为辅的问题。这些弊端体现在经济工作上,如国家与企业的关系,只扩大一下企业在执行上级下达的指令性计划中的一些边缘性权力,并由国家根据企业完成国家计划的情况,通过利润分成给予一定奖励,并不改变企业依附于行政管理的情况。又如,市场调节的提出,只是把国民经济中不太重要的部分交由市场配置,而主体部分则继续坚持指令性计划。按照这样的思路去改革,尽管取得了积极成效,但不可能从根本上克服传统计划经济体制的缺陷和弊病。

正因如此,将“计划经济为主、市场调节为辅”当作经济体制改革一定历史阶段上的模式是合理的,但不能将其固定为改革的目标模式。为此,必须进一步探索改革的思路,完善、升级改革的目标模式。伴随着“温饱”战略的稳步推进和后续调整的顺利进行,从 1983 年开始体制改革逐渐加快。在农村,随着家庭联产承包责任制的实施,政社分设改革全面铺开,标志着农村中的传统计划经济体制开始解体;在城市,扩大企业自主权的试点工作加速展开,1984 年上半年又加快了放活企业和流通体制的改革步伐。这些改革一方面冲击着传统体制,另一方面加快了商品经济的发展。截至 1984 年中共十二届三中全会前,我国经济体制的改革还是初步的、探索性的。改革虽然分别在农村和城市展开,但总体来看,是在局部领域进行,尚未遍及体制的整体。改革触及并初步改变了原有体制的根本弊病,但尚未从根本上予以克服。改革中出现了符合国情的体制模式的某些因素,但具体特征还不明确。国民经济发展和“温饱”战略推进中所存在的一系列问题,都指向要将改革的实践推向一个新的阶段,全面展开整个经济体制的改革,实现改革模式的升级和转换。

第四节 “温饱”战略在高速推进中提前完成与“有计划的商品经济”模式的形成和发展（1985—1987 年）

一、这一时期经济工作的指导思想

第一,在经济建设发生过热后,强调 1986—1987 年要着重贯彻巩固、消化、补充、完善已出台的改革措施的方针。1984 年 10 月通过的改革纲领——《中共中央关于经济体制改革的决定》指出:经济体制上的全面改革,已成为“当前我国形势发展的迫切需要”。在实际工作中,中央从 1984 年冬和 1985 年初开始,就把体制改革当作经济工作中最重要的任务,力图在今后几年内基本奠定新的经济体制的基础,为 20 世纪最后十年和 21 世纪前五十年的发展创造经济持续稳定发展的体制条件。然而,经济体制改革的优先性、系统性和过度的乐观性,不可避免地会引发战略建设的加速、过热乃至混乱。在重点总结 1985 年体制改革和战略建设经验教训的基础上,中央在 1985 年年底到 1986 年年初制定了“七五”计划,提出了今后五年改革与建设的总体部署和近年的具体要求。在经济工作上,《“七五”计划建议》指出:“第七个五年计划期间,是全面改革我国经济体制的关键时期,我们一定要坚持把改革放在首位。”在改革步骤上,“七五”计划建议提出要将这五年分成前两年和后三年来进行。具体到这两年,鉴于从 1984 年第四季度开始出现的战略建设和经济发展的过热现象,1986—1987 年要重点围绕稳定经济的要求,从宏观上加强、完善间接调控体系;价格改革不再采取大的措施;落实扩大企业自主权的各项规定,减轻国营大中型企业的负担,增强它们的活力。① 根据“七五”计划的部署,1986—1987 年的改革要围绕着为加强和改善宏观控制、抑制需求、改善供给服务,贯彻巩固、消化、补充、完善已出台的改革措施的方针,以便从各方面做好准备,使改革在 1988 年以后迈出决定性步伐。在贯彻这一方针的同时,着手拟定以价格、税收、财政、金融和内外贸易为重点,包括企业经营机制配合进行的“七五”时期改革方案。

第二,为营造进行进一步体制改革所需的环境和条件,试图通过国民经济的小调整——“软着陆”的办法来解决国民经济的过热问题。为了切实贯彻“坚持把改革放在首位”的经济工作方针,营造体制改革进一步展开的环境和条件,就需要给从 1984 年第四季度开始走向过热的国民经济降温。为此,“七五”计划建议指出:“七五”期间最重要的任务是“为经济体制的改革创造良好的经济环境和社会环境”,“从当前和今后一个时期来说,建设的安排要有利于改革的进行”。赵紫阳还专门指出:“为了给改革创造好的经济环境”,“我们一定不能片面追求过高的经济增长速度”。② 因此,1986—1987 年就要“着重控制社会总需求,解决增长速度过快、固定资产投资规模过大和消费基金增长过猛的问题”。但解决上述问题的方法,不再沿用过去在短期内削减建设投资的急刹车方式,而是尝试用加强宏观调控的办法。具体来说,就是要在这两年“保持 1985 年固定资产投资总规模的条件下,作一些小的调整,改善投资结构,加强重点建设”,“这样用两年多的时间逐步解决当前存在的问题,比在今年下半年集中解决效果要好些,可以避免由于刹车过急而造成的损失和震动”。③ 这即是用“软着陆”的方法来解决社会总需求超过总供给的国民经济过热问题。

第三,经济学界的空前自由和活跃,使各种改革理论和主张呈现出百家争鸣的多元景象。1978 年以后,长期处在压抑状态下的我国理论界和学术

① 参见《十二大以来重要文献选编》(中),人民出版社 1986 年版,第 789—791 页。
② 《十二大以来重要文献选编》(中),人民出版社 1986 年版,第 789 页。
③ 《十二大以来重要文献选编》(中),人民出版社 1986 年版,第 788—789 页。

界，逐渐获得了较为宽松的发展环境，迎来了复苏和发展的春天。到20世纪80年代中后期，经济学界已呈现出百家争鸣的景象，关于改革的各种理论主张和方案设计都不标榜自己也不指责对方是“左”还是右，基本都能做到畅所欲言，甚少或基本不为政治因素所干扰。当时对我国体制改革起到重要影响的主要是整体协调改革论和微观改革先行论。前者的主张主要是：1.“有计划的商品经济”模式是由自主经营与自负盈亏的企业、竞争性的市场体系和主要通过市场进行调节的宏观管理体系组成的整体，改革必须在这三方面同步配套进行。2.在上述三个环节中，保证市场机制能够发挥作用的价格形成和价格体系改革，是经济改革最困难、最落后的环节。为了使新体制配起套来，当前改革的重点应当是尽快实现价格的改革。3.通货膨胀既不利于发展，也不利于改革。因此，应采取果断措施，抑制需求，改善供给。后者的主张主要是：1.时下中国经济的主要问题是企业的财产关系不明确，缺乏自主权，因此应当推迟价格改革，优先实现企业所有制改革或国民经济的微观基础再造。2.行政性分权或地方分权，是中国改革的必由之路。因此，必须克服经济性分权——“要么由中央管、要么由企业管”这种脱离现实的幻觉，而是由地方政府来承接中央政府下放的指令性计划的权力。3.社会总需求大于社会总供给的“紧运行”状态，是社会主义经济的常态。因此紧的宏观经济政策是不可取的，相对宽松的环境在全面改革，特别是企业改革实现以前，也绝无可能出现。① 不难看出，这两种主张是以对市场经济及其运行机制的认识分歧为基础的，实际政策的争论焦点，则是改革能不能绕过价格改革和市场体系的建立来进行。

第四，在延续前一阶段过于乐观的态度的基础上，逐渐开始强调要加快前进的速度。如邓小平在1985年9月全国党代会上就针对“七五”计划指出：“‘七五’这五年很重要。如果经过这五年，使改革基本就绪，经济又能够持续、稳定、协调地发展，我们实现十二大提出的本世纪末的目标就有了充分的把握。”②1987年2月他针对经济工作中的问题指出：“前一段出了点差错没有什么了不起，不值得那么大惊小怪”，“不要怕，一怕就不能搞改革了”，“我倒觉得，我们是否搞的过稳了”。③ 同年6月他又指出：“我们改革、开放的政策不可能放弃，甚至于不可能放慢”，“要讲究稳妥，但稳妥变

① 参见吴敬琏：《中国经济改革战略的分歧与选择》（1988.10），载《吴敬琏自选集（1980—2003）》，山西经济出版社2003年版，第149—152页。

② 《邓小平文选》第三卷，人民出版社1993年版，第143页。

③ 《邓小平文选》第三卷，人民出版社1993年版，第203页。

成停滞不前就坏了”。[①] 次月，他特别强调指出：1986 年以来的“一年多的时间里步子太慢了一点”，“所以，我们现在提出要大胆一些”，“步子放大些有利”。[②] 负责中央经济工作的赵紫阳也对此持类似的态度。如针对一些经济学家指出我国国民经济因经济过热和通货膨胀而存在危险的说法，1987 年 4 月他就在一次会上为此发了脾气，指责有人把经济形势描写的“险象环生”，说成“大事不好”，存在“惊慌失措和悲观情绪”，并认为社会总需求超过总供给的问题虽然存在，但只不过是一二百亿元的问题，用不着惊慌失措。[③]

二、这一时期经济工作的逻辑内涵

首先，由于缺乏经验，改革理论和主张的多元化，使指导改革的具体方法存在变易的可能。诚如邓小平在 1986 年 9 月指出的那样：“我们现在做的事都是一个试验”，“都是新事物，所以要摸索前进”。[④] 正因如此，当改革理论和主张出现百家争鸣的繁荣景象时，其实也在一定程度上使我们面临着甄别和选择的困难，因为不同的理论观点、方法和主张，可能会导致大相径庭的经济后果和局面。这是造成 1986 年下半年改革重点转向的重要原因。根据中共十二届三中全会和“七五”计划，国务院按照前述整体改革协调论的理论和主张，在 1986 年 3—8 月拟定了价格、税收、财政、金融和贸易等方面进行配套改革的总体方案，并准备在次年年初开始实施。这一方案于 1986 年 8 月得到党政领导的批准。但同年 10 月，国务院决定废止该方案。[⑤] 其主要原因之一便是这一方案在经济和政治上的正确性与可行性受到怀疑，国务院主要领导人对改革重点的认识发生了变化。于是，与整体改革协调论的理论和主张相左的微观改革先行论在 1986 年第四季度以后逐渐居于优势，改革的重点也由此转向以推行承包经营责任制为主要形式的企业经营机制改革上。[⑥]

其次，虽然强调要通过放缓改革步伐和实现“软着陆”来为进一步的改革营造条件，但过于乐观的态度、对速度的强调和指导改革的具体理论与主张的变易，却使中央的政策在稳定经济与快速增长之间摇摆不定。如上所

① 《邓小平文选》第三卷，人民出版社 1993 年版，第 240 页。
② 《邓小平文选》第三卷，人民出版社 1993 年版，第 248 页。
③ 转引自薛暮桥：《薛暮桥回忆录》，天津人民出版社 1996 年版，第 415 页。
④ 《邓小平文选》第三卷，人民出版社 1993 年版，第 174 页。
⑤ 参见《吴敬琏自选集（1980—2003）》，山西经济出版社 2003 年版，第 166 页。
⑥ 参见《吴敬琏自选集（1980—2003）》，山西经济出版社 2003 年版，第 153 页。

述，虽然为了营造进行进一步体制改革所需的环境和条件，中央确定了1986—1987年的经济工作，在体制改革上是要着重贯彻巩固、消化、补充、完善已出台的改革措施的方针，在经济建设上是试图通过“软着陆”的办法来解决国民经济的过热问题，但在实际工作中却由于过于乐观的态度、对速度的强调和改革理论与主张的变易这些指导思想上的逻辑矛盾，而使中央的政策在稳定经济与快速增长之间摇摆不定，战略建设和经济发展的速度常常成为经济工作中事实上的优先性任务。如当1986年年初的工业生产增速继上年年底增幅回落后进一步下降时，由于对当时的形势缺乏足够冷静和客观的认识，为支持和确保工业的持续有效增长，中央放松了对企业流动资金贷款的控制，提出“稳中求松”和“区别对待、择优扶持”的政策。在上述认识和乐观情绪的影响下，这一政策在执行中进而演变为整个工业流动资金贷款的全面放松，随之整个贷款也全面放松。又如前一点所述，改革理论与主张的变易，无形中使中央的经济工作方针转变为“增长加速，改革渐进”，实际上就是经济发展速度成为优先性任务，在改革上则变为以企业承包代替了全面改革。其实，这也是为什么虽然当我们在1987年年初确立了“压缩过热空气”的方针，试图从严控制贷款，但这一方针却根本难以得到真正贯彻和落实的主要原因。正如薛暮桥回忆所指出的那样：当面对1986年出现的通货膨胀和国民经济过热局面时，赵紫阳却仍鼓励大家大干快上，虽然口头上讲要实行“软着陆”，但实际上却不想切实做到“软着陆”；当面对物价涨幅从1987年年初开始呈现出逐月增大的“步步高”态势时，他依然批评各种要求治理通货膨胀和给经济降温的看法与建议，害怕会因此而导致经济增速下降。①

三、这一时期经济体制改革的特点

其一，体制改革理论的创新和其在经济工作中的优先性地位，决定了这一时期改革的力度和强度。改革纲领的提出和经济工作的重大决策，一方面使改革理论得到创新，经济体制改革的目标模式得以转换和升级；另一方面也使改革成为国民经济的首要任务。这种创新和优先性地位决定了这一时期改革的力度和强度。以计划、价格和工资为重点的体制改革在1985年迈出大步和全面展开后，市场在资源配置中开始更多地发挥作用，政府对国民经济的管理也逐渐从直接管理向间接管理过渡，我国经济体制改革也由此向市场经济的方向前进了重要一步。

---

① 参见薛暮桥：《薛暮桥回忆录》，天津人民出版社1996年版，第413、415页。

其二,体制改革的系统性和过度的乐观性,必然会使“市场轨”逐步扩大和“计划轨”逐步缩小的新旧双轨之间发生矛盾和摩擦。旧的传统计划经济体制向新的市场经济体制更替的特征,使资源配置中双轨制运行格局的特征越来越显著。在新旧体制转轨过程中,经济运行出现多主体、多渠道、多层次共同作用的局面,经济活力日渐增强。但是,在转轨过程中,由于全面改革的系统性特征,原有体制的弊端不可能被完全消除,新体制的建立、完善也还有待时日,这样在新旧体制并存和转换的情况下,两者必然产生矛盾和摩擦。对改革的过度乐观性,又加剧了这些矛盾和摩擦。如当决策层在积极采取微观搞活措施的同时,相应的宏观调控措施没有跟上,致使固定资产投资和消费基金膨胀势头加剧。对此不再赘述。

其三,贯彻巩固、消化、补充、完善已出台的改革措施的方针,使改革步伐在前进中有所趋缓。如前所述,根据“七五”计划的部署,改革仍是这一时期经济工作中的首要任务,具体到1986—1987年的任务是:要围绕着为加强和改善宏观控制、抑制需求、改善供给服务,贯彻巩固、消化、补充、完善已出台的改革措施的方针,以便从各方面做好准备,使改革在1988年以后迈出决定性步伐。在贯彻这一方针的同时,着手拟定以价格、税收、财政、金融和内外贸易为重点,包括企业经营机制配合进行的“七五”时期改革方案。虽然后来中央因没有很好地贯彻“软着陆”政策,而使战略建设和经济发展的速度成为经济工作中事实上的优先性任务,但在体制改革上,除去如上所述因指导改革的具体理论与主张发生变易而使企业方面的改革有所进展外,我国并没有进行过多大的改革。如邓小平1987年7月就指出:1986—1987两年虽然“我们继续在搞改革、开放,但步子放得稳重了些”,“现在看来,一年多的时间里步子太慢了一点”。①

四、“有计划的商品经济”模式的形成发展和全面改革的起步

第一,“有计划的商品经济”模式的提出和主要内容。基于对“计划经济为主、市场调节为辅”模式矛盾的认识和“温饱”战略推行实践的迫切需要,1984年10月召开的中共十二届三中全会做出了《中共中央关于经济体制改革的决定》,提出以城市为重点,全面开展经济体制改革的任务,并确定了以“有计划的商品经济”理论作为指导全面改革的新的理论和模式。这一理论和模式的主要内容有如下几点。

1. 商品经济的充分发展是社会经济发展不可逾越的阶段,是实现经济

① 《邓小平文选》第三卷,人民出版社1993年版,第248页。

现代化的必要条件。根据经典作家的理论和设想,人类社会的经济形式大体要经历自然经济、商品经济和产品经济三个阶段。商品经济在资本主义社会发展到高峰,到社会主义和共产主义社会将消亡。社会主义和共产主义社会的经济将实行产品经济,统一的社会中心直接将社会劳动分配于不同部门,按劳分配将以劳动券为媒介,不再借助于商品货币关系。但20世纪建立的社会主义国家都是原先资本主义不很发达或很不发达的国家,商品经济和生产社会化程度远未达到高度发达的程度,不可能实现那种消灭商品的产品经济。人类社会经济发展的历史和世界各社会主义国家经济发展的历史证明,社会分工和生产的高度社会化是通过商品经济的充分发展来实现的。某些国家可能能够避免资本主义道路,但发达的商品经济阶段则不可逾越。我国的社会主义制度是在生产力落后、商品经济未能充分发展的基础上建立起来的,必须在社会主义制度下补上商品经济充分发展的课。因此,“商品经济的充分发展,是社会经济发展的不可逾越的阶段,是实现我国经济现代化的必要条件”①。

2. 我国当时阶段的经济是“有计划的商品经济”。当时对我国商品经济的认识是:我国经济既是计划经济,也是商品经济,是计划经济与商品经济的统一体。具体来说,“实行计划经济同运用价值规律、发展商品经济”,“不是互相排斥的,而是统一的”;“社会主义经济同资本主义经济的区别不在于商品经济是否存在和价值规律是否发挥作用”,而主要在于“所有制不同,在于剥削阶级是否存在,在于劳动人民是否当家作主,在于为什么样的生产目的服务”。②

“有计划的商品经济”模式是对“计划经济为主、市场调节为辅”模式的突破和升级。它科学地阐明了商品经济的发展是我国经济发展不可逾越的历史阶段,科学界定了我国体制改革目标模式和体制改革实践探索的基点,即商品经济。同时,它突破了长期以来将社会主义与商品经济、计划经济与商品经济对立起来的传统观念,指出了它们之间的统一性与兼容性。这一理论和模式一方面揭示出1957年我们进入社会主义初级阶段后,经济中诸多问题的根源不是简单地在于排斥市场和市场机制,或是统得过多、管得过死之类的问题,而在于原有经济体制的整体;另一方面,它又规划出改革的方向和性质,强调改革不是简单地引入市场机制和扩大市场调节范围,而是要实现体制模式的转换和升级,即按照商品经济及其规律的要求,重新构造

---

① 《十二大以来重要文献选编》(中),人民出版社1986年版,第568页。

② 《十二大以来重要文献选编》(中),人民出版社1986年版,第569页。

所有制模式及其运行机制。①

第二,"有计划的商品经济"模式理论的发展。实践的发展推动着理论的创新。1986 年 3 月通过的"七五"计划对体制改革的内容进行了补充和发展。这一计划指出"七五"期间的改革主要有三个方面:1."进一步增强企业特别是全民所有制大中型企业的活力,使它们真正成为相对独立的经济实体,成为自主经营、自负盈亏的社会主义商品生产者和经营者";2."进一步发展社会主义的商品市场,逐步完善市场体系";3."国家对企业的管理逐步由直接控制为主转向间接控制为主,建立新的社会主义宏观经济管理制度"。这一计划不仅指出这三方面是有中国特色的社会主义经济体制框架的组成部分,还第一次提出要建设包括生产要素市场在内的市场体系和把政府对经济的管理,逐步从直接控制转到运用经济政策和经济手段进行间接调控为主的更全面的宏观管理轨道上来。

① 参见赵德馨:《中国近现代经济史(1949—1991)》,河南人民出版社 2003 年版,第 365 页。

第六章 “三步走”总战略的第二步分战略

——“总体小康”战略与社会主义市场经济体制模式的初步建立(1988—2002年)

1987年10月的中共十三大在确认“温饱”战略“已经基本实现”的同时,强调指出:“现在,最重要的是走好第二步”。不言而喻,第一步分战略的完成,即意味着“三步走”总战略由此转入其第二步分战略——“总体小康”战略的实施了。与之相配合的不仅是改革的持续推进,还进一步于1992年中共十四大正式明确了市场经济体制的改革目标。此后,“总体小康”战略与市场化改革相辅相成、相互促进,终于在2000年前后既初步建立起社会主义市场经济体制,也在总体上实现了小康目标,完成了“三步走”总战略的第二步分战略。

第一节 “总体小康”战略的形成、实质与特征

一、“总体小康”战略的形成和落实

如前所述,源于近代工业革命的工业化和现代化,早已成为世界历史发展潮流。所以,一部中国近现代史即是中国人探索实现我国工业化与现代化的艰辛历史。在这个过程中,只有中国共产党通过领导新民主主义革命建立中华人民共和国,才创造了实现我国现代化的前提。中华人民共和国成立以后,在特殊的历史背景下推行的重工业优先发展战略,虽然奠定了实现我国现代化的初步基础,但总体效果却不尽人意。

改革开放以后,随着国民经济的再次调整,邓小平对这一问题进行了新的思考和探索。1979年年底,他就指出:我们要实现的现代化,是中国式的现代化,就是“一个小康的状态”。随后于1980年1月,他进一步指出中国现代化将分前后两个十年来完成,这即是包括“总体小康”在内的“三步走”总战略中前两步分战略形成的萌芽。在这一基础上,1982年9月党的十二大制定了到20世纪末的经济发展战略,即用二十年时间使工农业总产值翻两番,人民生活达到小康水平。显而易见,这就标志着“总体小康”战略已

初步形成。此后，随着“温饱”分战略的提前完成，作为“三步走”总战略中第二步分战略的“总体小康”战略，也随之开始实施。如1987年10月，中共十三大在将现代化战略从“两步走”扩展成“三步走”的同时，也指出：眼下我国十亿人口的绝大多数已经过上温饱生活，部分地区开始向小康生活前进，所以“现在，最重要的是走好第二步”。

经济体制改革使得形势比人强。到1995年，我国GNP已达57494.9亿元，提前实现比1980年翻两番的目标。到1997年，我国城镇家庭人均可支配收入为5160.3元，农村家庭人均纯收入为2090.1元，分别为1987年完成温饱战略时的5.15倍和4.52倍。① 虽然由于东南亚金融危机的冲击和国企改革步入深水区，20世纪90年代后期国民经济的发展环境异常复杂和艰难，但持续深入的改革还是使“总体小康”战略保持了较快的推进速度。到2000年，我国GDP达99214.6亿元，人均GDP达7858元，城镇家庭人均可支配收入为6280元，农村家庭人均可支配收入为2253.4元。② 这表明我国“已经实现了现代化建设的前两步战略目标”，“人民生活总体上达到了小康水平”。③

二、“总体小康”战略的实质和内涵

随着“三步走”总战略中前两步分战略——“温饱”战略和“总体小康”战略的快速推进与先后完成，中央对小康内涵的认识也不断走向深化。20世纪80年代邓小平曾多次谈到他心中的小康目标：即“虽不富裕，但日子好过”。1990年12月，中共十三届七中全会对“总体小康”战略的目标做了新的解释和说明。④ 为此，中央还特别指出：“对生活水平的提高，应该有更广义的理解，就是既包括物质生活，也包括精神生活。”⑤

根据对“总体小康”战略内涵的全新认识与这一分战略的完成情况，2000年10月中共十五届五中全会在指出我国“已经实现了现代化建设的前两步战略目标”、“人民生活总体上达到了小康水平”的同时，也指出：从这以后，我国将进入全面建设小康社会的新阶段，也就是“开始实施第三步战略部署”。⑥ 此后的2002年11月，中共十六大又在此基础上进行了补充

① 根据《新中国五十年统计资料汇编》第3、22页的数据计算而得。

② 参见国家统计局：《中国统计摘要：2010》，中国统计出版社2010年版，第20—21、107页。

③ 《十五大以来重要文献选编》（中），人民出版社2001年版，第1369页。

④ 参见《十三大以来重要文献选编》（中），人民出版社1991年版，第1374页。

⑤ 《十三大以来重要文献选编》（中），人民出版社1991年版，第1353页。

⑥ 《十五大以来重要文献选编》（中），人民出版社2001年版，第1369页。

说明:我国现在达到的小康还是低水平、不全面、发展不平衡的小康,这就需要在今后二十年“全面建设惠及十几亿人口的更高水平的小康社会”,来作为实现我国现代化“必经的承上启下的发展阶段”。不难看出,从“小康”到“总体小康”,再到“全面小康”,其概念与范畴的不断扩展和深化,充分体现了中央对“三步走”总战略的第二步分战略——“总体小康”战略内涵认识上不断深化的特点。

三、“总体小康”战略的基本特征

1. 这一战略中相关任务的统计指标与具体目标,具有与时俱进的显著特点。

一方面,在统计指标上具有与时俱进的特点。以往的经济发展战略是以工业产值占工农业总产值的比重、几种主要工业产品的数量、几个主要部门的发展水平为衡量指标的。这些指标或具有片面性,或由于过于抽象而无法量化。1978 年以来,邓小平对小康这一现代化最低目标的设想,从一开始就以国民生产总值作为量化指标。虽然 20 世纪 80 年代初,我国曾一度使用工农业总产值指标,但由于这一指标存在严重的重复计算和不含非生产性部门的产值等缺陷,所以此后我国逐渐用更具科学性和综合性的国民生产总值指标正式取代了工农业生产总值指标。不过,随着我国开放程度日益扩大和对外经济活动不断增加,国民生产总值因所含不在本国境内的本国公民,所创造的商品和劳务的价值量越来越大,而越来越难以反映本国经济发展的真实情况。所以,20 世纪 90 年代以后我国引入了国内生产总值指标来计算国民经济总量,逐步替代了国民生产总值这一指标。例如,2001 年 3 月朱镕基在九届人大四次会议上,就提出要让我国“国内生产总值 2000 年达 89404 亿元”,人民生活“总体上达到小康水平”。①

另一方面,在具体目标上具有与时俱进的鲜明特点。邓小平在构思和提出小康一词时,采用的是换算成美元的人均国民生产总值这种国际上通用的做法。这不仅使这一战略具备了定性与定量相结合的特点,而且使我国与发达国家的差距一目了然。这说明邓小平是以开放的眼光和与国际经济接轨的态度,来酝酿和构思新时期我国的经济发展战略的。这也就使“总体小康”战略的具体任务,不可避免地具有了与时俱进的特点。如在这一战略到 20 世纪末的具体战略目标上,邓小平初次提出小康目标时的提法

① 朱镕基:《关于国民经济和社会发展第十个五年计划纲要的报告》(2001.3.5),载《十五大以来重要文献选编》(中),人民出版社 2001 年版,第 1677—1678 页。

是“国民生产总值人均 1000 美元”。这是因为当时我国的人均 GNP 是 250 美元左右，到 20 世纪末翻两番后自然是 1000 美元。1982 年中共十二大根据这一情况，正式确定了按国民生产总值（当时采用的是工农业生产总值）计算翻两番的任务。但是按总值计算的翻两番，只有在人口零增长的前提下，才能保证到 20 世纪末人均国民生产总值达到 1000 美元。如果按当时人口年均增长 12.5‰来计算，20 世纪末我国人口将达 12 亿左右，这样到 20 世纪末的人均 GNP 就只能是 800 美元左右。正是基于这一考虑，邓小平随即在各种谈话中将“人均 1000 美元”改为“人均 800 美元”。但是，鉴于我国经济发展较快，GNP 到 20 世纪末有可能超过 1 万亿美元，所以后来他更多地采用了“人均 800 到 1000 美元”的说法。然而，形势比人强。一方面，由于 20 世纪 80 年代以来我国经济的快速发展，原定到 2000 年国民生产总值翻两番的任务将提前五年实现；另一方面，原预计到 2000 年人口增长到 12 亿的设想也提前到来了。经济发展的动力和人口控制的压力结合在一起，使中央对“总体小康”战略提出了新的更高的要求。于是，1995 年 9 月中共十四届五中全会修改了此前对“总体小康”战略的任务安排，与时俱进地提出：到“2000 年，在我国人口将比 1980 年增长 3 亿左右的情况下”，我们的战略目标是要“实现人均国民生产总值比 1980 年翻两番”。[①] 显然，较之此前，这一战略的任务被补充和增加了。

2. 这一战略具有速度与效益、重点性与整体性、发展经济与改善生活相统一的特点。

第一，速度与效益相统一。鉴于一方面我国现代化建设的起点很低，另一方面“温饱”战略的提前完成不仅证明我国经济发展的势头很好，而且潜力也很大，所以在“总体小康”战略的实施中中央一直希望能够保持一个较快的速度。如针对治理整顿中经济发展出现的低迷问题，邓小平多次强调：“翻两番能不能实现，是个大问题”，所以“现在特别要注意经济发展速度滑坡的问题，我担心滑坡”。为了解决这一问题，1992 年年初邓小平在武昌、深圳、珠海、上海等地的讲话中指出：现在“能发展就不要阻挡，有条件的地方要尽可能搞快点”。同年 10 月的中共十四大在此基础上，进一步强调指出：“我国经济能不能加快发展”，“不仅是重大的经济问题”，还是“重大的政治问题”，因此“当前，要紧紧抓住有利时机，加快发展，有条件能搞快一些的就快一些”。根据邓小平武昌、深圳、珠海、上海等地的讲话的精神和

---

① 《中共中央关于制定国民经济和社会发展九五计划和 2010 年远景目标的建议》（1995.9.28），《十四大以来重要文献选编》（中），人民出版社 1997 年版，第 1480 页。

中共十四大的要求,1993 年 3 月的中共十四届二中全会通过了《关于调整八五计划若干指标的建议》,对经济增长速度、产业结构、利用外资、进出口贸易、投资规模等指标,都提出了调高的相关建议。在“总体小康”战略实施的 1988—2002 年期间,虽然我国经历和遭遇了治理整顿与东南亚金融危机等的冲击,但正因对速度如此强调和重视,所以这十三年的年均增速仍高达 9.52%。①

然而,“总体小康”战略的高速度是同对效益的追求联系在一起的。如邓小平在武昌、深圳、珠海、上海等地的讲话中强调加快速度的同时也一再指出:“当然,不是鼓励不切实际的高速度,还是要扎扎实实,讲求效益”,“只要是讲效益,讲质量”的高速度,就没啥可担心的。② 中共十四大在强调加快发展的同时也指出:“不要一讲加快发展”,就“走到过去那种忽视效益,片面追求产值”,“一味扩大基建规模的老路上去”,要“走出一条既有较高速度又有较好效益的国民经济发展路子”。③ 为了卓有成效地加强这一工作,江泽民在 1995 年 9 月的中共十四届五中全会上指出:“我国现代化建设必须遵循速度和效益相统一的原则”,“正确处理好两者之间的关系”。为此,中央将“实现经济增长方式从粗放型向集约型的转变”,作为今后工作中两个具有全局意义的根本性转变之一,并进一步强调这“是我们今后经济工作中需要认真解决的一个关键问题”。④ 此后,中央又一再强调要处理好速度与效益的关系。从以上叙述中不难看出,“总体小康”战略具有速度和效益相统一的特点。

第二,重点性与整体性相统一。“总体小康”战略是一个非均衡的发展战略,这主要体现在它的重点性上。如邓小平早在 1979 年 10 月酝酿和构思这一战略时,就指出:“经济工作是当前最大的政治”,“经济问题是压倒一切的政治问题”,而且“恐怕今后长期的工作重点都要放在经济工作上面”。1980 年 1 月,他又指出:“加紧经济建设,就是加紧四个现代化建设”,同理,“四个现代化,集中起来讲就是经济建设”,也即“归根到底,都要求我们的经济建设搞好”。⑤ 当因治理整顿而使“总体小康”战略推进的步伐减缓时,他又如上所述多次提醒保持较快发展速度的重要性和必要性。在

① 根据《新中国五十年统计资料汇编》第 5 页和《中国统计摘要 2009》第 22 页的相关数据计算而得。

② 参见《邓小平文选》第三卷,人民出版社 1993 年版,第 375 页。

③ 《十四大以来重要文献选编》(上),人民出版社 1996 年版,第 16—17 页。

④ 《十四大以来重要文献选编》(中),人民出版社 1997 年版,第 1462—1463 页。

⑤ 《邓小平文选》第二卷,人民出版社 1994 年版,第 240 页。

1992 年年初的南方谈话中，他更明确地指出：改革开放以来的“基本路线要管一百年，动摇不得”，其“关键是坚持‘一个中心、两个基本点’”，这一路线方针政策“谁想变也变不了”。① 1995 年 9 月，江泽民发表了被称为“中共第三代领导集体的标志性著作”的“论十二大关系”。② 在这其中的第一大关系即“改革、发展、稳定的关系”中，他也指出：因为“发展是硬道理”，“中国解决所有问题的关键要靠自己的发展”，所以今后“必须抓住机遇，珍惜机遇，用好机遇，加快发展”。③

在强调发展的同时，“总体小康”战略也同样重视其他方面的建设和发展，强调要坚持经济与社会的协调发展，实现重点性和整体性的统一。这种统一主要表现在如下两方面：一方面，“总体小康”战略作为我国现代化的最低层次和最低目标，不应只包括工业、农业、科技、国防等的发展和进步，还应包括民主和法制。此外，在建设物质文明的同时，也要建设高度的社会主义精神文明。这些都是实现“总体小康”战略的题中应有之意。另一方面，在以经济建设为中心的同时，也必须积极推进社会的发展和进步。对于这种重点性和整体性的统一，邓小平曾做过精辟的说明：现代化建设的“任务很多”，“各种任务之间又有相互依存的关系”，因此“各个方面需要综合平衡”。但即便如此，“还是要把经济建设当做中心”，“过去二十多年，我们在这方面的教训太沉痛了”。因此，“其他一切任务都要服从这个中心”，“围绕这个中心”，“决不能干扰它，冲击它”。④

第三，发展经济与改善生活相统一。“总体小康”战略延续了“温饱”战略将发展经济与改善生活相统一的强国富民的特点，较好地体现了社会主义经济发展的内在规律和本质要求。如在酝酿和构思新时期现代化战略目标时，邓小平就提出了一条贯穿于“温饱”战略和“总体小康”战略始终的、影响深远的思路和政策——允许和鼓励一部分人、一部分地区先富起来，从而逐步达到共同富裕。他特别强调指出：“这是一个大政策”，“一个能够影响和带动整个国民经济的政策”。⑤ 此后，他又多次强调和重申了这一政策。为了有效推动“总体小康”战略的实施，1992 年年初他在南方谈话中再次指出：“走社会主义道路，就是要逐步实现共同富裕”，这一构想的实现路径是“一部分地区有条件先发展起来，一部分地区发展慢点”，但通过“先发

① 《邓小平文选》第三卷，人民出版社 1993 年版，第 370—371 页。

② 翁杰明等主编：《与总书记谈心》（序言），中国社会科学出版社 1996 年版，第 1 页。

③ 《十四大以来重要文献选编》（中），人民出版社 1997 年版，第 1461 页。

④ 《邓小平文选》第二卷，人民出版社 1994 年版，第 249—250 页。

⑤ 《邓小平文选》第二卷，人民出版社 1994 年版，第 152 页。

展起来的地区带动后发展的地区”,可以“最终达到共同富裕”。[①] 不难看出,邓小平反复强调先富、共富的思想,说明这是他为实现我国现代化的最低目标——“总体小康”战略而设计的重要路径和方法。事实上,除 20 世纪 80 年代末和 90 年代初进行价格“闯关”和治理整顿的几年外,在“总体小康”战略实施的每一时段中,中央在着力推动经济发展和战略建设的同时,都把改善和提高人民生活水平作为当时经济工作的指导思想与重要内容。

3. 这一分战略的按时完成和“总体小康”目标的实现,既说明了战略规划和安排的科学性、原则性、严肃性,也体现了战略实施和执行的求实性、灵活性、创新性。

在构思和制定新时期我国的经济发展战略时,中央汲取了以往经济建设中的经验教训,牢牢立足于社会主义初级阶段的基本国情,充分考虑到在一穷二白的条件下实现现代化的困难和艰巨。这就使作为我国现代化最低层次和最低目标的“总体小康”战略,具有与生俱来的科学性。如 1979 年 3 月邓小平就指出:“中国式的现代化,必须从中国的特点出发”,这方面“至少有两个重要特点是必须看到的”,即“一个是底子薄”,另一个是“人口多,耕地少”。因此,“要适合中国情况,走出一条中国式的现代化道路”。这年 12 月,他在首次提出小康这一战略目标时,再次指出:“我们要实现的四个现代化,是中国式的四个现代化”,即到 20 世纪末“要达到第三世界中比较富裕一点的国家的水平”,但实际上不仅这一点“也还得付出很大的努力”,而且“就算是达到那样的水平,同西方来比,也还是落后的”。[②] 在“温饱”战略就要提前完成和“总体小康”战略即将启动之际,邓小平依然保持着这种冷静客观的认识,于 1987 年 4 月再次指出:“必须一切从实际出发”,既“不能把目标定得不切实际,也不能把时间定得太短”。[③] 虽然 1995 年 9 月的中共十四届五中全会,在原先要求到 20 世纪末国民生产总值翻两番的基础上,又提出“实现人均国民生产总值比 1980 年翻两番”的任务,但这是基于“总体小康”战略的顺利推进和我国经济发展的良好前景,而对这一战略的规划和安排作出的科学调整。2000 年“总体小康”战略的按时完成,就充分证明了这一点。

作为一定时期内关于国民经济发展的基本思想和为此而实施的总体部

---

① 《邓小平文选》第三卷,人民出版社 1993 年版,第 373—374 页。

② 中共中央文献研究室:《邓小平年谱(1975—1997 年)》(上),中央文献出版社 2004 年版,第 502、582 页。

③ 《邓小平文选》第三卷,人民出版社 1993 年版,第 224 页。

署与方针政策，这一战略的各种规划和安排还不可避免地具有原则性与严肃性。如针对治理整顿中经济发展和战略建设的低迷情况，邓小平于1990年3月指出："现在特别要注意经济发展速度滑坡的问题"，"如果经济发展老是停留在低速度，生活水平就很难提高"。在此基础上，他将能否坚持既定的战略规划与安排和实现既定的战略目标，进一步提高到政治的高度。为此，他严肃地指出："中国能不能顶住霸权主义、强权政治的压力"，"关键就看能不能争得较快的增长速度"，也就是能否顺利"实现我们的发展战略"。显然，"这不只是经济问题，实际上是个政治问题"。对此，他专门强调指出："什么叫适度？适度的要求就是确实保证这十年能够再翻一番"。为了实现这一目标，他针对当时复杂的国际国内局势指出："综观全局，不管怎么变化，我们要真正扎扎实实地抓好这十年建设，不要耽搁"，"这十年时间能够实现第二个翻番，就是我们最了不起的胜利"。鉴于"总体小康"战略的重大意义和其规划与安排的原则性与严肃性，他强调指出："总之，经济能不能避免滑坡，翻两番能不能实现，是个大问题"。他甚至满怀忧虑地说："使我们真正睡不着觉的，恐怕长期是这个问题，至少十年。"①有鉴于此，他后来又多次强调和重申了这一战略的重大意义和其规划与安排的原则性与严肃性，指示要按照20世纪末实现总体小康目标的计划和要求来安排经济工作，并千方百计地推动这一战略快速、健康地实施。实际上，第二步分战略的按时完成和总体小康的实现，既是这一战略规划和安排科学性的体现，也是其原则性与严肃性的自然结果和逻辑归宿。

如前所述，小康目标是对一种生活状态的反映，其衡量标准自然更多地表现为一个指标区间，具有一定的伸缩范围和弹性空间。如衡量人们生活水平的基本尺度，目前主要有恩格尔系数和人均国内生产总值两种。明确把"温饱"、"小康"等作为划分生活水平的一个阶段或一个层次，国际上已有的标准就是联合国粮农组织所使用的"恩格尔系数"，也就是用食品支出在消费总支出中所占比重来表示贫困、温饱、小康、富裕。根据恩格尔系数的划分标准，一般来说居民的食物性支出占整个消费支出的比重高于60%时属于贫困，在60%—50%之间属于温饱，在50%—40%之间属于小康，在40%—20%之间属于富裕。但"三步走"总战略中的温饱、小康等概念是根据我国国情提出来的，它们不仅用来衡量人们的生活水平，还广泛用来衡量国家的发展水平。目前国际上最通用的发展水平比较就是世界银行的人均国内生产总值标准。虽然这一指标并不能全面地反映经济发展状况，但作

① 《邓小平文选》第三卷，人民出版社1993年版，第354—356页。

为一个综合性指标还是可以用来作为划分发展类型和进行国际比较的通用标准。根据世界银行按人均国内生产总值划分国家发展水平的标准,参考恩格尔系数标准,我国制定了这样的标准:人均国内生产总值在400美元以下的为贫困,400—800美元的为温饱,800—4000美元的为小康,4000美元以上的为富裕。根据国家统计局和国家发改委的数据,2000年我国城镇居民家庭的恩格尔系数为39.4%,农村居民家庭为49.1%①,人均国内生产总值为949.22美元。② 不难看出,无论从恩格尔系数的标准来看,还是从人均国内生产总值的标准来看,我国人民的生活水平均已达到小康目标。

但正如江泽民所指出的那样,我国所达到的小康还是"低水平的、不全面的、不平衡的小康"。首先,是低水平的。按照世界银行1999年的分类标准,我国的小康程度在2000年时只相当于世界中等收入国家的下限水平。据研究,到2000年年底我国还有3000万农村贫困人口没有解决温饱问题,其中城镇有2000万人的收入在最低生活保障线以下。此外,还有6000万人口虽然刚刚解决了温饱,但还未达到小康水平的下限。③ 另据国家统计局2000年11月发布的《中国小康进程综合分析》,我国已有74.84%的人口生活达到小康水平,12.82%的人口接近小康水平,12.34%的人口距小康水平仍有较大差距。④ 这就意味着我国实际只有四分之三左右的人口进入这一水平,尚有四分之一左右的人口还未达到。其次,是不全面的。其实不难看出,这一时期我们达到的小康主要是从经济指标这一物质文明的角度衡量的,对精神文明、政治文明、生态文明等方面的关注和考核还远不够。不仅如此,其实即便在经济方面也主要是基本解决了衣食问题,偏重于解决生存需要,而在生活需要方面还有诸如住、行等许多问题远未解决。至于享受、发展等层面的需要,则尚未得到应有的关注。最后,是不平衡的。这主要体现在城乡、地区、不同收入群体之间的差距。总的来说,城市和东部进入小康的比重,比农村和中西部进入小康的比重大;高中低不同收入群体之间的收入极不平衡,并且这种不平衡还有继续扩大的趋势。正因如此,中央对2000年时我国的小康水平进行了深入的分析,并试图对其所达到的层次和阶段进行准确、客观地定位。为了既如实体现我国已完成了"三步走"总战略中第二步分战略的任务和实现了小康目标这一基本事实,又实事求是

① 参见国家统计局:《中国统计摘要:2010》,中国统计出版社2010年版,第108页。

② 中国宏观经济网:http://gov.macrochina.com.cn/tjdata_new/index.shtml。

③ 参见黄杨:《正确认识小康的总体水平》,《实事求是》2003年第3期。

④ 参见国家统计局小康研究课题组:《中国小康进程综合分析》,《经济工作者学习资料》2001年第15期。

地指出这一时期所达到的小康还是“低水平的、不全面的、不平衡的”，中央在对“三步走”总战略中的第三步分战略进行分析预测和规划设计的基础上，对小康这一概念的内涵和层次进行了深入的剖析和挖掘，创造性地提出“总体小康”和“全面小康”这两种代表不同发展程度的小康标准和类型，充分体现了“总体小康”战略实施和执行中的求实性、灵活性与创新性。

4.“总体小康”战略在一定程度上延续了切合经济学中资源禀赋比较优势理论要求的做法，这是其得以顺利推进和完成的深层原因。

如前所述，“温饱”战略得以顺利实施和提前完成的深层原因，是它切合了经济学中资源禀赋比较优势理论的要求，重点发展了符合我国资源禀赋特点的劳动密集型的轻工、纺织、食品等产业。作为承上启下的“总体小康”战略，在一定程度上延续了这一做法，这也是其得以顺利推进和完成的深层原因。如在“总体小康”战略起步之时，中央便于 1988 年年初实施了沿海经济发展战略。这一战略是利用日本和“亚洲四小龙”由于产业结构升级而向外转移劳动密集型产业的机会，充分发挥我国沿海地区劳动力资源丰富和廉价的优势，积极吸收外商直接投资，发展“两头在外”的劳动密型加工工业。由于这一做法符合了我国的资源禀赋的特点，切合了经济学中资源禀赋比较优势理论的要求，顺应了经济发展的一般规律，同时抓住了世界产业结构调整的机遇，所以使基于这一理论而在这一时期形成和实施的沿海经济发展战略，很快就收到了效果，取得了斐然的成绩。

根据资源禀赋比较优势理论，当一个国家遵循比较优势来发展产业时，其产业的竞争力就会比不按比较优势发展时高，资本积累也会较快，因此其资源禀赋结构的提升也会比不按比较优势发展时快。并且随着资源禀赋结构的升级，比较优势也会逐渐升级，产业结构自然亦会随之升级，即由劳动密集型产业为主，逐渐向资本密集型、技术密集型甚至信息密集型产业为主过渡，这样整个国民经济的资本、技术、信息等的含量也会由此而相应提高。① 这样一来，静态的比较优势就会转化为动态比较优势。② 经过近二十年纠偏性和补偿式的高速发展，到 20 世纪 90 年代中后期，随着短缺经济基本结束和城乡居民生活向总体小康迈进，我国一些地区的资源禀赋比较优势也逐渐由劳动密集型，向资本密集型甚至技术密集型升级过渡。如一方面从整体来看，到 1996 年年底，我国外汇储备已达 1050 亿美元，仅次于

① 参见林毅夫：《发展战略与经济发展》，北京大学出版社 2004 年版，第 153 页。

② 这方面情况，具体可参见林毅夫、蔡昉、李周：《中国的奇迹：发展战略与经济改革》，上海人民出版社、上海三联书店 1999 年版，第 116 页。

日本,居世界第二位①,此后几年虽遭遇东南亚金融危机的冲击,但外汇储备仍继续年年大幅增长。同时,1997 年国内金融机构人民币存款余额达 82392.8 亿元,贷款余额为 74914.1 亿元②,且存贷款利率还在连续降低。这其中固然有经济处于紧缩阶段的因素,但其实也反映出我国资本需求和资本供给之间的关系正在发生历史性转变。另一方面从发达地区来看,以 1997 年为例,当年以北京、天津、上海、浙江、福建、广东等省市为代表的发达地区的城镇居民家庭人均可支配收入和农村居民家庭人均纯收入,分别为 7813.16、6608.39、8438.89、7358.72、6143.64、8561.71 元,和 3661.68、3243.68、5277.02、3684.22、2785.67、3467.69 元,而同期这两项指标的全国水平仅为 5160.32 和 2090.13 元。③

与上述情况相伴随的是,这一时期我国很多城市和沿海发达地区的农村,对轻工、纺织、食品和其他一般加工工业等劳动密集型产品的需求已接近饱和,不少轻纺、家电企业生产能力过剩,产品积压严重。据 1996 年第三次全国工业普查资料显示,在设计的 900 多种主要工业品中,1995 年生产能力利用率未达 60%的超过全部产品的半数,其中彩色胶卷只有 13.3%,电影胶片为 25.5%,家用洗衣机为 43.4%,彩电为 46.1%,电话单机为 514%,自行车为 54.5%。另据内贸部 1997 年对 613 中主要商品的供应情况排队,供不应求的仅占 1.6%,供求基本平衡的占 66.6%,供过于求的占 31.8%。④ 与此同时,与人们居住与出行关系密切的建材、汽车、电子,和与之相关的装备制造业等资本、技术密集型的高加工度化产业,则因经济结构滞后而发展严重不足。不难理解,这种由经济结构滞后而造成的消费结构性疲软,其实反映了这些地区的工业化和城市化经过改革开放以来的快速推进,已进入到一个新的发展阶段,正面临着升级的历史任务。事实上,当轻工、纺织、食品和其他一般加工工业等经过十多年的快速发展后,到 20 世纪 90 年代中后期,随着短缺经济基本结束和城乡居民生活向总体小康迈进,这些资金和技术门槛较低、进入也相对容易的劳动密集型产业,其扩张空间自然会受到现实需求的制约。而建材、汽车、电子和与之相关的装备制造业等,则由于城市化、工业化、现代化的推进以及由此而来的消费结构转

---

① 参见《1996 年中国外汇储备居世界第二位》,《金融经济》1997 年第 3 期。

② 参见国家统计局:《中国统计摘要:2010》,中国统计出版社 2010 年版,第 81 页。

③ 中华人民共和国国家统计局网站:http://www.stats.gov.cn/ndsj/information/nj98n/index98.htm。

④ 参见武力主编:《中华人民共和国经济史》(下),中国时代经济出版社 2010 年版,第 950 页。

换和交通、基础设施发展等的需要，因而呈现出较大的发展空间。这就是20世纪90年代中后期以来，建材、汽车、电子和与之相关的装备制造业等逐渐成为我国一些地区的支柱产业的原因。① 经济结构的这种高加工度化趋向，实际上也反映出在经历了“温饱”战略与“总体小康”战略近20年的高速建设和发展后，我国一些地区的资源禀赋比较优势，已逐渐由劳动密集型向资本密集型甚至是技术密集型升级过渡。事实上，由于经济发展不平衡、大量人口需要就业等原因，我国经济发展和战略建设在相当长的时期里，都将呈现出劳动密集型与资本密集型和技术密集型、低加工度产业与高加工度化产业共同发展的格局。

正因为“总体小康”战略在一定程度上延续了切合经济学中资源禀赋比较优势理论要求的做法，顺应了经济发展的一般规律，加之社会主义市场经济体制日趋建成，致使这一时期我国的资源配置效率大大优化，“总体小康”战略也由此得以顺利推进并按时完成。

5.“总体小康”战略与经济体制改革，具有息息相关的历史互动性。

如前所述，1978年以来随着新时期现代化目标的酝酿提出和“温饱”战略的逐步实施，经济体制改革也随之启动并渐次展开。这种市场化改革以渐进性、增量式的方式，由农村向城市、由局部至整体、由体制外到体制内不断地延伸扩展，成为“温饱”战略迅速推进并提前完成的直接动力和主要原因。与此相似，“总体小康”战略与经济体制改革也具有息息相关的历史互动性。

一方面，“总体小康”战略的性质和特点，规定着经济体制改革的方向与力度。“总体小康”战略的前述性质和特点，规定着经济体制改革的市场化方向和轻重缓急的力度。如在治理整顿时期，当1978年以来的经济发展和体制改革受到各种质疑，并直接影响到“总体小康”战略的顺利推进时，邓小平就多次指出要继续通过市场化改革来加快经济发展，确保这一战略的按期实现，以维护这一战略所具有的原则性和严肃性。如前所述，邓小平于1990年3月指出：“现在特别要注意经济发展速度滑坡的问题”，因此“要力争在治理整顿中早一点取得适度的发展”。为此，他特别强调：所谓适度，“就是确实保证这十年能够再翻一番”。鉴于“总体小康”战略的重大意义，他强调道：“总之，经济能不能避免滑坡，翻两番能不能实现，是个大问题”，并且这一问题是“使我们真正睡不着觉的”大问

---

① 参见武力、温锐：《1949年以来中国工业化的“轻、重”之辨》，《经济研究》2006年第9期。

题。[①] 为了有力推动经济发展和“总体小康”战略的实施，几个月后他针对阻碍改革的计划和市场问题，专门强调指出：“我们必须从理论上搞懂”，“社会主义也有市场经济，资本主义也有计划控制”，所以“资本主义与社会主义的区分不在于是计划还是市场这样的问题”，如果“不搞市场，连世界上的信息都不知道”，那“是自甘落后”。[②] 此后，他又多次强调和重申了推进这一战略的紧迫性和加快体制改革的必要性。为了真正打开经济局面，切实推进“总体小康”战略，1992 年年初邓小平发表了南方谈话。这次谈话在再次强调要加快发展和推进这一战略的同时，对一系列束缚人们头脑的思想观念进行了重大突破，为经济发展和战略建设的顺利进行扫清了障碍。这就预示着体制改革将再次成为推进“总体小康”战略的引擎和动力。

另一方面，经济体制改革的方向和力度，决定着“总体小康”战略的效果与进程。作为引擎和动力，经济体制改革的方向和力度自然决定着“总体小康”战略实施的效果与进程。如在邓小平南方谈话和中共十四大的带动下，这一时期掀起了以建立社会主义市场经济体制为目标的改革大潮。在这一大潮的推动下，从 1992 年起我国国民经济也出现了持续、快速的发展势头，“总体小康”战略亦由此获得迅速的推进。到 1995 年，我国国民生产总值已达 57494. 9 亿元，提前实现比 1980 年翻两番的目标，人民生活水平也得到持续的改善和提高。到 2000 年，我国国内生产总值达 99214. 6 亿元，人均国内生产总值达 7858 元，城镇居民家庭人均可支配收入为 6280 元，农村居民家庭人均可支配收入为 2253. 4 元。[③] 这表明“我们已经实现了现代化建设的前两步战略目标，经济和社会全面发展，人民生活总体上达到了小康水平”[④]。然而，任何事物都有两面性。当经济体制改革因步伐过大而超出经济社会的承受范围，或因各种原因而停滞不前甚至倒退时，则会对经济发展和战略建设造成负面影响。1988 年价格“闯关”失败造成的经济波动和社会震荡，以及治理整顿时期因经济体制改革徘徊而造成经济发展的缓慢低迷，都严重影响了“总体小康”战略的正常实施，就是这两种情况的真实写照。[⑤] 鉴于下文对此将会

---

① 参见《邓小平文选》第三卷，人民出版社 1993 年版，第 354—356 页。

② 《邓小平文选》第三卷，人民出版社 1993 年版，第 364 页。

③ 参见国家统计局：《中国统计摘要：2010》，中国统计出版社 2010 年版，第 20—21、107 页。

④ 《十五大以来重要文献选编》（中），人民出版社 2001 年版，第 1369 页。

⑤ 参见任志江等：《邓小平“总体小康”思想基本特征探讨》，《重庆理工大学学报》2016 年第 1 期。

详细介绍,在此不再赘述。

第二节　“总体小康”战略起步与“国家调节市场、市场引导企业”模式的形成和发展(1988 年)

这一时期经济工作的指导思想,具体表现在以下方面。

第一,试图把稳定经济的任务放在经济工作的首位。鉴于国民经济中出现了如前所述的“四过一乱”,1987 年 9 月的全国计划会议和经济体制改革工作会议,一方面提出 1988 年我们要采取“收紧财政和信贷,控制需求,稳定物价,保持经济的平衡和稳定发展”的方针;另一方面也提出了该年宏观控制的具体目标。在此基础上,1987 年年底的国务院全体会议提出下年度工作的中心任务是:稳定经济,深化改革,以改革总揽全局。会议强调,保持经济稳定发展是长期的战略方针,因此要在深化改革的同时,继续把加强农业放在首位,进一步控制基本建设规模和消费基金的增长,努力做到财政收支和信贷收支的平衡,防止盲目追求过高速度的倾向,保持物价的基本稳定。显然,这是试图把稳定经济作为 1988 年经济工作中的优先性任务。

第二,自由宽松的环境和多元化的发展,使各种改革理论和主张既呈现出创新与发展的可喜景象,也出现了扭曲与失真的危险趋向。如前所述,自由宽松的环境和多元化的发展,使各种改革理论和主张出现两种发展趋向,即既有能客观或比较客观地反映和说明改革中诸多问题与现象的真实情况,并把相关理论和主张不断地逐渐引向深入的趋势,也有对一些问题和现象进行扭曲理解,以至与真实情况日渐失真的趋向。前者如这一时期提出的国际大循环理论,就是鉴于当时世界产业结构处于升级状态中,发达国家和地区的劳动密集型产业和部分资本密集型产业正向发展中国家转移,而我国沿海地区毗邻日本和“亚洲四小龙”,较之内地拥有较高的劳动力素质、较强的科技开发能力、较为便利的交通和较好的基础设施,可以大力发展外向型经济,逐步走向国际市场,参与国际分工和国际竞争。后者如这一时期出现的通货膨胀无害论则认为通货膨胀不会引起物价上涨,宣称货币发行政策的第一要务是促使生产上升,其次才是稳定物价。在此基础上甚至出现了通货膨胀有益论,即认为采取适度的通货膨胀政策可以实现国民收入的强制性储蓄,为基础工业积累部分资金,为一部分没有其他附加收入的国家干部和知识分子提高工资,以此来重新分配社会各阶层的利益,因此为稳定经济而实行双紧方针是不必要的。显然,这一片面极端的看法和认识与我国当时“四过一乱”的经济实况已有明显背离,改革理论和主张出现了程度不同的扭曲和失真。

第三，虽然对经济形势和体制改革存在不同的认识和主张，但负责中央日常工作的主要领导人不仅继续延续了过于乐观的态度，还逐步把保持一定经济增长速度的作用和意义提高到前所未有的程度。对这一时期的经济形势和体制改革，国内存在不同的认识和主张。一种是坚持1987年下半年以来的认识，主张1988年应以稳定经济为主。如1988年1月国家计委等几个综合部门就强烈地提出：当前经济生活中最突出的问题是物价大幅度上涨，因此稳定物价成为经济工作的当务之急。对此，陈云于同年3月也指出：“做工作不能只想快”，“慢一点，稳当一点，可以少走弯路”，“走弯路的损失比慢一点、稳当一点的损失大”。① 另一种则不仅继续延续了全面改革以来过于乐观的态度，还把保持一定经济增长速度的作用和意义提高到前所未有的程度，并进一步强调了改革与发展的紧迫性。负责中央日常工作的主要领导人就持这种认识。如当1988年1月国家计委等几个综合部门提出上述认识和主张后不久，赵紫阳就批评这些部门：“满脑子物价，只见树木，不见森林”，并提出“消费价提高，我们就给城市居民以补偿，这样做，连锁反应就不会大”。② 同年3月，他在中共十三届二中全会上指出：“经济增长和稳定都是必须的”，“没有一定的增长速度，许多矛盾会更加尖锐”。③ 同年5月，他又强调指出：在中国，只要速度掉下来什么都干不成。④

二、这一时期经济工作的逻辑内涵

首先，改革理论和主张的创新、发展与扭曲、失真，意味着改革与发展既有获得推进的可能，也有遭遇挫折的可能。辩证唯物主义认为，实践是理论的基础，理论是实践的向导，实践决定理论，理论引导实践，正确的理论能对实践的发展起到积极的推动作用，错误的理论则会阻碍实践的发展。这就意味着由于改革理论和主张的创新、发展与扭曲、失真，而使改革与发展既有获得推进的可能，也有遭遇挫折的可能。1988年后来的实际情况就证明，由于理论研究的不足和工作经验的匮乏，上文所述的通货膨胀无害论和有益论，虽然是当年我们经济工作重点转向的理论依据和随后进行价格闯

① 中共中央文献研究室：《陈云传》（下），中央文献出版社2005年版，第1787、1789页。

② 中共中央文献研究室：《陈云传》（下），中央文献出版社2005年版，第1787—1788页。

③ 《人民日报》1988年3月21日。

④ 转引自彭森、陈立等：《中国经济体制改革重大事件》（上），中国人民大学出版社2008年版，第315页。

关的理论肇始，但因其背离了我国当时国民经济的真实境况，使改革理论和主张出现了程度不同的扭曲和失真，最终使我国为经济工作重点转向和价格“闯关”付出了很大的代价。另外值得指出的是，由于这一理论主张和经济决策的失误，使一些原本正确的理论主张在推行中也受到了程度不同的影响。如基于国际大循环理论而提出的沿海经济发展战略，本来符合我国的资源禀赋特点和经济发展的普遍规律，也顺应了世界产业结构调整的潮流，但在前述理论主张和经济工作重点转向的影响下，这一改革与发展的措施被匆忙实施，使这一任务实际成为 1988 年上半年相当多的省市经济工作的中心。这一方面与当时国民经济的当务之急——稳定经济的需求相违背，其直接后果是冲击了 1987 年下半年以来稳定经济的成果，助长和提升了改革与发展的速度，对 1988 年严峻局面的形成起了推波助澜的作用；另一方面，也使这一战略的持续落实和深化，在价格“闯关”失败后的治理整顿中受到了诸多负面影响。

其次，强调和提升保持一定经济增长速度的作用与意义，使改革的步伐和发展的速度有必要重新加快。如前所述，当以过于乐观的态度，把保持一定经济增长速度的作用和意义，提高到关系经济工作整体和国民经济全局的程度时，就意味着中央把这一问题当作了举足轻重的任务，改革的步伐和发展的速度具备重新加快的必要了。

最后，上述理论依据的可能性和政策需求的必要性相结合，不仅成就了改革与发展同时加速的现实性，稳定经济和抑制通货膨胀的初衷最终落空，而且还使改革与发展在取得新的成就的同时，也遭遇到重大挫折。关于这一时期改革与发展的成就和挫折，下文将会述及，在此只分析改革与发展同时加速的现实性。如前所述，当改革理论和主张的创新、发展与扭曲、失真并存时，改革与发展既面临着推进的可能，也面临着遭遇挫折的可能。在此情况下，当把经济增长速度的作用与意义不断提升和拔高，使改革的步伐和发展的速度有必要重新加快时，实际上也就为主张加快发展速度的理论依据与政策需求的融合创造了条件。这种可能性与必要性的结合最终促使经济工作的重点开始转向，改革与发展的速度遂日渐成为经济工作中的首要任务。1988 年 2 月，赵紫阳在中央政治局全体会议上对经济形势做出新的判断：1987 年的经济形势相当好，全面好，积累了许多宝贵的经验。次月，他又在中共十三届二中全会上断言：上年度的建设和改革都取得了重大进展，整体工作比较正常、健康，出现了增长与稳定相统一的情况。基于这种判断，他批评了那些将经济形势看得过于严峻的观点，也不同意国家计委等提出的物价上涨的主要原因是总需求大大超过总供给的看法，而坚持认为这是由蔬菜、副食品等商品供应不足引起的。他认为,上述商品的生产上不去,重要原因在于价格改革上过分谨慎,没有调动农民的积极性,因此解决现阶段物价问题的主要出路应是下决心提高农副产品的收购价,通过让农民有利可图来刺激和促进生产的发展,与此同时也要给城市居民发放食品补贴,把过去购销倒挂暗补的钱变为明补,这样就可以安定人心。基于这种新的认识和判断,赵紫阳提出:宏观指导方针不应只注意稳定物价一头,而必须兼顾物价与增长两个方面,所以以后不应再提“双紧”方针。次月,他又强调指出:“经济增长和稳定都是必需的”,没有适当的增速,“许多矛盾会更加尖锐”。该年 4 月,他又在一份内参上批示:“客观指导方针”,“不能只注重稳定物价一头”,“而必须兼顾物价与发展两个方面”。相比于“稳定经济,深化改革”的方针,这时强调的重点显然已经变为增长和发展,经济工作的重点转向了。1988 年 4 月以后,国民经济中同时暴露出几个方面的尖锐矛盾,进一步证明价格改革难以绕开。中共中央对于坚决进行价格改革的意见逐渐趋于一致,价格改革遂在风浪中启动。

三、这一时期经济体制改革的特点

其一,“三步走”总战略中前两步分战略的提前交接和经济体制改革的逐步深入,推动改革理论和模式在实践中获得新的发展和创新,“有计划的商品经济”模式由此发展到一个新的阶段——“国家调节市场、市场引导企业”的模式应运而生。“三步走”总战略中第一步分战略的基本完成和第二步分战略的提前实施,以及经济体制改革的逐步深入,既证明体制改革对解放生产力和发展生产力所具有的无可替代的作用,也使原有体制中的深层问题随着改革的逐步深入而不断显现和暴露。为了继续完善“有计划的商品经济”模式和保证“总体小康”战略在体制转轨中的顺利起步和发展,这一时期,我国经济工作者和经济理论工作者围绕“有计划的商品经济”模式的运行机制(主要是国家、市场和企业的关系,计划与市场的关系),总结我国的实践经验,借鉴国外理论,研究计划与市场结合的方式,即是在坚持计划经济为主前提下计划与市场“板块”式的结合,还是按现代商品经济的要求实现这两者的有机结合。这关系到国家、市场和企业三者在资源配置与经济运行中的职能如何分工的问题,也关系到在调节国民经济中,市场机制在多大程度和多大范围内发挥作用等。这些问题是建立新的经济运行机制的关键,关系到体制改革的方向。其实质是商品经济采取什么体制的问题,即是采取改良的计划经济体制,还是采取现代市场经济体制。为解决这一问题,中央在 1987 年 10 月的中共十三大上把“有计划的商品经济”模式发展到一个新的阶段——提出了"国家调节市场、市场引导企业"的模式。这一模式一方面补充和完善了"有计划的商品经济"模式,另一方面也构成一个相对成型和独立的体制改革目标模式,发展了"有计划的商品经济"模式。

其二,伴随着相关的理论主张的创新发展和经济工作重点的转向,一些领域的改革与发展在不太长的时间里就取得了较显著的成就。这方面最突出的就是以国际大循环理论为基础的沿海经济发展战略的实施和外贸体制改革的加快。因为实施这一战略的最大难点就是如何使地方和企业能方便地大进大出,真正实行工贸结合和产销结合,所以这一战略的实施使外贸体制的进一步改革迫在眉睫。如前所述,虽因通货膨胀无害论和有益论等理论主张与价格闯关等决策的失误,使这一战略的实施受到一定影响,但因其理论和战略符合了我国劳动力资源丰富、劳动力成本低廉的资源禀赋特点,遵循和顺应了经济发展的一般规律,同时抓住了世界产业结构调整的机遇,所以使基于这一理论而在这一时期形成和实施的这一战略及其相关的体制改革,还是很快就收到了效果,取得了不错的成绩,改革与发展获得了显著的推进。

其三,伴随着相关的理论主张的扭曲失真和经济工作重点的转向,价格改革在风浪中启动和搁浅,改革与发展遭遇重大挫折。如上文所述,理论依据的可能性和政策需求的必要性相结合,最终促使 1988 年经济工作的重点开始转向,改革与发展的速度逐渐成为经济工作中的首要任务。鉴于双轨制价格体系造成的诸多矛盾和问题,要做出兼顾改革、发展和稳定的抉择,困难重重。尤其是当年 4 月以后的实践证明,绕开价格改革,无论是保证国民经济的健康发展,还是继续深化改革,都难以取得实质性进展,改革不合理的价格体系和价格管理体制,已成为不容回避的现实问题。随后不久,中央正式做出了价格"闯关"的决策。然而,这一决策却引发了中华人民共和国成立以来最大的一场抢购风潮,成为价格"闯关"难以逾越的障碍。①

其四,改革与发展的加速和价格"闯关",使"市场轨"与"计划轨"之间发生剧烈摩擦,国民经济面临严峻形势。具体表现为:1. 投资需求和消费需求更加膨胀。1988 年初计划安排固定资产投资比上年减少 300 多亿元,实际增长 856 亿元,超过计划 1000 亿元。同时,社会集团消费压而不缩,1—9 月逐月上升,工资大幅上涨,该年工资总额增长率高达 23.1%,比上年增长

---

① 价格"闯关"方面的具体情况可参见任志江等:《1988 年价格闯关失败的思考与启示》,《中共中央党校学报》2011 年第 3 期。

率高十个百分点,创改革以来的最高水平。① 2. 工业再次超高速增长。全年乡和乡以上企业的工业总产值达15481亿元,增长17.7%,超过上年增长幅度3个百分点,而且质量明显下降。农业仍然增长缓慢,总产值比上年增加3.9%,其中粮、棉、油产量分别下降2.2%、2.4%、13.6%。交通运输的紧张程度有所发展,各种运输方式完成的货运量只比上年增长3.5%。② 3. 财政收支恶化,通货膨胀剧烈。全面财政收入的增长速度大大低于物价的上升,出现了收支贬值的负增长现象。当年财政收入在国民生产总值中的比重进一步下降为22.3%,处于改革以来的最低水平。支出总额继续大于收入,财政赤字近80亿元,如加上内外债务则赤字高达340亿元,比上年增加99亿元。银行信用进一步扩张,前八个月各项贷款增加了927.1亿元,比上年同期多增加556.9亿元。由于人们普遍提取存款大量抢购物资,现金供应增长率更快,一、二、三季度分别为26.3%、35.8%、45.6%,货币流通量急剧增加,形势十分严峻。4. 物价急剧上涨,流通秩序混乱加剧。1988年物价上涨率逐月加快,零售物价指数到8月和9月达23.2%,同时部分重要生产资料价格也暴涨。据不完全统计,1—9月15种生产资料计划内外销总指数比上年同期上升18.5%,比消费资料上涨指数还高。这对于我国这样一个长期以来物价平稳的国家来说,确实是很严重的,抢购风潮已影响到社会的安定。③

四、"国家调节市场、市场引导企业"模式的形成和经济体制改革的加速

其一,"有计划的商品经济"模式的局限性。"有计划的商品经济"模式在具有重大进步意义的同时,作为一定历史阶段的产物,也不可避免地存在着局限性。具体表现为:1. 这一模式存在重大的逻辑缺陷,即把经济形式与经济体制混淆起来。计划经济是一种经济体制,与它对应的是市场经济;商品经济是一种经济形式,与之对应的是自然经济。商品经济是经济体制的基础结构,其本身并不是经济体制。将一种经济形式当作经济体制,在逻辑上是讲不过去的。2. 这一模式与中国经济发展的实际具有矛盾。按照这一模式的理论,体制改革的目标模式既是商品经济,又是计划经济,而计划经济体制已被中国20多年的实践证明不利于生产力的发展,不符合中国的国

① 参见国家统计局:《中国统计年鉴(1991)》,中国统计出版社1991年版,第119页。

② 参见国家统计局:《中国统计年鉴(1991)》,中国统计出版社1991年版,第318、498页。

③ 参见武力:《中华人民共和国经济史》(下),中国经济出版社1999年版,第980—982页。

情。3. 这一模式与商品经济发展的实际情况存在矛盾。商品经济在历史上经历了漫长的时间和多个发展阶段,其中主要是简单商品经济和现代商品经济。无论哪种商品经济都是以市场存在为前提,都要遵循价值规律。现代商品经济的形成与发展过程,也就是市场经济形成与发展的过程,与之相适应的就是市场经济体制,而不是计划经济体制。现代商品经济在本质上是与计划经济体制相排斥的。我国与其他国家的经历都证明,凡是商品经济高度发达的地方,都不存在计划经济体制,凡是实行计划经济体制的地方,都限制和阻碍商品经济的发展。所以,计划经济与商品经济统一的说法,既不合理论逻辑,也有悖于历史事实。

随着经济体制改革实践的发展,上述问题日益成为战略建设和经济发展的束缚和羁绊。1985 年以后改革按照"有计划的商品经济"模式全面展开,市场迅速发育,并在经济运行中发挥日趋广泛的作用。与此同时,市场秩序开始出现混乱,战略推行中长期积累的经济过热、总量失衡、结构失调、通货膨胀等问题日趋尖锐。这说明在体制改革过程中先解决经济形式问题是正确的,但仅限于此是远不够的。因为在解决经济形式后,必须随之确立与新经济形式相适应的资源配置机制体系与调节机制体系。

其二,"国家调节市场、市场引导企业"模式的提出和内容。上述"有计划的商品经济"模式的理论缺陷和体制改革的现实需要,都要求我们进一步发展和完善改革的目标模式。1987 年 10 月的中共十三大在系统阐明社会主义初级阶段理论的同时,还明确提出了生产力标准。这就既为改革目标的市场取向进一步奠定了基础,也为坚持和发展"有计划的商品经济"模式提供了锐利的武器。在此基础上,中共十三大对这一体制模式做了新的概括:"社会主义有计划商品经济的体制","是计划与市场内在统一的体制",这即是说这一体制"善于运用计划调节和市场调节这两种形式和手段",并且"计划和市场的作用范围都是覆盖全社会的"。正因如此,这一体制的"新的经济运行机制,总体上来说应当是'国家调节市场,市场引导企业'的机制"①,即国家运用经济手段、法律手段和必要的行政手段,调节市场供求关系,由此引导企业进行经营决策。

"国家调节市场、市场引导企业"是一种相对成型和独立的模式。这主要表现为:1. 这一模式确定了"有计划的商品经济"模式的运行机制,即计划与市场的有机结合,而不是简单机械的板块式结合。其中"计划和市场的作用范围都是覆盖全社会的",实际上就进一步明确了市场机制在这一

---

① 《十三大以来重要文献选编》(上),人民出版社 1991 年版,第 26—27 页。

体制模式中的地位和作用，有利于市场机制的发育和壮大。2. 明确了国家、市场和企业的地位和作用。国家是社会主义商品经济的宏观调节者，企业是微观运行主体，市场是企业的直接调节者，是国家宏观调控的中介环节。3. 明确了我国体制改革进一步推进的方向，即以转变企业经营机制，搞活国有大中型企业为中心环节；在计划、投资、物资、财政、金融、外贸等领域全面推进配套改革；培育包括商品市场以及生产资料、资金、劳务、技术、信息、房地产等在内的生产要素市场体系；将国家作为所有者的职能和经济调节者的职能区别开来等。显然，这一模式部分解决了“有计划的商品经济”模式的问题，发展和深化了“有计划的商品经济”模式。

同时，这一模式又具有显著的过渡性。这主要表现为：一方面这一模式的理论基础仍然坚持计划经济是社会主义经济的基本制度，属于“有计划的商品经济”理论；另一方面，它没有明确计划和市场如何结合，这两种机制和方式中的哪一个在资源配置中发挥基础性作用。这表明它仍是计划经济理论与市场经济理论的折中。这种过渡性的缺陷，决定了这一模式的不完善性。正是由于这种过渡性和不完善性，导致人们可以有不同的认识和理解。在治理整顿时期的体制改革中，这种情况非常突出，以致在体制改革的目标模式上出现短暂的逆转。

第三节 “总体小康”战略的特殊实施阶段
——治理整顿和“计划经济与市场调节相结合”模式的回归(1989—1991 年)

一、治理整顿从属于“总体小康”战略的原因

治理整顿是在实现“总体小康”战略的过程中发生的，其出发点和落脚点都是为了给这一战略的进一步实施创造更好的条件。如前文所述，当“温饱”战略在中共十三大前后基本实现后，“三步走”总战略即转入第二步分战略——“总体小康”战略。由于 1988 年价格“闯关”的失败，中央被迫对国民经济进行了应急性调整——治理整顿。鉴于 1989 年以后国际国内形势的发展和变化，中央延长了进一步治理整顿的时间。在此过程中，中央一再强调治理整顿的出发点和落脚点都是为了给“总体小康”战略的进一步实施创造更好的条件。如 1988 年 9 月中共十三届三中全会即指出：“为了创造理顺价格的条件”，“为了经济建设持续、稳步、健康地发展”，需要在坚持改革开放的前提下“认真治理经济环境和整顿经济秩序”。江泽民在

1989年9月庆祝新中国成立四十周年的讲话中明确指出:1978年以后“我们党制定了社会主义现代化经济建设大体分三步走的战略目标”,“现在,第一步已经基本实现”,“正在实现第二步”。“为了完成这个任务”,“当前必须坚定不移地继续贯彻治理整顿、深化改革的方针”。① 同年11月在中共十三届五中全会上他进一步指出:“我国经济发展分三步走的战略目标和战略部署”,“经过努力完全可以达到的”,虽然“现在第一步已经实现了”,但“步子走得还不稳,在建设和改革两个方面,都出现了一些急于求成的偏向”,因此“我们要认真总结经验教训”,“真正把国民经济引上持续稳定协调发展的轨道,为在本世纪末实现第二步战略目标,打下良好的基础”。② 这次全会通过的《关于进一步治理整顿和深化改革的决定》也指出:进行治理整顿,是“为到本世纪末实现国民生产总值翻两番的战略目标打下良好的基础”。所以,治理整顿其实是实现“总体小康”战略过程中的一个特殊阶段。

这一时期特别强调保持一定的经济增长速度对于实现“总体小康”战略的重要性,并在实践中使国民经济实现了持续的增长和发展。鉴于调整工作一般都不可避免地会使经济发展速度受到影响,为了免于过大的负面影响,确保这一战略能够在治理整顿中继续有效推进,邓小平在治理整顿的第一阶段就强调指出:“凡是能够积极争取的速度还是要积极争取”,不能因治理整顿而使经济滑坡。在此基础上,他还建议组织班子研究“三步走”总战略中第三步分战略的规划。③ 1989年9月他在退休之前又指出:“到本世纪末翻两番有没有可能? 我希望活到那个时候,看到翻两番实现”,“三步走的关键在第二步,第二步为第三步打基础”。④ 正因如此,当治理整顿工作引起经济发展速度出现较大幅度的下降时,他表达了对“总体小康”战略能否按时实现的强烈担忧。如1990年3月他就明确指出:“现在特别要注意经济发展速度滑坡的问题,我担心滑坡。百分之四、百分之五的速度,一两年没问题,如果长期这样”,“也叫滑坡了”。“这不只是经济问题,实际上是个政治问题”,“所以,我们要力争在治理整顿中早一点取得适度的发展”。他明确强调指出:“最根本的因素,还是经济增长速度”,“什么叫适

① 《十三大以来重要文献选编》(中),人民出版社1991年版,第619页。

② 《十三大以来重要文献选编》(中),人民出版社1991年版,第711—712页。

③ 参见邓小平:《第三代领导集体的当务之急》(1989.6.16),载《邓小平文选》第三卷,人民出版社1993年版,第312页。

④ 邓小平:《改革开放政策稳定,中国大有希望》(1989.9.4),载《邓小平文选》第三卷,人民出版社1993年版,第321页。

度？适度的要求就是确实保证这十年能够再翻一番”，“总之，经济能不能避免滑坡，翻两番能不能实现，是个大问题”。“这十年时间能够实现第二个翻番，就是我们最了不起的胜利”，“使我们真正睡不着觉的，恐怕长期是这个问题”。① 经过多方面努力，中央一方面有效压缩了社会总需求，抑制了通货膨胀，消除了各种混乱现象，使经济形势全面好转；另一方面也使国民经济在治理整顿的条件下保持了持续的增长和发展。1989 年和 1990 年的国内生产总值分别比上年增长了 4.1%和 3.8%，工业总产值分别增长了 5.1%和 3.4%，虽属偏低水平，但依然保持了持续的增长和发展。到 1991 年，国内生产总值和工业总产值分别比上年增长了 9.2%和 14.4%②，基本恢复到正常水平。

体制改革在治理整顿期间虽然局部有退有进，但总体上呈现出前进中的徘徊与徘徊中的前进的统一。在治理整顿初期，为了有效压缩社会总需求、抑制通货膨胀和整顿新旧体制转换中出现的各种混乱现象，中央恢复采用了能够立竿见影的行政指令性计划。不仅如此，伴随着 1989 年政治风波的发生，中央对经济体制改革目标模式的提法也由“国家调控市场、市场引导企业”的模式，向“计划经济与市场调节相结合”模式回归，体制改革出现了局部性的倒退。在进一步的治理整顿中，虽然调整工作的持续进行和指导思想上的大争论，使这一时期的体制改革总体上延续了前一阶段的特点，但随着治理整顿重点的逐步转移和一些务实的中央领导的坚定支持，还是使我国在粮油统销价格改革、股票市场的形成、市场体系的培育和扩大对外开放等方面，取得了一些进展，使改革在徘徊中有所前进。不难看出，虽然这一时期的体制改革出现了有退有进的徘徊，但从总体来说它是 1978 年以来市场化改革进程中的一个特殊而短暂的阶段，其徘徊是前进中的徘徊。有鉴于此，可以从总体上将治理整顿时期的体制改革归结为：前进中的徘徊与徘徊中的前进的统一。

二、这一时期经济工作的指导思想

第一，鉴于严峻的经济社会形势，中央决定把经济工作重点转移到治理整顿上来。1988 年 8 月 30 日，国务院第二十次常务会议的召开和《关于做好当前物价工作和稳定市场的紧急通知》的发布，为价格“闯关”画上了句

① 邓小平：《国际形势和经济问题》(1990.3.3)，载《邓小平文选》第三卷，人民出版社 1993 年版，第 354—355 页。

② 参见国家统计局国民经济综合统计司：《新中国五十年统计资料汇编》，中国统计出版社 1999 年版，第 5 页。

号。次月6日,赵紫阳会见外宾时第一次公开使用"治理整顿"的提法。随后召开的中央工作会议决定,把1989年、1990年改革和建设的重点转移到治理经济环境、整顿经济秩序上来。9月下旬的中共十三届三中全会批准了上述决定,并在此前后迅速采取了相关措施。为了继续搞好治理整顿,1988年年底到1989年年初召开的全国计划会议、全国农村工作会议与七届人大二次会议,要求1989年要继续坚决贯彻这一方针。如1989年3月的七届人大二次会议就指出:"治理经济环境和整顿经济秩序,是今明两年我国建设和改革的重点",因此要"把思想、行动统一到中共中央、国务院的方针政策上来,同心同德,团结群众,一心一意狠抓治理整顿"。① 在此基础上,中央对1989年的计划和经济工作方针按照继续紧缩的精神进行了安排,提出了治理整顿的具体目标,并随后对各项措施进行了全面实施。在进一步的治理整顿中,经济工作的总精神仍是继续控制社会总需求,紧缩财政和信贷。如1989年9月,江泽民在庆祝新中国成立四十周年的大会上指出:"当前必须坚定不移地继续贯彻治理整顿、深化改革的方针,力争用三年或者更多一些时间,从根本上缓解社会总需求超过总供给的矛盾,逐步消除通货膨胀,使国民经济走出困境。"②这是中共中央第一次明确把治理整顿的时间由原定的两年改为三年或更多一些时间。同年11月的中共十三届五中全会审议并通过了《关于进一步治理整顿和深化改革的决定》,在正式做出"用三年或者更长一些时间基本完成治理整顿任务"决定的同时,也明确指出:"坚决控制社会总需求仍然是进一步治理整顿的首要任务",并且"坚持实行从紧的财政信贷政策",也还是"紧缩社会总需求的根本性措施"。③ 按照这一部署,在1990—1991年的治理整顿中,虽然随着形势的发展适当调整了紧缩力度,但整体来看,中央对社会总需求的控制依然抓得很紧,财政信贷也保持了紧缩态势。

第二,在治理整顿中特别强调要把控制物价上涨幅度,作为1989年一切工作的中心。如1988年8月底,国务院第二十次会议就指出:"国务院将采取有力措施,确保明年社会商品零售价格上涨幅度明显低于今年",同时"必须坚决贯彻执行国务院关于今年下半年不出台新的涨价措施的决定"。④ 中共十三届三中全会在阐述了治理整顿的工作方针和主要措施的同时,更加明确地强调指出:务必确保明年的物价上涨幅度明显低于今年,

① 《十三大以来重要文献选编》(上),人民出版社1991年版,第424、432页。
② 《十三大以来重要文献选编》(中),人民出版社1991年版,第619页。
③ 《十三大以来重要文献选编》(中),人民出版社1991年版,第685、687、689页。
④ 《十三大以来重要文献选编》(上),人民出版社1991年版,第253页。

明年一切工作都要服从这一点，这不仅是一个严重的经济问题，而且已成为一个重大的政治问题。同年12月，李鹏在全国计划会议上也强调指出：“我们必须充分认识治理通货膨胀的重要性、紧迫性和艰巨性”，“坚决把改革和建设的重点切实地放到治理经济环境、整顿经济秩序上来，确保明年物价上涨幅度明显低于今年”。① 次年3月的七届人大二次会议再次指出：当前我们面临的问题中“最突出的是出现了明显的通货膨胀，物价上涨幅度过大”，因此要继续“遏制通货膨胀，使1989年物价上涨幅度明显低于1988年”。②

第三，在进一步治理整顿中试图逐步将治理整顿的重点，转移到提高经济效益和调整产业结构上来。1989年11月的《关于进一步治理整顿和深化改革的决定》就强调指出：在进一步治理整顿中，我们一方面要“坚定不移地把经济工作转到以提高经济效益为中心的轨道上来”，“在着力于提高经济效益、经济素质和科技水平的基础上，保持适度的经济增长率”；另一方面，把产业结构调整的任务放到重要地位，强调要“力争主要农产品生产逐步增长，能源、原材料供应紧张和运力不足的矛盾逐步缓解”。③ 当适当调整紧缩力度以启动市场和争取适度发展的治理整顿任务取得明显成效后，中央加大了将治理整顿的重点转移到提高经济效益和调整产业结构上来的力度。如1990年8月，李鹏在全国工业生产工作会议上指出，今后治理整顿的主要任务可以有所变化，要在压缩投资规模的基础上，把重点逐步地、切切实实地转到提高效益、调整结构上来，并认为促进经济发展的根本出路在于调整结构。该月29日《人民日报》发表《牢牢抓住经济建设这个中心》的社论，指出当前经济工作的重点是要提高经济效益，保持总量的平衡和结构的协调。同年9月在七届全国人大常委会第十五次会议第四次全体会议上，国务委员兼国家计委主任邹家华指出，今后要切实把治理整顿的重点真正转到调整结构和提高效益上来。④ 调整结构和提高效益遂逐渐成为治理整顿工作的重点，为此国务院还将1991年定为“质量、品种、效益年”。

第四，这一时期国内的政治风波和国际的苏东剧变，使我国在指导思想上出现姓“社”姓“资”的大争论。这一时期国内的政治风波和国际的苏东

① 《十三大以来重要文献选编》（上），人民出版社1991年版，第344、346页。

② 《十三大以来重要文献选编》（上），人民出版社1991年版，第427—429页。

③ 《十三大以来重要文献选编》（中），人民出版社1991年版，第686、698页。

④ 参见彭森、陈立等：《中国经济体制改革重大事件》（上），中国人民大学出版社2008年版，第352页。

剧变,使我国在国内、国际同时遭遇到严峻挑战,这种局面是1978年以来所仅见的,不少人对改革开放以来的经济发展道路产生怀疑,关于改革姓“社”姓“资”、是对是错的争论不断升级。于是,在经济发展的指导思想上出现了两种截然不同的观点。一种观点认为,我国必须坚持中共十一届三中全会以来的改革路线,维护市场取向的正确方向。如前所述,邓小平在1989年政治风波后一再强调计划和市场是资源配置的手段,不是资本主义与社会主义的区分标准。对此不再赘述。另一种观点则把计划经济看作是社会主义优越性的体现,认为一味削弱乃至全盘否定计划经济和推行市场经济,必然导致经济社会的混乱。中国经济改革的目标,是改革过去经济管理过于集中的状况,适当发挥市场调节的作用,但决不可以把社会主义公有制为基础的经济全部变为市场经济。显然,这后一种认识仍将市场经济与社会主义对立起来。这一时期我国报刊上的经济理论文章,基本上都是一边倒地赞扬计划经济,批判改革中的市场化取向。

三、这一时期经济工作的逻辑内涵

首先,治理整顿的提出,使压缩社会总需求、抑制通货膨胀和整顿新旧体制转换中出现的各种混乱现象等任务,将成为这一时期的主要工作。治理整顿的提出,意味着国民经济由正常发展被迫转入重新调整的轨道,这种经济工作性质的变换和重心的再次转移,使压缩社会总需求、抑制通货膨胀和整顿新旧体制转换中出现的各种混乱现象,将成为这一时期的主要任务。如当赵紫阳第一次公开使用治理整顿的提法时,就强调指出:当时面临的重要问题是清除经济过热现象,压缩基本建设规模,控制经济发展速度。① 中共十三届三中全会在批准治理整顿的方针、政策和措施的同时,也明确指出:“治理经济环境,主要是压缩社会总需求,抑制通货膨胀”,“整顿经济秩序,就是要整顿目前经济生活中特别是流通领域中出现的各种混乱现象”②,继而在此基础上制定了相关的措施。这年年底和次年年初召开的全国计划会议、全国农村工作会议与七届人大二次会议,根据国民经济的需要提出了1989年压缩社会总需求和整顿各种混乱现象的具体目标,并对其各项治理整顿措施进行了全面实施。

其次,对控制物价上涨紧迫性的强调,意味着这一任务具有压倒一切的

① 参见彭森、陈立等:《中国经济体制改革重大事件》(上),中国人民大学出版社2008年版,第321页。

② 《十三大以来重要文献选编》(上),人民出版社1991年版,第286—287页。

急刹车性质。鉴于价格“闯关”所引发的严重通货膨胀和抢购风潮,已极大地影响到国民经济的正常运行和整个社会的稳定和谐,在治理整顿中中央对全面上涨的物价进行了急刹车,并将控制其上涨作为压倒一切的任务。鉴于上文对此已有说明,在此不再赘述。

再次,进一步治理整顿时重点的逐步转移,意味着我国已度过了最吃紧的阶段,经济工作由全面紧张与被动走向相对缓和与主动。经过第一阶段的调整,治理整顿工作取得了初步成效,主要表现为农业生产出现转机、最终需求逐步紧缩、货币投放明显改观、消费市场趋于平衡和工业增速逐步回落等几方面。这意味着我国已从最危险、最混乱、最困难和最吃紧的阶段,过渡到相对缓和、平稳的新的调整阶段。虽然鉴于国民经济中还存在着各种矛盾和问题,困难局面尚未完全度过,中央进行了进一步的治理整顿,但由于国民经济形势已与前一阶段有了很大区别且不断好转,所以中央逐步将治理整顿工作的重点逐渐转移到提高经济效益和调整产业结构上来。显然,伴随着国民经济形势的不断好转,我国经济工作也由全面紧张与被动走向相对缓和与主动。

最后,指导思想上的大争论,意味着我国的经济发展方向面临着新的重大抉择。姓“社”姓“资”的大争论,实际上是对1978年以来我国市场化改革方向是与非、对与错的争论。如1990年7月,在中共中央政治局常委邀集的经济形势和对策的座谈会上,与会的经济学家从一开始就在计划取向和市场取向问题上产生了激烈的争论。在这一时期的大争论中,有不少主张计划取向改革的论著采取了大批判式的语言,动辄就通过扣帽子、打棍子来上纲上线。这种非学术性的争论方式,使得不少赞成市场取向改革的人都噤若寒蝉,如履薄冰,谨言慎行,一时间使得市场化、市场经济、市场取向等词语,都成为理论禁区。其结果不仅扼杀了学术争鸣和理论创新的环境与气氛,形成基本都是赞扬计划经济和批判市场化改革的一边倒的争论局面,而且禁锢和钳制了人们的头脑与思想,甚至导致出现对民营企业和个体经营进行秋后算账的苗头。这种指导思想上的争论和质疑,意味着我国经济发展到了何去何从的十字路口,面临着重大抉择。

四、这一时期经济体制变革上的特点

其一,压缩社会总需求、抑制通货膨胀和整顿新旧体制转换中出现的各种混乱现象,特别是为了在短期内有效控制物价上涨,会不可避免地恢复采用能够立竿见影的行政指令性计划。为了尽快恢复国民经济正常运转和整个社会秩序稳定,尤其是在短期内有效控制物价上涨,就需要积极压缩社会总需求、抑制通货膨胀和整顿各种混乱现象，而实现这一目标最有效措施就是借助和恢复能够立竿见影且曾行之有效的行政指令性计划。这不仅意味着必须放缓或停止正常的改革步伐，还会使已有改革成果发生部分逆转。如中共十三届三中全会提出的治理经济环境方面的措施就有：1. 采取一系列措施稳定金融，严控货币发行；2. 控制消费基金过快增长，特别要坚决压缩社会集团购买力；3. 1989 年全社会固定资产投资规模压缩 500 亿元，相当于 1988 年实际投资规模的 20%，并且只能多压，不能少压。在整顿经济秩序方面：1. 坚决制止一切哄抬物价的行为，坚决刹住物价上涨风；2. 对紧缺的重要生产资料，有的实行专营，有的只许在国家统一的市场上交易等；3. 所有公司，除极少数经国务院批准行使一定管理权的外，必须限期同党政机关脱钩，否则就吊销其营业执照。①

其二，价格"闯关"的失败，使中央对经济体制改革目标模式的提法开始出现回归。1988 年价格"闯关"的失败使不少人对 1978 年以来的市场化改革方向产生疑问，关于改革姓"社"姓"资"、是对是错的争论逐渐开始出现。这些对市场化改革持有异议的观点和主张对这一时期经济政策的走向产生了不小的影响，使中央对经济体制改革目标模式的提法开始出现回归。

其三，在经济工作由全面紧张、被动走向相对缓和、主动，以及务实的中央领导的支持下，这一时期的体制改革在局部有所前进。如前所述，一方面伴随着治理整顿重点的逐步转移，我国逐渐度过了最吃紧的阶段，经济工作也由全面紧张与被动走向相对缓和与主动。虽然我国还处于进一步治理整顿的大环境中，但国民经济环境和条件的逐步改善，在客观上为体制改革的局部推进还是提供了可能性。另一方面，在指导思想上的大争论中，虽然形成赞扬计划经济和批判市场化改革一边倒的局面，但一些务实的中央领导仍然坚定地坚持市场化改革的道路。如前述邓小平在 1990 年 12 月和 1991 年年初，对计划与市场关系的阐述和对市场作用的肯定与强调。显然，这既肯定了市场化改革的社会主义性质，也强调了其不可或缺的必要性。这种可能性和必要性的结合，最终使体制改革在这一时期取得一些局部进展。

五、"计划经济与市场调节相结合"模式的回归

其一，"计划经济与市场调节相结合"体制模式的重现和回归。如上所述，价格"闯关"的失败，使一些人对改革提出不少异议。如陈云认为：在经

① 参见赵德馨主编：《中华人民共和国经济史（1985—1991 年）》，河南人民出版社 1999 年版，第 105—106 页。

济工作方面,赵紫阳在所谓“国家调控市场,市场引导企业”的口号下,中央下放的权力过多,削弱了国家调控经济的能力。[①] 在各种因素的共同影响下,中央在经济体制改革目标模式的表述上也开始出现一些变化。如 1989 年 6 月政治风波后不久,邓小平就提出:“在调整时期,我们可以加强或者多一点计划性,而在另一个时候多一点市场调节”,“我们要继续坚持计划经济与市场调节相结合,这个不能改”,“以后还是计划经济与市场调节相结合”。[②] 显而易见,“计划经济与市场调节相结合”的模式,即是改革开放初期“计划经济为主、市场调节为辅”模式的翻版,原有的改革模式回归了。

在初步治理整顿的基础上,1989 年 11 月中共十三届五中全会指出,进一步治理整顿的主要目标之一是:“进一步深化和完善各项改革措施,逐步建立符合计划经济与市场调节相结合原则的,经济、行政、法律手段综合运用的宏观调控体系”。[③] 不言而喻,这是延续了初步治理整顿时期的提法,体制改革从“国家调控市场、市场引导企业”的目标模式,向改革初始阶段的“计划经济为主、市场调节为辅”的目标模式回归了。江泽民也在这次会议上指出:“我们要在改革开放中,把计划经济和市场调节正确结合起来,切实实现经济的持续稳定协调发展。”[④]1990 年 1 月,李鹏在全国经济体制改革工作会议上则明确指出:“经济体制改革的基本原则或者叫基本模式,是计划经济与市场调节相结合。”[⑤]同年 3 月的七届人大三次会议进一步指出:“经济体制改革的主要目标”,是“逐步建立计划经济与市场调节相结合的管理体制和经济运行机制”,“正确认识和贯彻计划经济与市场调节相结合的原则,是深化和完善改革的关键问题”。[⑥] 这一目标模式在这一时期制定的五年计划和十年规划里也得到了充分体现。如 1990 年 12 月中共十三届七中全会通过的《关于制定国民经济和社会发展十年规划和八五计划的建议》就指出:“建立计划经济与市场调节相结合的经济运行机制,是深化经济体制改革的基本方向”,今后十年要“初步建立适应以公有制为基础的社会主义有计划商品经济发展的、计划经济和市场调节相结合的经济体制和运行机制”。[⑦] 在这以后,这一目标模式又被不断地逐渐强化。如 1991

① 参见中共中央文献研究室:《陈云传》(下),中央文献出版社 2005 年版,第 1806 页。
② 《邓小平文选》第三卷,人民出版社 1993 年版,第 306 页。
③ 《十三大以来重要文献选编》(中),人民出版社 1991 年版,第 686 页。
④ 《十三大以来重要文献选编》(中),人民出版社 1991 年版,第 712 页。
⑤ 《十三大以来重要文献选编》(中),人民出版社 1991 年版,第 832 页。
⑥ 《十三大以来重要文献选编》(中),人民出版社 1991 年版,第 972—973 页。
⑦ 《十三大以来重要文献选编》(中),人民出版社 1991 年版,第 1375、1404—1405 页。

年7月,江泽民在庆祝建党七十周年大会上指出:“有中国特色社会主义的经济”,“必须建立适应社会主义有计划商品经济发展的、计划经济与市场调节相结合的经济体制和运行机制”。① 同年9月他在中央工作会议上又强调指出:“经过多年的实践和摸索,我们逐步认识到,适应发展社会主义有计划商品经济的需要,必须建立计划经济和市场调节相结合的经济体制和运行机制”,“我们在实际工作中,在具体政策的制定和执行中,要坚定不移地按照计划经济和市场调节相结合的原则去办,决不能再动摇”。②

第四节　“总体小康”战略全面推进与社会主义市场经济体制模式的提出和构建(1992—1997年)

一、这一时期经济工作的指导思想

第一,这一时期中央进行了一系列重大理论创新。如针对长期困扰我们的姓“资”姓“社”等问题,这一时期明确了社会主义的本质和判断各方面工作是非得失的“三个有利于”标准。为了回答什么是社会主义和怎样建设社会主义的重大问题,解决长期以来困扰我们的姓“资”姓“社”等问题,邓小平在武昌、深圳、珠海、上海等地的谈话中正式提出:“社会主义的本质”,“是解放生产力”,“发展生产力”,“消灭剥削”,“消除两极分化”,“最终达到共同富裕”。为与之适应,他直言不讳地指出:“改革开放迈不开步子,不敢闯”,其“要害是姓‘资’还是姓‘社’的问题”。为此,他深刻地强调指出:对这一问题“判断的标准”主要有三条,即一是“主要看是否有利于发展社会主义社会的生产力”,二是“是否有利于增强社会主义国家的综合国力”,三是“是否有利于提高人民的生活水平”。③ 当年下半年的中共十四大在重申了这一本质的同时也指出:“判断各方面工作的是非得失”,“归根到底,要以是否有利于发展社会主义社会的生产力”,“是否有利于增强社会主义国家的综合国力”,“是否有利于提高人民的生活水平为标准”。④

第二,要求抓住国际国内的有利机遇,加快经济发展和现代化建设的步伐。如前所述,早在治理整顿时期邓小平就强调保持一定的经济增长速度对实现第二步分战略的重要性。虽然在这一时期使国民经济保持了继续增

① 《十三大以来重要文献选编》(下),人民出版社1991年版,第1638页。
② 《十三大以来重要文献选编》(下),人民出版社1991年版,第1707页。
③ 《邓小平文选》第三卷,人民出版社1993年版,第372—373页。
④ 《十四大以来重要文献选编》(上),人民出版社1996年版,第11页。

长和发展的势头,但过低的增速也使他忧心忡忡。在治理整顿任务基本完成后,他于 1992 年初的武昌、深圳、珠海、上海等地的谈话中就针对这一问题专门再次强调指出:“现在周边一些国家和地区经济发展比我们快”,所以我们现在的“低速度就等于停步,甚至等于后退”,“我就担心丧失机会”。他强调指出:“抓住时机,发展自己,关键是发展经济”,“发展是硬道理”。① 同年 5 月,他在视察首钢时更明确地强调指出:我国经济发展如果老是 6% 的速度,不仅会影响第二步目标的实现,而且会给将来第三步目标的实现造成更大的困难。② 在此基础上,1992 年 10 月的中共十四大进一步指出:正由于我国经济能不能加快发展,不仅是重大经济问题,也是重大政治问题,所以我们必须把发展生产力摆在首要位置,更好地以经济建设为中心。因此“当前,要紧紧抓住有利时机,加快发展”,“走出一条既有较高速度又有较好效益的国民经济发展路子”。③

第三,针对出现的国民经济过热问题,确定了“软着陆”的经济工作方针。面对 1992 年邓小平武昌、深圳、珠海、上海等地的谈话和中共十四大之后出现的失控苗头,如何汲取历史上的经验教训,在保持适度高速增长的同时,治理经济过热,抑制通货膨胀,就成为我们必须首先要解决的重大课题。为此,1993 年 4 月江泽民在《当前经济工作》中指出:我们要认真总结历史经验教训,努力实现速度与效益的同步增长。实际上,这就提出了国民经济“软着陆”的目标和任务。同年 7 月,朱镕基在全国金融工作会议上指出:现阶段的经济过热,是“前进过程中发生的问题”,“通过加快和深化改革就可以解决,没有必要实行全面紧缩,今后也不会采取全面紧缩的政策”。他明确强调指出:“在这次整顿金融秩序中,要贯彻‘软着陆、点刹车’的方针,不能刹车过急。”④显然,这就指出了治理经济过热和实现“软着陆”的途径与办法。虽然他是针对金融整顿来说的,但“软着陆”的思路和方针却是适用整个国民经济的。

第四,针对经济社会发展对生产结构提出的新要求和经济增长方式面临的挑战,强调要调整、优化产业产品结构和实现增长方式的转变。进入 20 世纪 90 年代以来,我国调整和优化生产结构的任务十分繁重。一方面是由于历史的原因,多年来形成的结构不合理的矛盾一直比较突出,农业、交通运输、邮电通信和燃料动力等基础部门,仍然是制约经济快速发展的瓶

① 《邓小平文选》第三卷,人民出版社 1993 年版,第 375—377 页。
② 参见《十三大以来重要文献选编》(下),人民出版社 1993 年版,第 2063 页。
③ 《十四大以来重要文献选编》(上),人民出版社 1996 年版,第 11、16—17 页。
④ 《十四大以来重要文献选编》(上),人民出版社 1996 年版,第 350 页。

颈和短腿;另一方面,则是随着我国社会由温饱型向小康型的过渡,我国进入工业化的快速成长阶段,国际国内市场竞争也日趋激烈,只有加速调整和优化产业与产品结构,才能既满足不断提高的消费层次和消费需求,又适应国际市场的激烈竞争。如1992年中共十四大报告在“九十年代改革和建设的主要任务”中,所提出的十个关系全局的主要任务之一,就是要“调整和优化产业结构,高度重视农业,加快发展基础工业、基础设施和第三产业”。1994年3月通过的《九十年代国家产业政策纲要》也指出:20世纪“90年代国家产业政策要解决的重要课题是:不断强化农业的基础地位,全面发展农村经济;大力加强基础产业,努力缓解基础设施和基础工业严重滞后的局面;加快发展支柱产业,带动国民经济全面振兴;合理调整对外经济贸易结构,增强我国产业的国际竞争能力;加快高新技术产业发展的步伐,支持新兴产业的发展和新产品开发;继续大力发展第三产业”①。在1995年通过的《中共中央关于制定国民经济和社会发展九五计划和2010年远景目标的建议》中,又指出:“统观全局,在经济建设中,要通过市场机制和国家宏观调控的作用,重点加强农业,水利、能源、交通、通信,科技、教育”,“同时,振兴支柱产业,培育高技术产业”。②

此外,随着我国工业化的推进、市场供求关系的变化和对外开放的不断扩大,不仅日益要求提高经济增长质量,而且还迫切需要加强资源和生态环境的保护。然而,虽然我国早在改革开放之初就提出了转变经济增长方式的思想,但盲目追求速度和规模的粗放式、外延型的增长方式依然在延续。江泽民在中共十四届五中全会上就指出:“我们是发展中国家,要实现现代化,缩小与发达国家的差距,关键在于要走出一条既有高速度又有较好效益的国民经济发展路子”,“这一思想,早在改革开放之初就已明确提出,虽然取得了一定进展,但总体效果还不明显”,因此“实现经济增长方式从粗放型向集约型的转变”,“是我们今后经济工作中需要认真解决的一个关键问题”。③ 因此,如何有效改变经济增长方式,提高增长质量,增强我国经济的竞争力,也是“总体小康”战略推进过程中需要面对的重大问题。

二、这一时期经济工作的逻辑内涵

首先,加快经济发展与现代化建设步伐任务的提出和新的思想解放潮

① 《十四大以来重要文献选编》(上),人民出版社1996年版,第753页。
② 《十四大以来重要文献选编》(中),人民出版社1997年版,第1486页。
③ 《十四大以来重要文献选编》(中),人民出版社1997年版,第1462—1463页。

流的掀起，预示着市场化改革将再次成为经济增长与发展的引擎和动力。如前所述，面对国际国内的有利发展机遇和治理整顿以来由于姓“社”姓“资”的大争论，而出现的对计划与市场关系的错误认识和由此造成的国民经济发展迟滞的局面，1992年年初，邓小平在武昌、深圳、珠海、上海等地的谈话中对一系列束缚我们头脑的重大问题进行了新的论述和阐释，掀起了新一轮思想解放潮流，为加快经济发展和现代化建设的步伐扫清了障碍。这就预示着市场化改革将再次成为经济增长与发展的引擎和动力。如邓小平在南方谈话中指出：我们“要从根本上改变束缚生产力发展的经济体制”，努力“促进生产力的发展”。① 江泽民于1992年6月9日也指出：“改革的一个核心问题”，“就是要从根本上改变束缚生产力发展的原有经济体制”。由于原有体制的根本性问题，所以对其“进行根本性的改革势在必行，否则就不可能实现我国的现代化”。② 同年10月的中共十四大则更明确地指出：“在社会主义的发展动力问题上，强调改革也是一场革命，也是解放生产力，是中国现代化的必由之路，僵化停滞是没有出路的”，因此今后“加快我国经济发展，必须进一步解放思想，加快改革开放的步伐，不要被一些姓‘社’姓‘资’的抽象争论束缚自己的思想和手脚。”③

其次，正确处理改革、发展与稳定的关系和实现国民经济“软着陆”的关键，是通过加强和改善宏观调控，来抑制经济过热和控制物价上涨。对造成新一轮经济过热的原因，中央有着清醒的认识。如江泽民于1993年5—9月在辗转上海、西安、大连、广州等地，主持召开地区经济工作座谈会时就指出：当前我国经济发展中出现的一些矛盾和问题，从根本上讲，是经济体制转换过程中发生的问题。因此，要解决这些前进中的矛盾和问题，关键在于加快改革开放的步伐，重视加强宏观调控，适时地进行金融体制、财税体制、计划体制、投资体制的改革，以加快建立社会主义市场经济体制，促进国民经济持续、快速、健康地发展。④ 同年6月，中共中央和国务院更加明确地指出：“当前经济中出现的矛盾和问题，从根本上讲在于原有体制的弊端没有消除，社会主义市场经济体制尚未形成，那种盲目扩张投资、竞相攀比速度、缺乏有效约束机制等问题没有得到根本解决”。因此，“解决当前的问题必须采用新思路、新办法，从加快新旧体制转换中找出路，把改进和加

① 《邓小平文选》第三卷，人民出版社1993年版，第370页。

② 《十三大以来重要文献选编》（下），人民出版社1993年版，第2064—2065页。

③ 《十四大以来重要文献选编》（上），人民出版社1996年版，第11、17页。

④ 彭森、陈立等：《中国经济体制改革重大事件》（下），中国人民大学出版社2008年版，第438—439页。

强宏观调控、解决经济中的突出问题，变成加快改革、建立社会主义市场经济体制的动力”，并“在深化改革中，特别要加快金融体制、投资体制和财税体制的改革”①。而所谓“软着陆”，简单地说就是通过宏观调控让过热的经济平稳、和缓地回到正常状态。“软”形容的是恢复到正常状态的方式，以区别于大起大落的震荡式恢复。因此，正确处理改革、发展与稳定的关系和实现国民经济“软着陆”的关键，就应是通过加强和改善宏观调控，来抑制经济过热和控制物价上涨。因而，在治理经济过热和通货膨胀的整个过程中，中央一直着眼于加快改革步伐，加强和改善宏观调控。

最后，实现产业产品结构的优化升级和增长方式的转变，有赖于经济体制的根本性转变。一方面，产业产品结构的优化升级有赖于经济体制的根本性转变。以加强农业为例，1993 年 11 月颁布的《中共中央、国务院关于当前农业和农村经济发展的若干政策措施》中，就指出：“解决当前农业和农村经济发展中的各种矛盾和问题，从根本上讲，就是要稳定和完善党在农村的各项基本政策，深化农村经济体制改革，把农业和农村经济的发展全面转入社会主义市场经济的轨道。”②为有效落实这一问题，中央采取了稳定、完善以家庭联产承包为主的责任制合同相结合的双层经营体制，深化粮食购销体制改革，建立健全农业社会化服务体系，积极发展乡镇企业等诸多方面的改革措施。另一方面，经济增长方式的转变有赖于经济体制的根本性转变。如 1995 年 9 月中共十四届五中全会在《中共中央关于制定国民经济和社会发展九五计划和 2010 年远景目标的建议》中，就指出：“实现经济增长方式从粗放型向集约型转变”，通过改革“形成有利于节约资源、降低消耗、增加效益的企业经营机制”，“有利于自主创新的技术进步机制”，“有利于市场公平竞争和资源优化配置的经济运行机制”。③ 江泽民在这次会议上针对经济效益长期低下和增长方式转变不力的问题，分析指出：导致这种情况的原因“最主要的是经济体制和运行机制的问题”，所以我们要“通过深化改革，加快建立有利于提高经济效益的社会主义市场经济体制及运行机制”。④

三、这一时期经济体制改革的特点

其一，指导思想上的突破和计划与市场关系的澄清，使我国最终确立了

---

① 《十四大以来重要文献选编》（上），人民出版社 1996 年版，第 314 页。

② 《十四大以来重要文献选编》（上），人民出版社 1996 年版，第 480—481 页。

③ 《十四大以来重要文献选编》（中），人民出版社 1997 年版，第 1483 页。

④ 《十四大以来重要文献选编》（中），人民出版社 1997 年版，第 1463 页。

社会主义市场经济体制的改革目标。正如中共十四大所指出的那样:确立什么样的改革目标,“是关系整个社会主义现代化建设全局的一个重大问题”,而“这个问题的核心,是正确认识和处理计划与市场的关系”。前述指导思想上的一系列重大突破和计划与市场关系的澄清,为体制改革最终目标的明确创造了根本性的条件。如 1992 年 6 月 9 日江泽民就指出:“经过学习小平同志的重要谈话,在对计划与市场和建立新经济体制问题的认识上,又有了一些新的提法”,即“一是建立计划与市场相结合的社会主义商品经济体制,二是建立社会主义有计划的市场经济体制,三是建立社会主义的市场经济体制”。经过分析每种提法的特点,他指出“比较倾向于使用‘社会主义市场经济体制’这个提法”①。这个讲话事实上为随后的中共十四大定下了基调。在此基础上,同年 10 月的中共十四大更为明确地指出:邓小平在南方谈话中对计划和市场关系的阐释,“使我们在计划与市场关系问题上的认识有了新的重大突破”,最终使我们明确了“我国经济体制改革的目标是建立社会主义市场经济体制”。②

其二,在新的思想解放与改革模式的推动和指引下,这一时期掀起了市场化改革的新高潮。新的思想解放成为这一时期打开市场化改革闸门的钥匙,如在南方谈话中,邓小平在着重解放各种思想束缚的同时,也强调指出:“改革开放胆子要大一些,敢于试验,不能像小脚女人一样”,“看准了的,就大胆地试,大胆地闯”。中共十四大继而指出:“加快我国经济发展,必须进一步解放思想,加快改革开放的步伐”,“要大胆探索,敢于试验,及时总结经验,促进体制转换的健康进行”。围绕市场经济体制的建立,为加快改革步伐,会议提出了要抓好四个相互联系的重要环节,即转换国有企业特别是大中型企业的经营机制、加快市场体制的培育、深化分配制度和社会保障制度的改革、加快政府职能转变等。③ 在这一思想解放与改革模式的推动和指引下,这一时期掀起了市场化改革的新高潮。

其三,为了卓有成效地推进新一轮体制改革,这一时期中央通过制定建立社会主义市场经济体制的行动纲领,对改革的目标与原则进行了具体化和系统化。经过十多年的改革和发展,到 20 世纪 90 年代初,一方面以公有制为主体、多种经济成分共同发展的格局初步形成,市场在资源配置中的作用不断扩大,对改革进行全局性整体推进的条件已经具备;另一方面,由于

① 《十三大以来重要文献选编》(下),人民出版社 1993 年版,第 2072—2073 页。
② 《十四大以来重要文献选编》(上),人民出版社 1996 年版,第 17—19 页。
③ 参见《十四大以来重要文献选编》(上),人民出版社 1996 年版,第 17—22 页。

改革是渐进的,往往从局部试点开始推开,虽然在许多方面都有明显进展,但一些重要领域的改革仍然滞后,成为整个经济管理体制链条上的薄弱环节,影响着改革的深化和经济的健康发展,迫切要求改革的综合协调和全局性整体推进。① 尤其是市场经济体制目标的确立和改革高潮掀起后出现的"四热、四高、三乱"现象,都在客观上说明我国亟须按照新的改革模式要求来进行总体设计,制定出一个市场化改革的总体规划,以卓有成效地指导和推进各方面改革。如江泽民在1993年11月的中共十四届三中全会上就指出:"十四大确定建立社会主义市场经济体制的目标以来,各方面的同志都希望能够再前进一步,对于社会主义市场经济体制有一个比较完整和系统的说法,以便更好地组织和推进经济体制改革。"在这次全会上通过的《中共中央关于建立社会主义市场经济体制若干问题的决定》,就设计了建立这一新体制的总体蓝图,进一步勾画出这一新体制的基本框架,把中共十四大确定的改革目标和基本原则进行了具体化和系统化,是我国在20世纪90年代进行体制改革的行动纲领。

其四,根据整体推进、重点突破的改革方案和这一阶段经济工作的当务之急,这一时期中央通过体制创新初步建立了宏观调控体系的框架。根据1992年以来国民经济发展面临的新情况和新问题,中央逐步认识到改革必须从过去通过放权让利来激发各方面积极性的思路上,坚决转到以全面建设适应市场经济发展要求的各项制度和机制上来,并逐步做到法制化、规范化。同时,随着改革的深度和难度日渐加大,今后不能再像过去那样自下而上地主要从事单项突破,而必须由政府加强全面规划,自上而下地总体推进,充分注意各方面管理体制的配套改革,并且在继续坚持循序渐进的同时,抓住有利时机进行重点突破。为此,1993年11月的中共十四届三中全会提出了整体推进、重点突破的改革思路,即"既注意改革的循序渐进,又不失时机地在重要环节取得突破,带动改革全局"。这个思路有两个重点:一是在转换国有企业经营机制的基础上,着力进行企业制度创新,积极探索建立现代企业制度的有效途径;二是加快财税、金融、投资、计划体制的改革,在建立适应市场经济要求的宏观调控体系方面迈出步伐。新阶段的改革有了总体规划后,本应继续抓住国有企业这个中心环节来深化改革,但考虑到当时国民经济已因过热而存在一定程度的失控,如相关领域的改革不加快,会拖住国企改革以致整个改革的后腿,因而改革的重心随之转向建立

① 参见王梦奎:《社会主义市场经济体制的第一个总体设计——参加起草十四届三中全会〈决定〉的回忆》,《百年潮》2008年第7期。

宏观调控体系和政府职能的转变。正因如此,从1994年年初开始我国重点进行了财税、金融、外汇、外贸、计划和投资等领域的配套改革,试图通过这些改革构筑抑制经济过热的经济体系。到1997年,适应社会主义市场经济的、以间接调控为主的宏观调控体系框架初步形成。

四、社会主义市场经济体制模式的提出、蓝图的制定和宏观调控体系框架的初步建立

其一,社会主义市场经济体制目标模式的提出。关于我国改革的目标模式,十几年来一直存在争论。然而,十多年改革的实践却不断地证明,无论用计划经济模拟市场机制,还是在计划经济中划出一小块让市场去自发调节,都不能克服原有体制的缺陷。要使企业和个人都能充分发挥各自的积极性,通过资源的合理配置获得尽可能好的效益,就只有把整个国民经济转移到市场经济的轨道上来,让市场成为资源配置的基本调节者,这即是要把计划经济转变为市场经济。

在邓小平武昌、深圳、珠海、上海等地的谈话基础上,中共十四大终于在改革的目标模式上获得了重大突破。关于这一目标模式的内涵,中共十四大指出:所谓社会主义市场经济体制,就是要使市场在宏观调控下对资源配置起基础性作用,使经济活动遵循价值规律的要求;通过价格杠杆和竞争机制的功能,把资源配置到效益较好的环节中去,并给企业以压力和动力;运用市场对各种经济信号反应比较灵敏的优点,促进生产和需求的及时协调。①

社会主义市场经济体制目标模式,是对“有计划的商品经济”模式和“国家调节市场、市场引导企业”模式的进一步发展,是我国在社会主义理论认识上的飞跃,对经济体制改革和“总体小康”战略推进具有重大的意义和作用。中共十四大对社会主义市场经济体制的阐述,标志着社会主义市场经济体制目标模式的正式确立,也标志着社会主义市场经济理论的确立。

其二,社会主义市场经济体制模式的总体蓝图。邓小平在武昌、深圳、珠海、上海等地的谈话和中共十四大以后,各方面改革迅速掀起高潮。然而,由于体制改革是渐进的,往往是从局部试点开始推开,因此虽在许多方面都有明显进展,但一些重要领域的改革滞后,成为经济体制链条上突出的薄弱环节,影响着改革的深化和“总体小康”战略的健康推进。这就要求按照社会主义市场经济体制的要求进行总体设计,强调体制和政策的规范化。

① 参见《十四大以来重要文献选编》(上),人民出版社1996年版,第17—19页。

同时,改革经验的积累、理论探索的深入和对国外情况的广泛了解,也使中央能够根据中国国情进行这样的总体设计。1993 年 11 月中共十四届三中全会通过了《关于建立社会主义市场经济体制若干问题的决定》,把中共十四大确定的改革目标和基本原则进行了具体化和系统化,进一步勾画出社会主义市场经济体制模式的基本框架,设计和提出了建立新体制的总体蓝图与行动纲领。

1. 社会主义市场经济体制模式框架的组成。这一新体制的框架由以下几部分构成:以公有制为主体、多种经济成分共同发展;国企实行"产权清晰、权责明确、政企分开、管理科学"的现代企业制度;实行以按劳分配为主体,效率优先、兼顾公平的收入分配制度和多层次的社会保障制度;建立全国统一开放的市场体系,并且国内市场与国际市场相互衔接;建立以间接手段为主的完善的宏观调控体系。2. 以公有制为主体的现代企业制度是这一新体制的基础。3. 培育和发展市场体系,发挥市场机制在资源配置中的基础性作用。市场体系培育发展的重点是发展金融市场、劳动力市场、房地产市场、技术市场、信息市场。同时继续改革商品流通体系,努力发展商品市场。4. 建立健全间接的宏观调控体系。政府管理经济的职能主要是制定和执行宏观调控政策,搞好基础设施建设,培育市场体系、监督市场运行和维护平等竞争,调节社会分配和组织社会保障,保护自然资源和生态环境。5. 合理的个人收入分配和社会保障制度,是社会主义市场经济体系运转的原动力和稳定剂。个人收入分配要坚持以按劳分配为主体、多种分配方式并存的制度,体现效率优先、兼顾公平的原则。国家在鼓励一部分地区和一部分人通过诚实劳动和合法经营先富起来的同时,坚持通过分配政策和税收调节,避免由于少数人收入畸高形成两极分化。建立多层次的社保体系,对于深化改革、社会稳定和顺利建立新体制,都具有重大意义。要重点完善企业养老和失业保险制度。农民养老以家庭保障为主,与社区扶持相结合。

其三,宏观调控体系框架的初步建立。为了在通货膨胀的情况下,通过建立宏观调控体系以构筑抑制经济过热的机制,我国从 1994 年起对财税、金融、外汇、计划、投资等方面进行了重大改革。到 1997 年,适应社会主义市场经济的、以间接调控为主的宏观调控体系框架初步建立。

1. 适应市场经济的财税体制框架基本形成。财税体制改革是我国摆脱财政困境的根本出路,也是加强宏观调控的关键性契机。我国自 20 世纪 80 年代以来财政困难就不断加剧,财政赤字从 1981 年 25 亿元扩大到 1992 年 237 亿元,如加上债务收入,则赤字占当年经济总量的 3.3%,超过西方工业化国家的一般水平。此外,我国债务负担也较重,到 1992 年内外债余额已达1538亿元。这种状况严重影响了经济社会的健康运行和经济发展战略的推行效果。

导致财政困难的原因,主要是现行财税体制和财政运行机制与市场经济发展要求不相适应。具体来说主要有:首先,财政体制不合理。1980年以来的财税体制改革,一直是以充分调动地方和企业积极性为导向。这些改革虽然发挥过积极的作用,但也产生了一些严重问题。一方面是企业承包制实际是包盈不包亏,使国家财政收入不能随经济增长而水涨船高,制约了财政收入的稳定增长。1992年财政收入占GNP的比重由1979年的26.7%下降为16.6%。另一方面,地方财政包干制实际是包死了中央财政,地方则以各种办法规避超收,使每年增加的财政收入多数归地方所得,既使中央财政收入的比重不断下降,又助长了地方保护主义倾向,恶化了资源配置,干扰了市场的正常发育。其次,在财政运行上,由于体制不合理,各种擅自减税,随意退税、包税的现象普遍,财权分散,各种集资、摊派屡禁不止,大大降低了国家财政的分配协调功能。再次,在税收制度上,不同经济成分和不同经营形势的企业所得税制不统一,内外资企业流转税制不一致,都不利于企业平等竞争。由此可见,加快财税体制改革,已成为当时加强中央宏观调控的迫切要求。

这一时期的财税体制改革是改革开放以来的第二次重大改革,主要是建立以分税制为核心的财政体制和以增值税为主体的税收体制,同时实行税利分流以调整整个财力的分配格局。具体内容有:

(1)实行分税制,规范中央与地方的分配关系。所谓分税制,就是在合理划分中央与地方事权基础上统一按税种划分收入,彻底打破中央与地方一对一谈判、一地一个体制的财政大包干的办法。改革的目标是要提高财政收入占GDP的比重和中央财政收入占全国财政收入的比重。因而,以维护国家权益和实施宏观调控所必需的税种都列为中央税,同经济发展直接相关的主要税种,由地方税改为共享税,将主要来源于第三产业、农业和效益型经济的税收等都列为地方税。同时实行中央财政对地方的返还和转移支付制度,以调节分配结构和地区结构,扶持不发达地区的发展和老工业基地的改造。分税制各项数额的计算以1993年为基期,建立中央税收和地方税收体系,国家税务局和地方税务局分设,各司其职。

(2)改革和完善税收制度,处理好国家与国企的分配关系。今后按照国际惯例,推行以增值税为主体的流转税制度,对少数商品征收消费税,对大部分非商品经营继续征收营业税,促进企业公平竞争。恢复征收国企所得税,改变原来承包制及包税后利润,又包企业所得税的做法,实行税利分流。统一企业所得税，国有、集体、股份制和三资企业统一实行 33%的税率。对少数国企，另设 27%和 18%两档照顾税率作为过渡。

(3)建立政府公共预算与国有资产经营等其他预算分立的复式预算制度。

这一新体制很快就显示出积极的效应。首先，财政收入实现较大幅度增长。由于这次改革既要求逐步增强中央财政的宏观调控能力，又注意兼顾地方的既得利益，因此这几年财政收入(不包括债务收入)连续实现较大幅度的增长，特别是 1996—1997 年其速度快于国民生产总值现值的增长。因此从 1996 年起，财政收入占国民生产总值的比重开始回升。其次，增强了中央宏观调控能力。由于在合理划分事权的基础上按税种划分中央与地方财政收入，建立了较为合理的中央与地方财政收入机制和规范的转移支付制度，理顺了中央与地方的分配关系，因此既促进了中央财政收入的稳定增长，也增强了中央宏观调控能力。如 1994 年当年中央财政收入占全部财政收入的比重，就由 1992 年的 28%上升到 55.7%，1996 年又提高到 58.5%。再次，营造了企业间特别是国有企业、乡镇企业、三资企业间公平竞争的环境，修正了不合理的利益导向，有利于企业加强内部管理和经济结构的调整。最后，中央财政收支缺口不再向银行透支，全部通过发行国债解决。1994—1996 年为弥补中央财政收支差额，每年分别发行了 1000 多亿元国债，由于银行和其他金融机构认购积极性很高，超额完成了任务，在一定程度上理顺了财政与银行的关系。

2. 金融改革迈出重要步伐。金融是经济运行的血脉，在向市场经济过渡的过程中，经济生活的方方面面与金融的关系愈发紧密。1992—1993 年发生的经济过热和通货膨胀，就与我国金融体制改革滞后有很大关系。首先，中央银行不像中央银行。中国人民银行宏观调控的职能被分割，不但四大专业银行也承担部分调控职能，而且其分支机构在执行总行政策指令时，还会受到地方政府很大的影响，难以担负起在市场经济中对全国金融活动进行监管的职责。其次，商业银行不像商业银行。国家专业银行政企不分，一方面使这些银行在利益驱动下由于不断扩张信贷量而缺乏风险约束，另一方面使银行业务极易受地方政府行政干预。此外，政策性业务与商业性业务不分，金融市场发育程度还很低、外汇汇率实行双轨制等。这说明市场经济的发展，已迫切要求加快金融改革。为此，这一时期按中共十四届三中全会的要求，进行了以下改革：

(1)建立独立执行货币政策的强有力的中央银行宏观调控体系。这一时期明确中国人民银行作为中央银行，是国家领导和管理金融业务的职能部门，其主要职能是制定和实施货币政策，保持货币稳定；对金融机构实行严格的监管，保证金融体系安全有效地运行。人民银行总行一般只对全国性商业银行总行融通资金，并不再对金融机构办理业务。人行的分支机构，改为总行的派出机构。

(2)政策性金融与商业性金融分离。首先，政策性业务从国有专业银行分离出来，通过建立三家政策性银行隔断政策性贷款与基础货币的直接联系，确保人民银行调控基础货币的主动权。其次，把国家专业银行办成真正的国有商业银行，按商业银行经营机制运行。

(3)不断引导非银行金融机构稳步发展。划定银行与非银行机构的业务范围，规范非银行金融机构的业务，规定：信托投资公司的业务是办理信托贷款和委托贷款、证券买卖、融资租赁、代理和咨询业务；企业集团财务公司主要通过发行商业票据为企业融通短期资金；证券公司不得从事证券投资以外的投资等。

(4)改革外汇管理体制。首先，取消双重汇率，实行汇率并轨。并轨后的人民币汇率实行以银行间外汇市场供求为基础的、单一的、有管理的浮动制。其次，取消外汇额度管理、留成上缴的办法，实行银行结汇、售汇制。1995 年 12 月我国实现了人民币经常项目可兑换，成为外汇体制改革新的里程碑。

通过改革，中央银行的地位不断加强，调控货币和信贷的能力有较大提高，在这一时期国民经济“软着陆”中发挥了重要作用；政策性银行成立后，有效地集中资金保证国家重点建设和农业与农村经济的发展；四大专业银行开始立足练好内功，向商业银行转轨；人民币在经常项目下可自由兑换，有利于我国与国际社会进行政治经济交往，大大改善了外商投资环境；结汇售汇制使银行有效地集中了全国的外汇，促进了人民币汇率的持续稳定和国际收支平衡。但是，金融改革与国企改革息息相关。在国企改革滞后且负债率高达 70%以上的情况下，专业银行向商业银行的转轨就难以实现。同时，金融法制不健全，金融监管薄弱，金融秩序混乱等问题仍比较严重。因此，如何继续深化金融改革，仍是进一步建立市场经济体制的重大问题。

3. 投融资体制改革获得重大进展。投资规模、投资结构不合理和投资效益低下，是我国经济生活中长期未能解决的一大难题。为了达到标本兼治的目的，20 世纪 90 年代初在治理经济过热的过程中，中央在加强改善对固定资产投资的宏观调控的同时，出台了一系列投融资体制改革措施，逐步建立健全投资风险约束机制。其内容主要有：

(1)明确投资主体的分工和责任。过去国家包揽绝大部分建设项目，现在则根据效益、市场需求和投资活动的性质，将建设项目分为竞争型投资项目、基础性投资项目、公益性投资项目，并重新确定投融资方式。竞争性投资项目由企业自主决策，自担风险，通过市场筹资、建设和经营。国家对其用项目登记备案制来代替现行的行政审批制，并用产业政策予以引导。基础项目大部分通过政策性投融资渠道提供资金，由经济实体组织建设，并广泛吸收地方和企业参与投资。其中国家重大项目，按照统一规划由国家政策性银行通过财政投融资和金融债券等渠道筹资，采取控股、参股和政策性优惠贷款等多种形式进行。社会公益性投资项目主要由政府通过财政统筹安排。这样，政府投资逐步减少投向竞争性项目，可以集中力量进行基础性和公益性项目建设，而企业则逐步成为基本的投资主体。

（2）建立项目法人责任制。1978 年以来我国先后实行过多种投资项目责任制，但都不尽如人意。项目法人责任制，实行先有法人、后定项目的办法，项目法人对项目的策划、筹资、建设直至生产经营、归还贷款本息以及资产保值增值全过程负责，并且明确规定项目管理者、经营者及出资者各自的权利与义务，由项目法人对投资承担风险，基本是投资责任落到了实处。

（3）实行投资项目资本金制度。我国投资项目由全额财政拨款逐步转变为主要依靠贷款进行负债建设以来，由于实际运行中负债比重过大，项目建成后背上了很大的包袱，影响正常生产经营。为此，我国首先在新建项目中实行建设项目资本金制度，规定凡需在资金市场融资的经营性项目，各出资者必须用规定资金来源的资金，按项目总投资的一定比例作为对项目的资本金投入，否则不予批准。这项制度为推行项目法人责任制打下了基础，发挥了很好的作用。

这几年投融资体制改革取得的成效是很明显的，投资主体多元化、投资资金多渠道，有效地汇集了国内外多种资金，有力地支持了现代化建设。同时项目责任制和投资风险制有效地抑制了盲目建设，对固定资产总规模的控制也较有利。

4. 计划体制改革加快，计划管理职能逐步转变。市场经济体制下的国家计划总体上应当是指导性的，因此 1993 年国家计委将直接管理的农业、工业、物资、商业、外贸出口产品计划指标，由 221 个减少到 139 个，减少了三分之一以上，其中指令性计划指标由 143 个减少到 73 个，减少近一半。1993 年指令性计划工业产值占全部工业产值的比重已不足 7%。与此同时，计划部门积极转变职能，改进计划方法。

（1）从偏重于用行政手段直接管理微观经济活动，专项研究发展战略、重大方针政策和制定中长期规划。如 1995 年我国制定了发展社会主义市场经济条件下的第一个中长期规划——《九五计划和2010年远景目标纲要》,着重体现了计划的宏观性和战略性。此外,1994年制定了《九十年代国家产业政策纲要》和《汽车工业产业政策》,1995年发布了《指导外商投资方向暂行规定》和《外商投资产业指导目录》。1997年又颁布了《当前国家重点鼓励发展的产业、产品和技术目录》,加强了计划的政策性指导。

(2)从偏重于关心全民所有制经济活动和工业生产建设的管理,转向引导和调控全社会经济活动,重视生产、分配、流通、消费全过程,面向市场、调节供求。在年度计划的制定中,从价值量的角度主要进行以下几个层次的平衡:一是社会总需求与总供给的平衡;二是全社会资金总量和重大结构平衡;三是居民可支配货币收入来源和使用平衡;四是固定资产投资资金来源和使用方向的平衡;五是重要农产品、能源、基本原材料和主要农业生产资料的供需平衡;六是社会劳动力平衡;七是市场物价总水平和重大价格结构的平衡。在年度计划实施中,加强了即期调控。针对经济运行中的突出矛盾和影响全局的问题,与财政、金融密切配合,运用各种经济手段、经济法规和必要的行政手段,改善和加强宏观调控。

第五节 “总体小康”战略如期实现与社会主义市场经济体制模式的初步建立(1998—2002年)

一、这一时期经济工作的指导思想

一方面,为了顺利实现“总体小康”战略和为以后的发展打下更好的基础,针对买方市场形成后我国经济运行出现的新变化,中央在前一阶段的基础上继续强调要通过优化经济结构和发展科学技术等来加快促进经济增长方式的转变。我国经济在1978年前一向以供给不足的短缺为主要特征。随着市场化改革以来资源配置方式的转变和生产力的极大发展,这种局面逐步改观。到20世纪90年代中后期,我国供求总量格局发生了根本性变化,即从供不应求转变为供大于求。到1998年上半年,我国消费品零售市场上已没有供不应求的商品,企业产成品库存总量到该年年中时也已达4万亿元,约相当于GNP的50%。① 这些情况表明,就总体而言,我国的短缺经济状态已基本消失,买方市场初步形成。市场环境的上述变化,使新体制

① 参见武力主编:《中华人民共和国经济史》(下),中国时代经济出版社2010年版,第975页。

中开始形成风险责任约束机制和需求增长的约束机制，国民经济运行由此出现重大改变。在这种背景下，为了顺利实现“总体小康”战略和为以后的发展打下更好的基础，中央在前一阶段的基础上继续强调要通过优化经济结构和发展科学技术等来加快促进经济增长方式的转变。如1997年9月的中共十五大就指出：“从现在起到下世纪的前十年，是我国实现第二步战略目标、向第三步战略目标迈进的关键时期”。因此，为“保持国民经济持续快速健康发展”以实现上述目标，这一时期我们必须积极推进“经济增长方式的根本转变”，也就是要“在优化经济结构、发展科学技术和提高对外开放水平等方面取得重大进展，真正走出一条速度较快、效益较好、整体素质不断提高的经济协调发展的路子”。①

另一方面，面对突如其来的东南亚金融危机，我国采取了扩大内需和保持人民币汇率稳定等政策措施，希望以此制止经济增长的下滑态势。1997年爆发的东南亚金融危机，是20世纪后半叶最严重的全球性金融危机，也是第一次由亚洲国家和地区向世界蔓延的金融危机。我国是东南亚各国的近邻，与这些国家有着密切的经贸联系，因此不可避免地受到这次危机的波及和影响，以致1997年下半年就出现了经济增速减缓的趋势，并且面临人民币贬值的强大压力。正当这一危机不断扩展时，1998年夏我国长江、嫩江和松花江流域又发生了历史罕见的洪涝灾害，加剧了经济工作的难度。在世界经济因这次金融危机出现萎缩和我国经济已步入买方市场的情况下，能否保持国民经济适度快速的增长，就成为我们经济工作中的重大任务。因为只有保持较快的增速，才能为优化经济结构、深化各项改革和缓解就业矛盾等创造条件。为此，中央于1998年2月提出了“坚定信心、心中有数、未雨绸缪、沉着应付、埋头苦干、趋利避害”的指导方针②，果断采取了扩大国内需求和保持人民币汇率稳定等重大政策措施，希望以此制止经济增长的下滑态势。事实上，从1998年开始，扩大内需就成为新一届中央政府贯穿始终的标志性政策。与此同时，面对金融危机发生后，东南亚各国货币尤其是日元的大幅贬值和我国出口与外商投资下降后人民币所承受的巨大贬值压力，我们正确分析和估量了汇率变动对国际国内的影响，认为人民币汇率可以而且应该保持稳定，并针对国际上的疑虑多次郑重宣布人民币不会贬值。人民币汇率的稳定，不仅使自己安然度过了这次危机，也挽狂澜于既倒，为亚洲各国渡过灾难做出了巨大贡献。

---

① 《十五大以来重要文献选编》(上)，人民出版社2000年版，第20页。

② 《江泽民文选》第二卷，人民出版社2006年版，第533页。

二、这一时期经济工作的逻辑内涵

首先,在改革进入攻坚阶段和矛盾后推余地已越来越小的背景下,要想实现经济增长方式的有效转变,客观上需要相关理论的突破创新和作为体制改革中心环节的国企改革的切实推进。如前所述,经济增长方式的转变有赖于经济体制模式的根本性转变。虽然经过多年改革,市场在我国资源配置中的基础性作用已明显增强,为国民经济和社会发展不断注入新的活力,但社会主义市场经济体制改革的中心环节——国有企业改革仍步履维艰,困难重重。国有企业是我国国民经济的支柱,其改革效果既关系着整个经济体制改革的成败,也最终关系着产业产品结构能否优化升级和经济增长方式的有效转变。经过这些年的改革,我国国有企业中长期积累的矛盾和困难并未得到缓解,有些方面由于市场竞争加剧和行业结构、企业组织结构的调整加速,反而进一步加剧。根据西方发达国家的理论和实践,在市场经济条件下,企业不可能在坚持公有制的基础上成为健康的市场主体,国有经济也不应该成为国民经济的主导。国内不少人也对此疑虑重重,一筹莫展。因此,随着整个改革进入攻坚阶段和矛盾后推的余地已越来越小,要想实现经济增长方式的有效转变,客观上需要我们对原有的相关理论进行突破创新来扫清认识上的障碍,并在此基础上通过对国有经济的战略性调整和国有企业的战略性改组,来切实推进国有企业的改革和发展。

其次,扩大内需和保持人民币汇率稳定等政策的实施,不可避免地会加快推进相关领域的改革进程。由于东南亚金融危机和我国经济结构的问题,在刚刚实现了高增长、低通胀的“软着陆”后不久,我国经济就突然陷入了通货紧缩、市场不振和企业投资与居民消费同时大幅下滑的境地。为此,中央采取了扩大内需(后来也直接称“拉动内需”或“拉动消费”)和保持人民币汇率稳定等政策措施,希望借此制止经济增长的下滑态势。然而,这些政策措施的实施,不可避免地加快了相关领域的改革进程。一方面,为扩大内需,从 1998 年起中央动用了一切可以动用的宏观调控手段,这就推动了相关领域的很多改革。如在收入政策方面,从 1999 年开始进行较大幅度的工资制度改革,通过给公务员和事业单位工作人员年年增加工资,并多次调整各类补贴和完善工资晋级制度,既有效刺激了消费支出,又调整规范了工资制度。同时,针对城镇无收入者和其他符合规定的低收入者,制定实施了最低生活保障制度,并使之逐步步入规范化、法制化的轨道。又如在消费政策上,我国以 1999 年为分界线,在全国范围内彻底结束了传统的福利分房制度,使虽然启动了近 20 年但始终未能完成的住房改革,基本得以一步到位地实现了货币化。显然，这一政策在提高人民生活质量、有效拉动内需的同时，也促成了相关改革任务的完成。另一方面，这次金融危机的爆发给我国敲响了警钟，使中央认识到深化金融改革和严格整顿金融秩序，从根本上解决金融领域中存在的问题，是保持人民币汇率稳定和国民经济持续快速健康发展的重要条件。为此，江泽民在 1997 年 11 月的金融工作会议上指出："通观全局，进一步深化金融改革和整顿金融秩序、防范金融风险，是当前和今后一个时期搞好改革、发展、稳定的关键。"①因此，为保持人民币汇率稳定，这一时期中央除通过千方百计扩大出口、稳定利用外资的规模和严厉打击走私等办法外，还针对我国金融体制和金融管理中存在的诸多严峻问题，进行了大规模的改革和整顿，使 20 世纪 90 年代最后几年成为迄今为止我国在金融改革和整顿方面，迈出步伐最大的两年。

三、这一时期经济体制改革的特点

第一，这一阶段我国对所有制理论和分配理论进行了重大突破，社会主义市场经济理论也由此获得了重大发展。所有制和分配制度是经济体制模式中至关重要的组成部分。为了进一步推动我国经济体制改革，尤其是国有企业改革，这一阶段中央对原有的相关理论进行了创新和发展，所有制理论和分配理论由此获得重大突破。在所有制方面，改革开放前由于受苏联模式的影响，我国片面地认为社会主义制度下的所有制就是单一的全社会所有制，或至多是全民和集体两种公有制形式。1978 年以来，中央逐步纠正了这一认识。到中共十四大时，中央提出要"以公有制包括全民所有制和集体所有制为主体，个体经济、私营经济、外资经济为补充，多种经济成分长期共同发展，不同经济成分还可以自愿实行多种形式的联合经营"。这就突破了把单一公有制看作是社会主义经济制度的传统模式，改变了过去公有制与非公有制互不相容的观点。然而，即便如此，从总体上看，一直到中共十五大前，我国在对公有制的内涵、实现形式以及非公有制的定位等方面的认识上都还有很大的局限性，并且只把"以公有制为主体、多种经济成分共同发展"当作是一个"重大方针"，而不是基本经济制度。这些都限制了相关领域改革推进的幅度和效果。分配制度方面也与此大体相似，在此不再赘述。

为了有力推进相关领域的改革，加快经济增长方式的转变和生产力的发展，根据实践的发展和对社会主义初级阶段的认识，这一时期中央对所有

① 《江泽民文选》第二卷，人民出版社 2006 年版，第 71 页。

制理论和分配理论进行了重大突破。在所有制方面,中共十五大明确提出:“公有制为主体,多种所有制经济共同发展,是我国社会主义初级阶段的一项基本制度”。这一制度包含有:1. 突破了公有制经济只包括国有经济和集体经济的传统观念,强调还应包括混合所有制经济中的国有和集体成分。2. 突破了公有制的主体地位必须体现于国有经济在各部门、各地区都具有数量优势的认识,提出公有制的主体地位主要体现在:公有资产在社会总资产中占优势;国有经济控制国民经济命脉,对经济发展起主导作用。同时强调,国有经济起主导作用,主要体现在控制力上。不言而喻,这就为国有经济缩短战线并从战略上调整布局,为其他经济成分腾出发展空间,提供了理论依据。3. 提出公有制的实现形式可以而且应当多样化。中共十五大指出:一切反映社会化生产规律的经营方式和组织形式都可以大胆利用,要努力寻找能够极大促进生产力发展的公有制实现形式。会议认为,不能笼统地说股份制是公有还是私有,关键看控股权掌握在谁手中;多种多样的股份合作制,要给予支持和引导;劳动者的劳动联合和劳动者的资本联合为主的集体经济,尤其要提倡和鼓励。4. 改变集体经济是公有制的低级形式的观点,认为集体经济是公有制经济的重要组成部分。中共十五大认为,支持、鼓励和帮助城乡多种形式集体经济的发展,对发挥公有制的主体作用意义重大。1998 年 10 月的中共十五届三中全会在此基础上继而又指出:在农村集体经济中,家庭承包这种经营方式具有广泛的适应性和旺盛的生命力,必须长期坚持。5. 突破了非公有制经济是公有制经济“补充”的理论,认为非公有制是我国社会主义市场经济的重要组成部分,要继续鼓励引导,使之健康发展。为了与所有制理论相适应,这一时期我们对按劳分配为主体、多种分配方式并存的分配制度也进行了突破和创新。如中共十五大就指出:要把按劳分配和按生产要素分配结合起来,允许和鼓励资本与技术等生产要素参与收益分配。①

1999 年 3 月的全国人大,将公有制为主体、多种所有制共同发展的基本经济制度和按劳分配为主体、多种分配方式并存的分配制度,正式列入宪法总纲。这意味着所有制理论和分配理论的这些重大突破,不仅对这一时期,而且将会对今后长期的经济发展产生重大作用和影响,社会主义市场经济理论获得了重大发展。

第二,国有企业改革的理论与实践有了进一步的创新和发展。上述所有制理论和分配理论的重大突破,直接促成了国有企业改革理论与实践在

---

① 参见《十五大以来重要文献选编》(上),人民出版社 2000 年版,第 20—24 页。

中共十五大和中共十五届四中全会上的进一步创新和发展。尤其是1999年9月的中共十五届四中全会,在中共十五大的基础上专门讨论研究了国企改革问题,这是中共历史上迄今为止唯一一次就此问题而召开的中央全会。全会通过的《关于国企业改革和发展若干重大问题的决定》,是国企跨世纪改革和发展的纲领性文件,在一些重大理论与实践问题上都有新的突破,具体而言,包括如下层面:

1. 在进一步明确国企改革和发展的重要性与紧迫性的同时,也指出了其艰巨性和长期性。2. 提出国有改革和发展的长远目标。中共十五大和十五届一中全会提出大多数国有大中型企业三年脱困的目标,中共十五届四中全会则进一步提出了到2010年国企改革和发展的目标,提出要增强国企的"三个力",即科技开发能力、市场竞争能力和抗御风险能力,强调要把近期目标和长远目标结合起来。3. 提出国企改革和发展必须坚持的十条指导方针。4. 在党的正式文件中,第一次提出从战略上调整国有经济布局要"坚持有进有退,有所为有所不为"的具体方针。5. 在党的正式文件中第一次明确界定国有经济需要控制的行业和领域,是三类行业和两类企业。6. 在重申"抓大放小"的同时,把放开搞活的范围扩大到中型国企,这是推进战略性改组的一个重大举措。7. 明确把建立现代企业制度作为公有制与市场经济结合的有效途径,从坚持社会主义基本经济制度和发挥市场经济优势方面对现代企业制度给予新的认定。8. 首次提出把建立公司法人治理结构,作为国有大中型企业进行规范的公司制改革的核心。9. 对"双向进入"做了明确规定,即国有独资和国有控股公司的党委负责人可以通过法定程序进入董事会、监事会,而董事会、监事会和经理层中的党员负责人也可依照党章及有关规定进入党委会,从而对解决新老"三会"的矛盾做了突破性探索。10. 明确提出加强企业发展战略研究,把企业发展战略作为加强和改善企业管理的极其重要的方面。11. 就解决国企负担提出新的重大举措。12. 明确提出要形成以企业为中心的技术创新体系。13. 提出要培育一大批优秀的企业家。14. 明确提出要按照企业特点建立对经营管理者培养、选拔、管理、考核、监督的办法,对企业及其领导人不再确定行政级别。①

上述创新和发展无论在我国国企发展史上,还是我国经济发展史上,都是一个重要的里程碑。它不仅对国有经济的发展产生巨大的推动作用,也有力地促进我国经济体制改革的深入,加快"总体小康"战略的实现和现代

① 参见彭森、陈立等:《中国经济体制改革重大事件》(下),中国人民大学出版社2008年版,第619—620页。

化建设的进程。2001 年 1 月，时任国家经贸委主任盛华仁在国务院新闻办举行的新闻发布会上正式宣布：到 2000 年底，我国已基本实现国有企业改革和脱困的三年目标，大多数国有大中型企业已经扭亏为盈，同时大多数国有大中型骨干企业已初步建立起现代企业制度。此后，通过“抓大放小”的改革和国有经济的战略性调整，国有企业新的战略布局和效果更多地显现出来。2002 年中共十六大期间，国家经贸委将国企改革成就概括为六个方面，对此不再赘述。①

第三，为了保证国民经济持续快速健康发展和“总体小康”战略的完成，这一时期我国还在多方面推进了改革的进程。为了保证国民经济持续快速健康发展和“总体小康”战略的完成，除了大幅推进国有企业改革外，针对“总体小康”战略推进中存在的突出问题，这一时期中央还对金融体制、农业体制、宏观调控体制等方面进行了改革。

如针对东南亚金融危机的教训，我国认识到深化金融改革与整顿金融秩序，已成为当前和今后一个时期搞好改革、发展、稳定的关键。因此，1997 年 11 月的全国金融工作会议决定，用三年左右的时间，大体建立与市场经济发展相适应的金融机构体系、金融市场体系、金融调控与监管体系，切实提高金融业经营与管理水平，大体实现全国金融秩序明显好转。为此，此后几年我国在诸多方面推进了这一工作。

1. 中国人民银行的管理体制由原来按行政区划设置分支机构，改为按经济区跨省设置。按行政区划设置分支机构，是传统计划经济体制下的产物，这使银行分支机构与地方政府有着千丝万缕的联系，难于抵御和严肃处理地方政府贷款的压力，阻碍了中央银行正确履行独立执行货币政策、加强金融监管的职能。为此，这一时期把改革央行管理体制列为深化改革、防范金融风险的第一条措施。1998 年 9 月，人民银行地市分行撤销了同一地方重复设置的 167 个县（市）支行，然后于 11 月正式全面启动撤销省级分行，按经济区跨省设置了 9 家分行。分行下设立省会城市中心支行和地市级中心支行，中心支行下再设县（市）支行。这样，改革后人民银行管理体制的格局就成为总行—分行（9 家）②—中心支行（333 家）—县支行（1660 家）的垂直领导关系链，共同行使央行职能。

2. 加快国有独资银行商业化步伐。首先，明确国有独资银行经营范围

① 参见彭森、陈立等：《中国经济体制改革重大事件》（下），中国人民大学出版社 2008 年版，第 719—721 页。

② 即上海、广州、成都、武汉、济南、天津、西安、南京、深圳，另设北京、重庆两个营业管理部。

是面向市场，因此其分支机构不再按行政区划设置，改按经济区划和业务量来确定。同时，强化垂直领导，统一管理、分级经营、统一核算，以克服内部实际存在的多级法人现象，提高资产的流动性和安全性。其次，建立从严治行、严格规范的内部约束机制，严格财务管理，进一步强化贷款责任制。再次，全面清理金融资产，彻底摸清家底，参照国际经验逐步实行五级分类考核办法，以及时准确反映资产真实情况，主动防范贷款风险。

除此之外，这几年中央采取以下措施帮助国有银行在新的经营体制下起步。首先，1998 年 2 月财政部定向发行 2700 亿元特别国债，补充国有独资银行的资本金。其次，1998 年 3 月改革存款准备金制度，将存款准备金和备付金合并，称为准备金存款，用于保证商业银行存款支付和资金清算。同时降低准备金率和准备金利率，以促进货币工具的改善和商业银行资金的流动性。最后，决定在试点的基础上逐步建立金融资产管理公司，专门负责收购和处理国有独资商业银行原有的不良信贷资产。1999 年 4 月我国第一家商业银行不良资产经营公司——中国信达资产经营公司成立，着手接收建设银行的部分不良贷款；同年 10 月中国东方资产管理公司、中国长城资产管理公司、中国华融资产管理公司先后成立，主要业务分别是收购、管理、处置中国银行、中国农业银行和中国工商银行剥离的不良资产。这样国有独资商业银行就可以轻装前进，并对新增贷款实行严格的责任制。

3. 规范和稳定证券市场。我国证券市场是 20 世纪 90 年代迅速发展起来的，这就注定了其在体制、法规、政策等方面的不健全、不规范，而这又加剧了证券市场的风险。因此，规范和稳定证券市场遂成为 1998 年以来金融改革的重头戏，其主要内容是证券法出台实施和机构投资开始小幅起步。证券法在 1992 年就酝酿起草，历经六年，易稿十余次，最终于 1998 年 12 月由全国人大常委会通过实施。这其中比较重要的内容是：首先，证券的发行、交易必须实行公开、公平、公正原则，禁止欺诈、内幕交易和操纵证券交易的行为。其次，坚持证券业和银行信托业、保险业分业经营，分业管理。再次，坚持监管和执法的严肃性。在机构投资方面，1997 年 10 月我国颁布了《证券投资基金管理暂行办法》，到 1999 年 6 月先后发行了八只证券投资基金。这些基金都是封闭式，规模为 20 亿个基金单位，投资对象为股票市场和国债市场。虽然这些基金对市场的影响是有限的，但从改变投资者队伍比例，培育理性、长期的机构投资者，以及促进证券市场稳定发展来说，还是走出了坚实的一步。

4. 加强监管工作，大力整顿金融秩序。为防范和化解金融风险，在加快金融改革的同时，这一时期我国进一步加大了整顿金融秩序的力度。首先，健全监管机构。1998 年 12 月中国保险监督委员会成立，与中央银行、证券监督管理委员会形成三分天下的格局，进一步理顺和完善了金融监管体系，强化了监管职能。其次，加大监管力度，从严处罚违规违法者。中央银行再三强调要坚决制止和严肃查处金融违规违法活动，打击经济犯罪，保障国有资产安全。对违规经营的金融机构和发生金融案件中的负责人，按有关规定进行了严厉的处罚。最后，按市场准则，关闭违规经营、资不抵债的金融机构，进行财产清理。如 1998 年 6 月，海南发展银行成为我国首家关闭的银行，接着又关闭了中创和广东国际信托投资公司。尤其后者，是仅次于中国国际信托投资公司的中国第二大信托投资公司，又是中国在海外最活跃的融资窗口之一。《华尔街日报》曾这样评论这一破产行为：缺乏心理准备的债权人尽可以怨气冲冲，但也应当承认，由此次破产，“中国终于将其金融机构推向了市场秩序”①。

四、社会主义市场经济体制的初步建立和“总体小康”战略的如期完成

各方面改革的大幅展开和持续推进，使社会主义市场经济体制在 2000 年前后最终得以初步建立。其主要标志是：

1. 以公有制为主体、多种所有制经济共同发展的格局基本形成。第一，国有经济进一步发展，对国民经济的控制力进一步增强。到 2000 年底，国有企业改革和脱困的三年目标基本实现，在关系国计民生的关键领域，国有经济占主导地位。按现代企业制度的要求，加快了国企改革步伐，提高了国有经济的质量和效益。第二，非公有制经济蓬勃发展，成为支撑国民经济发展的重要力量。经过多年发展，个体、私营等非公有制经济比重大大提高，并日益成为我国吸纳劳动力就业的主渠道。

2. 市场在资源配置中开始发挥基础性作用。第一，农产品指令性计划全部取消，工业品指令性计划只局限于黄金等五种，可见工农业生产已主要由市场决定。第二，社会商品零售总额、农副产品收购总额、生产资料销售总额中的市场调节价，已分别达到 95.8%、92.5%、87.4%，这说明商品和服务价格已基本由市场形成。第三，股票市场发展迅速，劳动力市场开始完善，土地市场、技术市场的交易量不断增加，说明生产要素市场已初具规模。第四，物流中心、配送中心和电子商务有了一定发展，说明市场环境不断改善。

① 武力主编：《中华人民共和国经济史》（下），中国时代经济出版社 2010 年版，第 989 页。

3. 宏观调控体系初步建立。我国初步实现了从行政计划指令向主要运用经济、法律和必要的行政手段的转变；从直接调控为主向综合运用价格、税收、财政、利率等间接调控手段为主的转变；调控重点也从干预微观经济向调节市场供求总量转变。

4. 社会保障体系建设稳步推进。城镇职工基本医疗保险制度改革全面启动，失业保险制度进一步完善，以社会统筹和个人账户相结合为特征的城镇职工养老保险制度基本建立。初步建立的社会保险体系，为形成市场导向的就业机制、深化企业改革和维护社会安定，发挥了重要作用。①

正因如此，2000 年 10 月中共十五届五中全会指出：经过二十多年的改革开放，我国“社会主义市场经济体制初步建立，市场机制在配置资源中日益明显地发挥基础性作用，经济发展的体制环境发生了重大变化”②。正是在经济体制改革强有力的推动下，“三步走”总战略的第二步分战略按期完成，“总体小康”目标顺利实现。如中共十五届五中全会指出：“我们已经胜利实现了现代化建设的前两步战略目标，经济和社会全面发展，人民生活总体上达到了小康水平”。对此，2002 年 11 月的中共十六大进行了确认：世纪之初，我国不仅“社会主义市场经济体制初步建立”，而且“人民生活总体上达到小康水平”，今后将“进入全面建设小康社会、加快推进社会主义现代化的新的发展阶段”。③ 不言而喻，这一伟大的历史变革不管在马克思主义发展史上，还是在社会主义发展史上，乃至在人类文明史上，都是一个巨大的历史性成就。

① 参见臧志风、王天义主编：《邓小平经济理论与实践》，中共中央党校出版社 2004 年版，第 112—113 页。

② 《十五大以来重要文献选编》（中），人民出版社 2001 年版，第 1369 页。

③ 《十一届三中全会以来党和国家重要文献选编》，中共中央党校出版社 2015 年版，第 316、317 页。

第七章　“三步走”总战略中第三步分战略的第一阶段

——“全面小康”战略与社会主义市场经济体制的不断完善（2003—2020年）

从21世纪开始，我国进入“三步走”战略第三步分战略的第一阶段——“全面小康”战略的实施阶段。这一战略具有不少鲜明的特点，特别是在与时俱进的发展中被赋予了诸多时代内涵和历史使命。为了有效推动这一战略的实施，中共十六大以来在错综复杂的国际国内环境中，中央通过不断完善社会主义市场经济体制努力推进经济社会等各方面建设。特别是2012年中共十八大以来，在习近平新时代中国特色社会主义思想的指导下，中央试图通过全面深化改革来破除一切妨碍科学发展的思想观念与体制机制弊端。在此基础上，2017年的中共十九大在对基本实现现代化和全面建成现代化进行战略安排的同时，也指出：“从现在到2020年，是全面建成小康社会决胜期”，并提出了具体要求和相关部署，从而为这一阶段性目标的实现吹响了最后的“集结号”。

第一节　“全面小康”战略的形成与特征

一、“全面小康”战略的形成与推进

对完成“温饱”和“总体小康”这前两步分战略后，如何有效实现“三步走”总战略的第三步分战略的问题，1995年9月中共十四届五中全会在《中共中央关于制定国民经济和社会发展九五计划和2010年远景目标的建议》中，就对这一分战略头十年的情况做出了初步安排，即要“实现国民生产总值比2000年翻一番，使人民的小康生活更加宽裕，形成比较完善的社会主义市场经济体制”①。在此基础上，1997年9月的中共十五大对这一分战略进行了全面的规划和部署：“第一个十年实现国民生产总值比2000年翻一番，使人民的小康生活更加宽裕，形成比较完善的社会主义市场经济体制；

① 《十四大以来重要文献选编》（中），人民出版社1997年版，第1481页。

再经过十年的努力,到建党一百年时,使国民经济更加发展,各项制度更加完善;到世纪中叶建国一百年时,基本实现现代化,建成富强民主文明的社会主义国家。”①显然,这就把“三步走”总战略的第三步分战略,分解为新世纪的“第一个十年”、“建党一百年”和“建国一百年”三个阶段,形成一个“小三步走”的新格局。

此后,2002 年 11 月的中共十六大不仅对此进行了重申,还着重指出:“我们要在本世纪头二十年,集中力量,全面建设惠及十几亿人口的更高水平的小康社会”,并在此基础上指出全面小康社会在经济、政治、文化、生态等方面的具体目标。② 这就正式明确了“三步走”总战略中第三步分战略的第一阶段——“全面小康”战略。2007 年 10 月的中共十七大,不仅薪火相传地指出:“我们已经朝着十六大确立的全面建设小康社会的目标迈出了坚实步伐,今后要继续努力奋斗,确保到 2020 年实现全面建成小康社会的奋斗目标”,而且还与时俱进地强调:“我们必须适应国内外形势的新变化,顺应各族人民过上更好生活的新期待,把握经济社会发展趋势和规律”,“在十六大确立的全面建设小康社会目标的基础上对我国发展提出新的更高要求”③,并进而从经济、政治、文化、社会、生态等方面进行了新的补充和说明。在此基础上,2012 年 11 月的中共十八大一方面指出:“综观国际国内大势,我国发展仍处于可以大有作为的重要战略机遇期”,因此“我们要准确判断重要战略机遇期内涵和条件的变化,全面把握机遇,沉着应对挑战”,“确保到 2020 年实现全面建成小康社会宏伟目标”;另一方面,也强调说:“根据我国经济社会发展实际”,今后“要在十六大、十七大确立的全面建设小康社会目标的基础上努力实现新的要求”④,并进而明确了经济、政治、文化、社会、生态等方面的新要求。

为建成全面小康,党的十八大以来,中央不失时机地深化重要领域改革,坚决破除一切妨碍科学发展的思想观念与体制机制弊端,并在此基础上逐步形成了全面建成小康社会、全面深化改革、全面依法治国、全面从严治党的“四个全面”战略布局,完整地展现了新一届中央领导集体治国理政的总体框架,从而使当前和今后一个时期,党和国家各项工作的主攻方向、关键环节、重点领域更加清晰,对推动现代化建设提供了有力保障。但“四个

① 《十五大以来重要文献选编》(上),人民出版社 2000 年版,第 4 页。

② 《十一届三中全会以来党和国家重要文献选编》,中共中央党校出版社 2015 年版,第 324—325 页。

③ 《中国共产党第十七次全国代表大会文件汇编》,人民出版社 2007 年版,第 18 页。

④ 《十八大以来重要文献选编》(上),中央文献出版社 2014 年版,第 13 页。

全面”战略布局并不是简单并列或平行的关系，而是一个相互联系、环环相扣的整体。简单说就是，全面建成小康社会是战略目标，而全面深化改革、全面依法治国和全面从严治党则是不可或缺的三大战略举措，为全面建成小康社会提供了动力源泉、法治保障和政治保证。因此，深化改革、依法治国、从严治党今后将相互作用、螺旋递进，贯穿于实现全面小康社会的全过程。为夺取“全面小康”战略的最后胜利，2015 年 10 月的中共十八届五中全会通过了《关于制定国民经济和社会发展第十三个五年规划的建议》，明确指出：“到 2020 年全面建成小康社会，是我们党确定的‘两个一百年’奋斗目标的第一个百年奋斗目标”，既然“‘十三五’时期是全面建成小康社会决胜阶段”，所以“‘十三五’规划必须紧紧围绕实现这个奋斗目标来制定。”①在此基础上，上述《建议》详尽地阐释了“全面小康”战略决胜阶段的形势和指导思想、“十三五”时期的主要目标和基本理念、以及各项具体部署，为这一战略的如期完成进行了科学规划和决战部署。

为了更好地承前启后，2017 年 10 月的中共十九大在强调“从现在到 2020 年，是全面建成小康社会决胜期”的同时，进一步指出：“要按照十六大、十七大、十八大提出的全面建成小康社会各项要求，紧扣我国社会主要矛盾变化，统筹推进经济建设、政治建设、文化建设、社会建设、生态文明建设，坚定实施科教兴国战略、人才强国战略、创新驱动发展战略、乡村振兴战略、区域协调发展战略、可持续发展战略、军民融合发展战略，突出抓重点、补短板、强弱项，特别是要坚决打好防范化解重大风险、精准脱贫、污染防治的攻坚战，使全面建成小康社会得到人民认可、经得起历史检验。”这就不仅指出全面小康的具体目标，还进一步丰富了实现这一目标建设路径，同时还根据我国社会主要矛盾的变化，强调了完成这一战略所要解决的三大突出问题。

二、“全面小康”战略的特征

作为“三步走”总战略中第三步分战略的第一阶段，和总体小康与现代化之间承上启下的过渡性阶段，“全面小康”战略既具有显著的独立性，也体现出鲜明的从属性。

对完成前两步分战略后如何有效实施“三步走”总战略第三步分战略的问题，1995 年 9 月中共十四届五中全会在《中共中央关于制定国民经济

① 《中国共产党第十八届中央委员会第五次全体会议文件汇编》，人民出版社 2015 年版，第 19 页。

和社会发展九五计划和2010年远景目标的建议》中，就对这一分战略头十年的情况做出了初步安排，即要“实现国民生产总值比2000年翻一番，使人民的小康生活更加宽裕，形成比较完善的社会主义市场经济体制”①。在此基础上，1997年9月的中共十五大对这一分战略进行了全面的规划和部署：“第一个十年实现国民生产总值比2000年翻一番，使人民的小康生活更加宽裕，形成比较完善的社会主义市场经济体制”；“再经过十年的努力，到建党一百年时，使国民经济更加发展，各项制度更加完善”；“到世纪中叶建国一百年时，基本实现现代化，建成富强民主文明的社会主义国家”。② 显然，这就把“三步走”总战略的第三步分战略，分解为21世纪的“第一个十年”、“建党一百年”和“建国一百年”三个阶段，客观上形成一个“小三步走”的新格局。此后，中央一再强调2020年的战略任务和“建党一百年”时的奋斗目标。所以，作为21世纪头20年的“全面小康”战略，具有显著的独立性。

在具有显著独立性的同时，这一战略也体现出鲜明的从属性。这包括两方面含义：一方面是21世纪“第一个十年”从属于头二十年的“全面小康”战略。不言而喻，不管对“第一个十年”做多少要求，其实都是为后十年能顺利实现“全面小康”这一战略目标而提出的，因此21世纪的前两个十年，具有明显的统一性和整体性。如2002年11月中共十六大在重申了第三步分战略按“小三步走”的部署后，明确指出：“我们要在本世纪头二十年，集中力量，全面建设惠及十几亿人口的更高水平的小康社会”，为此要全面完成“第一个十年”的各项任务，从而“为后十年的更大发展打好基础”。另一方面，“全面小康”战略从属于“三步走”总战略的第三步分战略。如2000年10月的中共十五届五中全会，在指出“我们已经实现了现代化建设的前两步战略目标”和“人民生活总体上达到了小康水平”的同时，强调指出：今后我国将“开始实施第三步战略部署”，具体来说就是“从新世纪开始，我国将进入全面建设小康社会，加快推进社会主义现代化的新的发展阶段”。③ 显然，这就意味着21世纪头20年的“全面小康”战略，是从属于“三步走”总战略的第三步分战略，其任务和目标也都是为此后实现现代化打基础、做准备的。所以不难看出，作为“总体小康”战略与实现现代化之间承上启下的过渡性阶段，“全面小康”战略无论从其时间范畴看，还是从出

① 参见《十四大以来重要文献选编》（中），人民出版社1997年版，第1481页。
② 《十五大以来重要文献选编》（上），人民出版社2000年版，第4页。
③ 《十五大以来重要文献选编》（中），人民出版社2001年版，第1369页。

发点与落脚点看，都具有从属于实现现代化的“三步走”总战略中第三步分战略的鲜明特征。

这一战略具有与时俱进的鲜明特点。这主要体现在这一战略的统计指标和战略任务上。如前所述，1995年9月中共十四届五中全会第一次提出这一战略的先期任务时指出：“2010年国民经济和社会发展的主要奋斗目标是：实现国民生产总值比2000年翻一番，使人民的小康生活更加宽裕。”①1997年9月，中共十五大对此进行了重申。2000年10月，中共十五届五中全会通过的《中共中央关于制定国民经济和社会发展第十个五年计划的建议》指出：实现“十五”计划的各项目标，可以“为到2010年国内生产总值比2000年翻一番奠定坚实基础”。不言而喻，这就将“全面小康”战略的衡量指标由国民生产总值，替换为国内生产总值。2002年11月，中共十六大在对上述任务确认的基础上，进一步指出：“在优化结构和提高效益的基础上，国内生产总值到2020年力争比2000年翻两番，综合国力和国际竞争力明显增强。”这就正式明确了“全面”小康战略翻两番的任务。此后，2005年10月中共十六届五中全会通过的《中共中央关于制定国民经济和社会发展的第十一个五年规划的建议》，又指出：“十一五”规划的主要目标之一是“在优化结构、提高效益和降低消耗的基础上，实现2010年人均国内生产总值比2000年翻一番”。显然，这是将这一战略的衡量指标由国内生产总值进一步替换升级为人均国内生产总值。虽然这一文件针对的是2010年的任务，但“全面小康”战略的任务显然被增加了。对此温家宝进行了专门说明，指出：虽然“这比中央以前提出的十年国内生产总值翻一番的要求更高了一些”，但“这是综合考虑‘十五’期间经济发展状况和未来五年发展的各方面条件提出的，这个目标是积极稳妥的”。②

此后，2007年10月的中共十七大明确指出：“我们必须适应国内外形势的新变化，顺应各族人民过上更好生活的新期待，把握经济社会发展趋势和规律”，“在十六大确立的全面建设小康社会目标的基础上对我国发展提出新的更高要求”。比方说在经济上，要“实现人均国内生产总值到2020年比2000年翻两番”。③ 这就在此前头10年人均翻番的基础上，进一步明确了全面小康建设的20年间都要实现人均翻番的目标。不仅如此，2012年11月的中共十八大也指出：“根据我国经济社会发展实际，要在十六大、

① 《十四大以来重要文献选编》（中），人民出版社1997年版，第1481页。
② 《十六大以来重要文献选编》（中），中央文献出版社2006年版，第1049页。
③ 《中国共产党第十七次全国代表大会文件汇编》，人民出版社2007年版，第19页。

十七大确立的全面建设小康社会目标的基础上努力实现新的要求。”比方说，在经济上要“实现国内生产总值和城乡居民人均收入比2010年翻一番”。[①] 这就在过去要求人均国内生产总值翻番的基础上，又提出了城乡居民人均收入翻番的任务。2015年10月，中共十八届五中全会在重申上述任务的同时，又进一步指出：到2020年，“农业现代化取得明显进展，人民生活水平和质量普遍提高，我国现行标准下农村贫困人口实现脱贫，贫困县全部摘帽，解决区域性整体贫困”[②]。在此基础上，2017年10月的中共十九大根据我国社会主要矛盾的变化，进一步强调指出：今后“特别是要坚决打好防范化解重大风险、精准脱贫、污染防治的攻坚战，使全面建成小康社会得到人民认可、经得起历史检验”[③]。

这一战略把和谐社会与生态文明两大建设，纳入“全面小康”战略的建设中来，从而使社会主义现代化建设总体布局的认识，由三位一体扩展为五位一体。

21世纪以来，面对风云变幻的国际形势和错综复杂的国内问题，中央立足于社会主义初级阶段的基本国情，顺应历史发展变化和现代化发展的一般规律，开始把和谐社会和生态文明两大建设纳入“全面小康”战略的奋斗目标中来。

2002年10月，中共十六大把“社会更加和谐”，作为全面小康的目标之一提出。首次将“构建社会主义和谐社会”概念完整地提出，是2004年9月中共十六届四中全会通过的《中共中央关于加强党的执政能力建设的决定》，并在这一文件中将“构建社会主义和谐社会”列为全面提高执政能力的五大能力之一。次年10月，中共十六届五中全会再次强调推进社会主义和谐社会建设。2006年10月，中共十六届六中全会通过了《中共中央关于构建社会主义和谐社会若干重大问题的决定》，指出：“构建社会主义和谐社会”，是我们“从中国特色社会主义事业总体布局和全面建设小康社会全局出发提出的重大战略任务，反映了建设富强民主文明和谐的社会主义现代化国家的内在要求，体现了全党全国各族人民的共同愿望。”[④]在此基础上，这一《决定》还明确了到2020年构建和谐社会的指导思想、目标任务和

---

① 胡锦涛：《坚定不移沿着中国特色社会主义道路前进，为全面建成小康社会而奋斗——在中国共产党第十八次全国代表大会上的报告》，人民出版社2012年版，第17页。

② 《中国共产党第十八届中央委员会第五次全体会议文件汇编》，人民出版社2015年版，第6页。

③ 《党的十九大报告辅导读本》，人民出版社2017年版，第27页。

④ 《十六大以来重要文献选编》（下），中央文献出版社2008年版，第648页。

原则等。2007 年 10 月,中共十七大专门论述了“加快推进以改善民生为重点的社会建设”,指出:“我们要紧紧依靠人民,调动一切积极因素,努力形成社会和谐人人有责、和谐社会人人共享的生动局面。”[①]2012 年 11 月的中共十八大进一步指出:“必须从维护最广大人民根本利益的高度,加快健全基本公共服务体系,加强和创新社会管理,推动社会主义和谐社会建设。”[②]2017 年 10 月的中共十九大则与时俱进地提出:“提高保障和改善民生水平,加强和创新社会治理。”[③]事实上,构建和谐社会与全面建设小康社会是有机统一的,前者既是后者的重要内容,也是实现后者的重要条件。不难看出,提出构建和谐社会并把它摆在突出位置,这就使得中央对社会主义现代化建设总体布局的认识,由社会主义市场经济、民主政治和先进文化建设的三位一体,扩展为包括和谐社会建设在内的四位一体。

21 世纪以来,我国不断加强对环境保护的重视力度。2002 年 10 月,中共十六大就强调要实现全面小康,就必须使“可持续发展能力不断增强,生态环境得到改善,资源利用效率显著提高,促进人与自然的和谐,推动整个社会走上生产发展、生活富裕、生态良好的文明发展道路”[④]。2004 年中央经济工作会议提出要大力发展循环经济。2006 年 3 月全国人大十届四次会议批准的《关于国民经济和社会发展第十一个五年规划纲要》,提出了节能减排的指标。2007 年 6 月国务院又印发了《节能减排综合性工作方案》。在此基础上,同年 10 月中共十七大第一次明确提出要建设生态文明,并将其作为“实现全面建设小康社会奋斗目标的新要求”。具体来说,就是要“基本形成节约能源资源和保护生态环境的产业结构、增长方式、消费模式”,使“循环经济形成较大规模,可再生能源比重显著上升”;“主要污染物排放得到有效控制,生态环境质量明显改善”;“生态文明观念在全社会牢固树立”。[⑤] 这样一来,全面建设小康社会就不仅包括经济建设、政治建设、文化建设、社会建设,还包括生态建设,我们对社会主义现代化建设总体布局的认识,也由此进一步扩展为五位一体。生态文明作为对农业文明、工业文明的超越和对信息文明的补充,代表了一种更为高级的人类文明形态。生态文明建设是贯彻和落实科学发展观的题中应有之义,是构建和谐社会

① 《十七大以来重要文献选编》(上),中央文献出版社 2009 年版,第 32 页。

② 胡锦涛:《坚定不移沿着中国特色社会主义道路前进,为全面建成小康社会而奋斗——在中国共产党第十八次全国代表大会上的报告》,人民出版社 2012 年版,第 34 页。

③ 《党的十九大报告辅导读本》,人民出版社 2017 年版,第 44 页。

④ 《十六大以来重要文献选编》(上),中央文献出版社 2005 年版,第 15 页。

⑤ 《十七大以来重要文献选编》(上),中央文献出版社 2009 年版,第 16 页。

的重要目标之一，是对实现中华民族伟大复兴具有根本意义的重要举措。在前述认识的基础上，2017年10月的中共十九大根据社会主要矛盾的变化，进一步指出：要“加快生态文明体制改革，建设美丽中国”①。

“全面小康”战略在继续快速提高人民生活水平的同时，也因民生改善与经济发展的局部脱节而引发了不少社会问题，这使民生问题日益成为这一时期经济工作和战略建设的重点。

在“温饱”战略和“总体小康”战略的基础上，“全面小康”战略继续着力提高人民生活水平，不断改善人民生活。正因如此，21世纪以来我国人民的生活水平继续大幅改善。如从2002年到2007年，然后到2015年，再到2017年，我国国民总收入从119095.7亿元增加到266411亿元，然后到673021亿元，再到825016亿元；全国城镇居民人均可支配收入从7703元增加到13786元，然后到31195元，再到36396元；农村居民人均纯收入从2476元增加到4140元，然后到10772元，再到13432元。②

然而，人民群众物质文化生活以及就业、医疗、养老等社会保障获得总体改善的同时，也出现了民生改善与经济发展的局部脱节。具体来说就是，伴随着市场化改革的推进，传统的民生保障体系如就业、医疗、住房、教育等领域的原有保障被破除，而新的保障体系尚未建成。这种因民生领域破旧与立新脱节而造成的民生改善与经济发展的脱节，给我国带来不少社会问题。特别是“全面小康”战略实施以来，这些问题变得日趋严峻。其一，分配不公问题严重。据财政部的调查，我国10%的富裕家庭占城市居民全部财产的45%，而10%最低收入家庭财产总额占全部居民财产的1.4%。③ 另据国家统计局公布的数据，全国居民收入基尼系数2004年是0.473，2007年是0.484，2008年达0.491，然后开始回落，但到2012年时仍达0.474。其二，民生压力加大，这方面主要是2005年以后食品安全开始进入事故多发期。同时，人口老龄化与养老保障压力增大。其三，民生发展的滞后反过来制约经济和政治发展。如从经济上看，由于分配不公和社保不足导致内需乏力，国内消费市场不大，所以不得不高度依赖国际市场。又如从政治上看，因分配不公致使民众对政府信任的消解，开始构成“社会墙”，并引发社会隔离。正因如此，“全面小康”战略实施以来，我国开始出现上访频发、群体事件燃点下降等现象。

---

① 《党的十九大报告辅导读本》，人民出版社2017年版，第49页。

② 参见2002年、2007年、2015年、2017年中华人民共和国国民经济和社会发展统计公报。

③ 参见方晖：《财政部调查现实中国收入分配已达高度不平等状态》，《国际先驱导报》2009年12月29日。

有鉴于此,民生问题日益成为这一时期我国经济工作和战略建设的重点,中央开始有重点地解决一些基本民生问题,包括推进积极就业政策,解决就业问题;推进养老、医疗等社会保障体系建设;在公共卫生、义务教育等领域推进城乡基本公共服务均等化等。在此基础上,2012 年 11 月的中共十八大特别指出:“加强社会建设,必须以保障和改善民生为重点”,“要多谋民生之利,多解民生之忧,解决好人民最关心最直接最现实的利益问题”。① 2017 年 10 月的中共十九大根据社会主要矛盾的变化,不仅指出:“全党必须牢记,为什么人的问题,是检验一个政党、一个政权性质的试金石”,而且明确要求:“必须始终把人民利益摆在至高无上的地位,让改革发展成果更多更公平惠及全体人民,朝着实现全体人民共同富裕不断迈进”。②

第二节 “全面小康”战略快速推进与社会主义市场经济体制模式的初步完善(2003—2007 年)

一、这一时期经济工作的指导思想

第一,这一时期前后,中央试图通过“三个代表”重要思想等理论创新,来统帅经济社会发展。面对 21 世纪复杂的国际国内形势和处于矛盾凸显期的战略建设任务,中央通过洞察当今世界发展大势和“全面小康”战略的规律特点,提出了“三个代表”重要思想,试图以此来统帅经济社会发展。在 2001 年 7 月进行全面阐述的基础上,江泽民于 2002 年 11 月的中共十六大上进一步指出:“三个代表”重要思想“反映了当代世界和中国的发展变化对党和国家工作的新要求”,“贯彻‘三个代表’重要思想,必须把发展作为党执政兴国的第一要务,不断开创现代化建设的新局面”。而“发展必须坚持以经济建设为中心,立足中国现实,顺应时代潮流,不断开拓促进先进生产力和先进文化发展的新途径”。这即意味着“一切妨碍发展的思想观念都要坚决冲破,一切束缚发展的做法和规定都要坚决改变,一切影响发展的体制弊病都要坚决革除”③。这就为经济发展和战略建设,提供了理论依据。

---

① 胡锦涛:《坚定不移沿着中国特色社会主义道路前进,为全面建成小康社会而奋斗——在中国共产党第十八次全国代表大会上的报告》,人民出版社 2012 年版,第 34 页。

② 《党的十九大报告辅导读本》,人民出版社 2017 年版,第 44 页。

③ 《十六大以来重要文献选编》(上),中央文献出版社 2005 年版,第 8—11 页。

第二,伴随着资源禀赋比较优势的升级和新型工业化道路的提出,我国经济进入重化工业阶段,“全面小康”战略建设由此呈现出以汽车、房地产和信息技术产业等为代表的高速发展。事实上,20 世纪 90 年代中后期“软着陆”的成功和买方市场的形成,使国民经济运行从 1998 年起就已由长期以来的供给约束型转变为需求约束型。这意味着虽然劳动力资源在相当长的时期内仍然具有优势,但经济发展战略推行中资本短缺的状况已然发生改变,我国资源禀赋比较优势,也日渐由劳动密集型向资本密集型甚至技术密集型升级过渡。进入 21 世纪以来,这种升级呈现出加速的态势。正是在这种背景下,中央及时提出了要走新型工业化道路。伴随着资源禀赋比较优势的升级和新型工业化道路的提出,我国经济步入了重化工业阶段,“全面小康”战略建设也由此呈现出以汽车、房地产和信息技术产业等为代表的高速发展。实际上,从 1999 年起我国工业发展就出现转折性变化,重工业无论在投资、产值、利润增长等绝对数上,还是在相对数上都超过了轻工业,开始逐步进入重化工业阶段。在 21 世纪以来的这一轮发展浪潮中,处在“龙头”位置的是汽车、房地产和技术信息产业等,而这些产业的发展则拉动了一批具有中间投资品性质的产业,如钢铁、机械、化工、有色金属、建材、电子通信等。不仅如此,上述两方面产业的发展,又带动了电力、煤炭、石油等能源行业的增长。不难发现,在由这种逻辑关系构成的增长格局中,快速发展的大多属于重化工产业。其实,以汽车、房地产和信息技术产业等为代表的重化工业的快速发展,对“全面小康”战略的顺利实施和主要指标的提前完成,起了至关重要的作用。

第三,利用加入 WTO 后的时机,大力促进对外贸易和对外投资发展。自从 2001 年 12 月正式加入 WTO 后,中央千方百计抓住这一历史性契机,大力推动对外经贸快速发展,促进对外开放迈向更高水平。因此,这一时期我国与美国、欧盟、日本等主要经济体的贸易额快速增长,与东盟、俄罗斯、非洲、拉美等国家和地区的贸易额也不断飙升。同时,这一时期我国进出口产品的技术含量不断增加,质量稳步提高,贸易结构优化,国际竞争力显著提升。如加入 WTO 后,我国对外直接投资加速增长,仅 2002—2006 年我国对外直接投资流量平均年增长率为 70.25%,而同期世界平均水平为 22.45%,发展中国家为 38.16%。再如,在外资引进规模上,2001 年我国实际利用外资 469 亿美元,2007 年为 748 亿美元,是 2001 年的 1.59 倍,已成为吸收外商投资大国,名列全球第三位,居发展中国家首位。又如,在 2007 年的基础上,2008 年的对外贸易额为 2.56 万亿美元,比上年增长 17.8%,仅次于美国与德国,居世界第三位。这其中出口 1.42855 万亿美元,增长

17.2%；进口1.13308万亿美元，增长18.5%。此外，外汇储备大幅增长，到2008年时已达1.9万亿美元，居世界第一位。

第四，这一时期再次出现了关于改革方向的大争论。本轮对改革的质疑和争论，发展为对国企改革、医疗改革、教育改革、住房改革和贫富差距扩大等问题为中心的大争论，并进而再次引发了某些对改革方向的质疑。事实上，这一争论持续时间之长、方式变换之多、迷惑性之强、影响之深远，都是前所未有的。

二、这一时期经济工作的逻辑内涵

首先，“三个代表”重要思想的提出和贯彻，为新时期的改革和发展提供了新的理论依据和动力支持。如在2001年7月建党八十周年庆祝大会上，江泽民指出：“我们党要始终代表中国先进生产力的发展要求，就是党的理论、路线、纲领、方针、政策和各项工作，必须努力符合生产力发展的规律，体现不断推动社会生产力的解放和发展的要求，尤其要体现推动先进生产力发展的要求”，因此“无论什么样的生产关系和上层建筑”，“如果它们不能适应生产力发展的要求，而成为生产力发展和社会进步的障碍，那就必然要求发生调整和变革”。而当前，我国“生产力不发达的情况总体上还没有改变”，因而“我们必须坚持不懈地发展先进的生产力”，“对于仍然存在的不适应先进生产力和时代发展要求的一些落后的生产方式”，“要立足实际，创造条件加以改造、改进和提高，通过长期努力，逐步使它们向先进适用的生产方式转变”。① 在2002年11月的中共十六大上，他更明确地指出：“贯彻‘三个代表’重要思想，必须把发展作为党执政兴国的第一要务，不断开创现代化建设的新局面”，而“发展必须坚持和深化改革”，因此“一切妨碍发展的思想观念都要坚决冲破，一切束缚发展的做法和规定都要坚决改变，一切影响发展的体制弊病都要坚决革除”。② 显然，这就为新时期的经济发展和战略建设提供了新的理论依据和动力支持。

其次，充分利用加入WTO后的发展机遇，标志着无论体制改革还是对外开放，都开始进入到一个新的阶段。古今中外的历史都证明，越能坚持改革和开放的地方，经济发展和社会文明程度也就越好、越高。经过20余年改革开放，中国的国企改革问题、就业问题、贫富分化问题、社会保障问题等等，不仅变得越发尖锐，还都涉及社会稳定的大局。此时加入WTO，从逻辑

① 《十五大以来重要文献选编》（下），人民出版社2003年版，第1902、1905页。

② 《十六大以来重要文献选编》（上），中央文献出版社2005年版，第10—11页。

上讲,可以借助外在的推力和压力,推动体制改革进一步深入,突破改革进程中的"瓶颈"问题。正是从这个意义上说,我国加入 WTO 并充分利用其发展机遇,标志着改革开放开始进入一个新的阶段。

最后,对市场化改革方向的争论和质疑,不可避免地会影响到改革的力度和进度。如 2005 年 2 月,由温家宝签署的《国务院关于鼓励支持和引导个体私营等非公有制经济发展的若干意见》(简称"36"条)颁布,要求放宽市场准入,对非公有制经济给予公平待遇,允许非公有制经济进入垄断行业、公用事业、基础设施、社会事业、金融业、国防工业等。这其实是我国历史上第一个以促进非公有制经济发展为主题的国务院文件。

三、这一时期经济体制改革的特点

其一,经济体制改革整体上延续了继续推进的势头,社会主义市场经济体制模式得到初步完善。在上述经济工作的指导思想和其逻辑内涵的影响下,21 世纪以来的这一时期我国在整体上保持了体制改革继续推进的势头,不少领域的改革取得了新的进展。如 2003 年各地按国务院统一部署全面推进农村税费改革试点工作,当年新增全面改革试点的 10 个省份农民减负达 123 亿元,平均减负幅度为 63%,农民人均减负 55 元。2004 年温家宝在政府工作报告中承诺五年内取消农业税。按这一部署,当年我们在黑龙江和吉林两省进行免征农业税改革试点,在河北、内蒙古、辽宁、江苏、安徽、江西、山东、河南、湖北、湖南、四川 11 个粮食主产省和自治区的农业税税率降低 3 个百分点,其余省份农业税税率降低 1 个百分点。农业税附加随着税同步降低或取消。2005 年我们进一步扩大了农业税免征范围,加大了农业税减征力度。从 2006 年 1 月 1 日起,我国全面取消农业税,原定五年的目标提前实现。这不仅是从根本上解决"三农"问题的重大举措,而且使我国九亿农民彻底告别了延续几千年的皇粮国税,是中国农业史上的一个里程碑,在我国实行了长达 2600 年的这个古老税种从此退出历史舞台。2006 年全面取消农业税后,与农村税费改革前相比,全国农民共减轻负担 1250 亿元。此外,国有资产管理体制、国有企业和财税、金融、投资、价格等领域的改革取得进展,城乡居民最低生活保障制度初步建立,等等。

其二,为了适应 WTO 的游戏规则,我国逐步开始进行更深层次、更宽领域的对外开放和体制改革。加入 WTO 后,中国的对外开放就由过去的政策性开放,向制度性开放转变了。为了学习适应和有效运用各种游戏规则,中国就必须主动融入世界经济,加速与国际市场接轨,开始更深层次、更宽领域的对外开放和体制改革。如从 1999—2005 年,我国政府制定、修订、废止了2000多项法律规章,逐步建立起符合WTO规则的法律体系,推进了我国市场环境的改善。事实上,从体制改革、对外贸易、技术创新、产业结构等各方面考察,加入WTO在整体上明显提高了我国经济绩效,特别是在保持改革的连续性与实现我国经济从量变向质变的转型过程中,都起到了承上启下的关键作用。①

其三,受关于改革方向重新争论等问题的影响,这一时期某些方面的改革出现滞缓。在对市场化改革方向进行争论与质疑的背景下,不仅使相关领域的改革出现了一定程度的迟滞和拖延,也使政府在资源配置中的作用重新趋向强化。以这一时期出现的国进民退现象为例对此稍加说明。如2004年前后的国有企业改革大讨论之后,国企改革道路即发生变化,国企越来越强势并无边界扩张,从而变得越来越与民争利、与社会争利,越来越攫取垄断收益并分利而肥,由此引起“国进民退论”、“强势扩张论”、“央企垄断论”等的激烈争论。②

第三节 “全面小康”战略的稳步推进与社会主义市场经济体制模式的进一步完善(2008—2012年)

一、这一时期经济工作的指导思想

第一,这一时期中央不仅先后将科学发展观写入党章、确立为党的指导思想,并要求用以科学发展观为核心的一系列理论创新成果指导经济社会发展和“全面小康”战略实施。2003年以后,以胡锦涛为总书记的新一届中央领导集体,准确把握新世纪、新阶段经济社会发展的阶段性特征和“全面小康”战略的规律特点,一步步探索出以科学发展观为核心的一系列理论成果。如2004年9月胡锦涛在中共十六届四中全会上指出:新世纪以来的时期,“是一个既有巨大发展潜力和动力又有各种困难和风险的时期,是一个既有难得机遇又有严峻挑战的时期”,因此“我们提出科学发展观,就是为了更好地解决改革发展关键时期遇到的各种问题,确保我国经济社会协调发展,确保党和人民的事业继续沿着正确的道路前进”。③ 2007年10月,中共十七大也指出:“进入新世纪新阶段,我国发展呈现一系列新的阶段性

① 参见武力主编:《中华人民共和国经济史》(下),中国时代经济出版社2010年版,第1028页。

② 参见赵晓:《央企越大越好吗》,《中国经济观察》2010年第3期。

③ 《十六大以来重要文献选编》(中),中央文献出版社2006年版,第309页。

特征”,而在这种条件和环境下要“继续全面建设小康社会、发展中国特色社会主义”,就必须“深入贯彻落实科学发展观”。在此基础上,中共十七大全面系统地阐述了这一发展观的科学内涵、精神实质、重大意义、根本依据和根本要求,明确指出:“科学发展观,第一要义是发展,核心是以人为本,基本要求是全面协调可持续,根本方法是统筹兼顾。”①这就指明了今后改革发展的思路与方法,明确了科学发展观是指导“全面小康”战略的新的指导思想,标志着党对经济社会发展规律、现代化建设规律、共产党执政规律的认识达到了新的高度。正因如此,2012 年 11 月的中共十八大在十七大将科学发展观写入党章的基础上,又将其确立为党的指导思想,并要求将其“贯彻到我国现代化建设全过程”。这就意味着,以科学发展观为核心的一系列理论创新,将为我国当前和今后的战略建设提供更直接和更有针对性的思想指导与理论支持。

第二,强调要通过加快转变经济发展方式,推动产业结构优化升级,实现国民经济又好又快发展。随着我国经济发展进入重化工业阶段和“全面小康”战略的深入推进,中央深化了对经济增长与发展的认识。但我国长期形成的经济结构不合理、增长质量不高等问题依然存在;资源短缺、环境破坏、生态失衡越来越成为我国工业化、现代化的制约因素;消费、投资、出口在拉动国民经济增长中的作用还不协调;分配不合理、收入差距大等问题亟待解决;不少地方加快发展的积极性还远没有转为科学发展的轨道。靠着粗放型增长,我国实现了“温饱”战略、“总体小康”战略,但已不可能再实现“全面小康”战略和现代化目标。如 2006 年时我国国内生产总值仅占世界总量的 5.5%,而消耗的能源却占世界的 15%,水泥占 54%,钢材占 30%,等等。这些就表明,粗放、外延的经济发展方式在我国已经没有后续空间,转变经济发展方式已势在必行。正是在这样的背景下,中央提出了转变经济发展方式。2007 年 10 月的中共十七大就指出:“加快转变经济发展方式,推动产业结构优化升级”,“是关系国民经济全局紧迫而重大的战略任务”。② 当国际金融危机的浪潮波及我国后,转变经济发展方式的紧迫性就愈发体现出来。

第三,这一时期我国遭遇到第二次世界大战后全球最严重国际金融危机的冲击。2007 年 4 月,美国爆发了“次贷危机”。受其影响,具有 158 年历史、美国第四、世界第八的美国雷曼兄弟投资银行,于 2008 年 9 月破产,

① 《十七大以来重要文献选编》(上),中央文献出版社 2009 年版,第 10—11 页。

② 中共中央文献研究室:《十七大以来重要文献选编》(上),中央文献出版社 2009 年版,第 17 页。

标志着美国“次贷危机”正演变为“百年一遇的金融危机”。这次危机对全球都产生了重大影响，最具代表的是欧洲，爱尔兰是欧元区中首个出现衰退的国家，英国则成为第一个陷入衰退的主要发达经济体。此外，日本、拉美、亚洲、俄罗斯，甚至非洲都深受其害，全球经济由“长期强劲增长”变为“严重的捉摸不定”。作为世界上外向型的庞大经济体，中国在这次危机中自然不可能独善其身，国内生产总值增速从 2007 年的 14.2%，迅速降为 2008 年的 9.6%，并一直回落到 2012 年的 7.65%，几近腰斩。

二、这一时期经济工作的逻辑内涵

首先，科学发展观的提出和落实，呼唤着新的制度设计和各方面改革的进一步深化。正如中共十七大所指出的："深入贯彻落实科学发展观，要求我们继续深化改革开放"，具体来说就是要通过“加快重要领域和关键环节改革步伐”和“推进各方面体制改革创新”，来“完善社会主义市场经济体制”，以达到“着力构建充满活力、富有效率、更加开放、有利于科学发展的体制机制”。① 这就需要重点推进以下几方面改革：第一，要深化财税、金融、投资等方面的改革，从体制上解决发展方式粗放、低水平扩张等问题。第二，要消除城乡分割的体制性障碍，大力推进广大农民向非农产业转移，有效解决城乡二元结构问题。第三，要通过教育、卫生等社会领域的改革，有效解决社会与经济发展“一条腿短、一条腿长”的不匹配问题。第四，要推进劳动就业与社会分配体制改革，健全社会保障体制。此外，还要抓紧建立科学的官员政绩考核机制，推进转变政府职能。唯有如此，科学发展观才能真正落在实处，也才能真正推进经济社会全面、协调、可持续地发展下去，确保“全面小康”战略如期完成。

其次，转变经济发展方式的必要性和紧迫性，对各方面改革提出了迫切要求。众所周知，我国经济发展方式转变的主要障碍在于市场经济体制不完善、不健全，这就需要从以下几点着手：第一，加强竞争制度建设，处理好竞争与垄断的关系，优化市场环境。随着市场化改革的推进，一方面竞争秩序与竞争环境的制度建设得到逐步加强，另一方面，这方面仍面临着权力垄断、行政干预、地方保护等问题。这就要求我国改变重视产业政策、忽视竞争政策的倾向，将竞争政策确立为市场经济体制的一项基础政策。② 第二，

---

① 《中国共产党第十七次全国代表大会文件汇编》，人民出版社 2007 年版，第 17 页。

② 参见周叔莲、刘戒骄：《从转变经济增长方式到转变经济发展方式》，《光明日报》2007 年 12 月 11 日。

深化收入分配制度改革,逐步缩小收入分配差距。这就既要建立工资收入正常增长机制与支付保障机制,也要调整财政支出,把经济资源与社会资源集中投入到司法、社保、教育、医疗、生态、就业等领域,为社会有效运转提供安全、稳定和公平的环境。第三,建立健全有利于节约资源与保护生态的法律和政策,尽快形成保障可持续发展的制度体制机制。这方面首当其冲的是建立能反映市场供求关系、资源稀缺程度、环境治理等外部成本的产品价格形成机制,优化资源循环利用、综合利用废旧物资回收的税收、信贷优惠与国家投资补贴等政策。

最后,在复杂的国际国内背景下,为有效应对国际金融危机冲击,我国部分地恢复了行政干预手段来解决本该由市场机制或深化改革解决的问题。从一定意义上看,危机本身是市场对长期积累的错误的一种纠正,所以在守住不发生系统性风险的前提下,也应允许局部风险压力的释放,通过系统化改革修复体制漏洞、消除问题隐患,这才是正确解决危机的办法。但在应对这次国际金融危机时,我国部分地恢复了行政干预手段,在收到显著效果的同时,也造成不少负面影响。

三、这一时期经济体制改革的特点

其一,在落实科学发展观和转变经济发展方式等要求和推动下,这一时期改革整体上仍在稳步推进,社会主义市场经济体制得到进一步完善。虽然遭遇到国际金融危机、汶川大地震、关于改革方向争论等的冲击,但这一时期在落实科学发展观和转变经济发展方式等要求和推动下,我国改革整体上仍在稳步推进。如在 2008 年进行了增值税转型、燃油税等改革,并加强了高铁、农村基础设施和保障性安居工程的建设。2009 年在财税金融领域、资源能源价格体制、行政管理体制、农村体制、就业社保和收入分配体制等重点领域的改革,都有或多或少的推进;此外,上海浦东新区、天津滨海新区、成都市、重庆市、武汉城市圈、长株潭试验区、深圳市等国家级综合配套改革试验区,成为改革的重要平台。2010 年围绕转变发展方式、调整经济结构、破解城乡二元结构、推进城镇化健康发展、改善民生等重大问题,在多个领域的体制机制创新都取得了积极进展。2011 年又先后在营业税改增值税试点、扩大资源税从价计征方式、启动房产税改革试点、启动城镇居民社会养老保险试点、个人所得税法修改通过、省直管县财政改革、水利改革发展提高到国家战略层面、土地管理体制继续深化、综合配套改革试验继续推进等领域,进行了诸多改革,取得了新进展。2012 年改革的成果主要有:碳排放交易试点工作启动;营业税改征增值税试点区域扩大;金融改革试验区蓬勃开展;生态文明制度建设进一步得到重视;社会保障网络逐步完善;基本公共服务体系建设纳入国家规划;政府信息公开范围进一步扩大;中央层面户籍制度改革加快;全国新一轮农村改革试验区启动,等等。

其二,行政性宏观调控手段的恢复使用,不仅造成效率低下、损失浪费等问题,还使这一时期的改革出现了局部停滞和逆转。例如,2009 年和 2010 年我国分别出台了《十大产业调整振兴规划》与《加快培育发展战略性新兴产业决定》。从主观意愿上看,这些政策都强调要发挥市场作用,但在实际操作过程中,各级政府对产业发展的行政性干预进一步被强化,对微观经济的干预更为直接和具体,体现出强烈的直接干预市场、以政府选择代替市场机制的特征。① 结果在这些政策的刺激下,投资增长过快,不仅造成钢铁、水泥等传统行业的生产能力严重过剩,还使得风电、多晶硅等新兴产业也一哄而上。为此,主管部门又不得不于 2009 年 9 月出台《关于抑制部分行业产能过剩和重复建设引导产业健康发展的若干意见》,来化解产能过剩。

事实上,尽管市场化改革已经多年,加入 WTO 也有多年,但不少人对行政干预效果的迷信仍未消除,特别是遇到国际金融危机这样具有重大影响的事件。很明显,适当的调控是有益的,但如果是在不尊重市场规律、不改变市场供应的前提下,试图通过行政手段改变价格来解决问题,无异于缘木求鱼。实际上,对经济活动的行政干预不但会造成经济效率的损失,还会对社会和政治环境造成影响。

第四节　“全面小康”战略的奋力收官与社会主义市场经济体制模式向纵深完善(2013—2020 年)

一、这一时期经济工作的指导思想

第一,这一时期出现以习近平新时代中国特色社会主义思想为核心的新一轮理论创新高潮。党的十八大以来,以习近平同志为核心的党中央以实现中华民族伟大复兴“中国梦”为核心,围绕推进经济、政治、文化、社会、生态文明建设,围绕推进国防军队建设、祖国统一、外交工作等,围绕从严管党治党、全面提高党建科学化水平,逐步形成习近平新时代中国特色社会主

① 陈昌盛、许伟:《关于 1998 年和 2008 年两次金融危机应对的启示》,《中国经济时报》2015 年 5 月 18 日。

义思想。这一理论深刻回答了新时期党和国家发展的一系列重大理论与现实问题,升华了党对社会主义现代化建设规律的认识,是以习近平同志为核心的党中央执政理念、工作思路和治国理政的集中反映,为在新的历史起点上实现“全面小康”战略和“两个一百年”奋斗目标提供了新的科学指南与基本遵循。

第二,确定了通过“四个全面”战略布局,来实现“全面小康”战略和“第一个百年”奋斗目标。“四个全面”战略布局是中共十八大后,以习近平同志为核心的党中央治国理政思想的重要内容,集中展示了从当前到 2020 年前后党和国家各项工作的战略目标、主攻方向、关键环节、重点领域等一系列重大问题,对推动改革开放和现代化建设迈上新台阶提供了强有力的保障。这四个方面并不是简单的平行、并列关系,而是个有机联系、环环相扣的整体。① 具体来说,全面建成小康社会是这一战略布局的目标和归宿,而全面深化改革、全面依法治国、全面从严治党则是不可或缺的三大举措,为全面建成小康社会提供了动力源泉、法治保障、政治保证。这三者相互作用、相互影响、螺旋递进,将贯穿实现“全面小康”战略的全过程。

第三,通过供给侧结构性改革等办法,积极应对国民经济发展“新常态”。所谓“常态”,即正常状态;所谓“新常态”,即经过一段不正常状态后重新恢复到正常状态。国民经济就是从“常态”到“非常态”,再到“新常态”的否定之否定中发展的。2012 年后,我国经济发展步入增长速度换挡期、结构调整阵痛期、前期刺激政策消化期“三期叠加”的全新状态中。正是在这一背景下,习近平于 2014 年 11 月在亚太经合组织工商领导人峰会上,首次系统阐述了这一名词:所谓“新常态”,即速度——“从高速增长转为中高速增长”,结构——“经济结构不断优化升级”,动力——“从要素驱动、投资驱动转向创新驱动”。事实上,转入“新常态”意味着我国经济发展的条件与环境发生了诸多重大变化,国民经济将与过去 30 余年 10%左右的高速增长告别,与传统的不平衡、不协调、不可持续的外延粗放型增长告别。这就需要全党上下准确认识“新常态”,主动适应新变化,保持国民经济运行在合理区间。为此,2014 年 5 月习近平在首次提出“新常态”时就指出:我国发展仍处于重要战略机遇期,因此大家要增强信心,从当前我国经济发展的阶段性特征出发,适应新常态。

① 参见黄坤明:《深刻理解“四个全面”的重要意义》,《求是》2015 年第 13 期。

二、这一时期经济工作的逻辑内涵

首先,奋力实现“全面小康”战略和“第一个百年”奋斗目标等艰巨繁重的任务,对新阶段的经济体制改革提出了新的考验和要求。不难理解,为了如期实现“全面小康”战略和“第一个百年”奋斗目标,就必须保证今后几年我国经济社会能继续平稳快速健康地发展,并有效解决区域发展、城乡之间、个人收入等方面长期存在的不平衡问题,确保在经济、政治、文化、社会、生态文明等方面都能如期达到全面小康的标准和水平。而这必然要对生产关系层面的制度体制机制提出要求,要不失时机地深化重要领域的改革,坚决破除一切妨碍科学发展的制度体制机制弊端,通过构建系统完备、运行有效、科学规范的体制模式,使各方面制度更加成熟更加定型,最终实现解放生产力、发展生产力和实现全面小康的目标。

其次,为有效应对国民经济“新常态”,就必须切实全面深化改革。“新常态”对经济社会的重大影响和对宏观政策的决定性意义,要求中央必须准确认识、主动适应、积极应对。为此,习近平在上述2014年11月的亚太经合组织工商领导人峰会上,一语中的地指出:“能不能适应新常态,关键在于全面深化改革的力度”。他认为:既然“市场活力来自于人,特别是来自于企业家,来自于企业家精神”,所以“我们全面深化改革就是要激发市场蕴藏的活力”,而“激发市场活力就是把该放的权放到位,该营造的环境营造好,该制定的规则制定好,让企业家有用武之地”。同时,“我们强调要更好发挥政府作用,更多从管理者转向服务者,为企业服务、为推动经济社会发展服务”。他特别指出:“中国改革已经进入攻坚期和深水区”,因此“我们要敢于啃硬骨头,敢于涉险滩,敢于向积存多年的顽疾开刀”。2014年8月5日至7日的《人民日报》系列评论也指出:“经济新常态,需要创新宏观调控思路和方式,培育经济发展的持久动力”,其实“从根本上说,就是向改革要动力”,而这“就是要‘激活力’,把该放的权放到位,让市场主体真正放开手脚”。事实上,这就是说尽管中国经过30余年的经济体制改革,市场经济体制已基本建立,但相对于现实需求,还有很大的改进空间。所以,有效应对“新常态”必须向更深入的改革要红利。要通过进一步的改革,使我国的治理体系与治理能力不断趋于现代化,发挥市场在资源配置中的决定性作用,让劳动、资本、知识、技术、管理等生产要素的活力竞相迸发,让一切创造社会财富的源泉充分涌流,让发展的成果公平地惠及全体成员。

最后,无论实现“中国梦”还是“全面小康”,抑或是有效应对“新常态”,其最终指向都是要切实解决以权力监督制约为核心的政治体制改革。

三、这一时期经济体制改革的特点

其一，为确保在“新常态”下如期实现“全面小康”和“第一个百年”奋斗目标的宏伟战略，中央通过制定《关于全面深化改革若干重大问题的决定》(以下简称《决定》)，绘制了新阶段经济体制改革的新蓝图。为了在“新常态”下如期实现“全面小康”和“第一个百年”奋斗目标的宏伟战略，出好“决定当代中国命运的关键一招”，2013 年 11 月的中共十八届三中全会通过了《关于全面深化改革若干重大问题的决定》，深入论述了改革、发展、稳定面临的重大理论与实践问题，分析了全面深化改革的重大意义与未来方向，明确了全面深化改革的指导思想、重大原则和目标任务等，展望了全面深化改革的新蓝图、新愿景和新目标，形成了全面深化改革的新思想、新论断和新举措，规划了深化改革的战略重点、主攻方向、优先顺序、制度机制、推进方式，是我国在新时期进行全面深化改革的科学指南与行动纲领。

从历史角度看上述《决定》的深远影响，主要体现在制度变革与体制创新上。文件在一些基本制度与理论问题上取得了新的突破，如首次提出要使市场在资源配置中起“决定性作用”；更加明确强调了公有制经济与非公有制经济的同等重要性；提出“完善产权保护制度”，还提出“赋予农民更多财产权利”；提出“推进国家治理体系与治理能力现代化”；建立全国与地方资产负债表制度、股票发行注册制度、自然资源资产负债表制度、权力清单制度、官邸制、涉法涉诉信访依法终结制度，等等。上述突破，深化了经济体制改革，完善了社会主义市场经济体制，对“全面小康”战略的完成和“第一个百年”奋斗目标的实现都会产生深远影响。

其二，一些领域的改革取得明显成效。以 2014 年为例，这一年，中央成立了高层次的改革领导机构，从而使改革的领导体制、决策体制、推进机制、工作方式，更加健全完善。一年来，全面深化改革取得了显著进展，出台了一批带有顶层设计性质的改革方案，取消和下放了一大批行政审批事项，启动实施了一批重大改革试点。主要表现为：一是行政审批制度改革大力推进。如 2014 年取消和下放 247 项投资和生产经营领域的行政审批事项。二是投融资体制改革有了新突破。如在项目核准制度改革上，又取消了 15 项、下放了 23 项核准事项。这样，中央层面核准项目两年累计减少 76%。三是金融体制改革持续推进。如金融机构存款利率上浮区间扩大、期限档次简化，加快推进了利率市场化改革。四是城镇化与统筹城乡相关改革稳步推开。如国家新型城镇化规划及户籍制度改革、“三个 1 亿人”实施方案等配套政策出台实施。五是构建开放型经济新体制取得突破。如稳步推进上海自由贸易试验区改革试点，推出外商投资负面清单、商事登记、海关质检便利化、办税一网通等制度安排。同时，“一带一路”倡议开始实施，相关总体规划编制完成。

又如作为经济体制改革重中之重的国企改革，一向被认为是最难啃的“硬骨头”。随着2015年8月《中共中央国务院关于深化国有企业改革的指导意见》的发布，国有企业分类改革、加强党的领导、完善国资监管体制、发展混合所有制经济、防止国有资产流失等多个配套文件陆续出台，这一改革的政策体系基本形成。截至2017年，全国国企公司制改制面已达90%，建成规范董事会的央企已有80多家，适应市场竞争要求的决策、执行、监督机制进一步完善，混合所有制改革稳妥实施，到2016年底央企混合所有制企业户数占比为68.9%，上市公司的资产、营收、利润总额在央企的整体占比分别达61.3%、62.8%、76.2%，国有资本功能不断放大。①

正是在社会主义市场经济体制不断向纵深完善的推动下，这一时期人民生活水平持续改善，贫困人口不断减少，“全面小康”战略得到大力推进。如这一时期改革从支持“大众创业、万众创新”，加强农民工职业技能培训，零就业家庭至少一人保证稳定就业等方面着手，推动就业，从而使我国城镇新增就业从十八大以来连续4年保持在1300万人以上，31个大城市城镇调查失业率基本稳定在5%左右。此外，越来越多的人受益于异地看病就医直接结算，城乡居民基本医保财政补助标准从2013年每人每年280元增加到今年的420元，家庭医生已在2017年走进85%以上地市的百姓家，大病保险实现全覆盖。在这种合力的推动下，2013—2016年我国农村贫困人口年均减少超过1000万人，四年累计脱贫5564万人，相当于一个中等国家的人口总量。到2020年，还将有4335万人陆续脱贫，②“全面小康”战略即将奋力收官。

其三，以权力监督制约为核心的政治体制改革的滞后，造成诸多严峻问题。我国政治体制改革长期滞后，伴随着经济体制改革的不断深入，这种“一条腿短”和“一条腿长”的跛行状态所积累的矛盾也就越来越多。仅以转变经济发展方式为例。事实上，转变经济发展方式并不是一个新问题，早在1981年11—12月的全国人大五届四次会议，就提出以提高经济效益为中心的发展国民经济的十条方针。1987年10月，中共十三大提出：要实现

① 参见新华社：《党的十八大以来全面深化改革成就综述》，2017年8月10日，见http://www.xinhuanet.com/nzzt/24.htm

② 参见新华社：《党的十八大以来全面深化改革成就综述》，2017年8月10日，见http://www.xinhuanet.com/nzzt/24.htm

“从粗放经营为主逐步转上集约经营为主的轨道”。1995 年 9 月,中共十四届五中全会正式提出:实现“九五”计划和 2010 年奋斗目标的两个关键性转变之一,就是“经济增长方式从粗放型向集约型转变”。2000 年 10 月的中共十五届五中全会,又把经济结构调整和升级规定为五年经济发展的主线。2005 年 10 月的中共十六届五中全会,更是把转变经济增长方式作为这一时期的战略重点。2007 年 10 月的中共十七大在将经济增长方式转变为经济发展方式的同时,进一步强调指出:“加快转变经济发展方式,推动产业结构优化升级”,“是关系国民经济全局紧迫而重大的战略任务”。在国际金融危机的冲击下,2009 年 11 月中央经济工作会议以后,实现经济发展方式转变和优化经济结构,逐渐成为经济工作中最突出的任务。在 2010 年 2 月的省部级领导干部研讨班上,胡锦涛在郑重指出转变经济发展方式已“刻不容缓”的同时,竟连用五十次“加快”的字眼来强调问题的紧迫性,说明这一问题已严重阻碍我国经济的发展,到了非解决不可的程度。

正是从这个意义上,温家宝于 2010 年 8 月在深圳经济特区建立三十周年之际指出:过去 30 多年中国的发展变化,靠的是改革开放,未来实现中华民族的伟大复兴,仍然要靠改革开放,尤其是政治体制改革。① 针对政体改革的必要性,他强调指出:我们不仅要推进经济体制改革,还要推进政治体制改革;没有政治体制改革的保障,经济体制改革的成果就会得而复失,现代化建设的目标就不可能实现。针对政体改革的紧迫性,他特别指出:停滞和倒退不仅会葬送 30 多年改革开放的成果和宝贵的发展机遇,窒息中国特色社会主义事业的勃勃生机,而且违背人民的意志,最终只会是死路一条;在这个关乎国家前途和命运的大事上,我们不能有丝毫的动摇。②

中共十八大以来,以习近平同志为核心的党中央通过高压反腐、依法治国、从严治党等一系列措施,不仅整顿吏治、净化风气、重树风尚,而且通过颁布修订党纪国法扎紧了制度建设的“笼子”,推进了以权力监督制约为核心的政治体制改革,从而使各方面改革和经济社会发展进入到一个崭新的时期,多年积累的问题开始逐步消化解决,对此不再详述。

---

① 《希望深圳成为全面改革的特区》,《中国新闻周刊》2010 年第 32 期。

② 参见《只有坚持改革开放,国家才有光明前途》,《人民日报》2010 年 8 月 22 日,第 1 版。

第八章　结论与启示

在前述几章对中华人民共和国成立以来经济发展战略与经济体制模式历史互动进行梳理和论述的基础上，本章将对这种互动和影响这一互动的各种因素进行深入的总体性实证分析和探究，试图通过总结和归纳出若干结论与启示，揭示这种互动变迁的内在机理和深层影响，以期对今天不断深入的经济发展和体制改革，提供可资借鉴的经验教训。

第一节　对1949—1978年我国经济发展战略变迁实质的分析

综上所述，根据1949—1978年我国所出现的全局性、长远性和根本性的经济发展规划及其在实践中对国民经济所产生的重大影响，可以将其划分为以下四个战略："一五"计划时期的均衡重工业优先战略—"一五"战略，"大跃进"时期的畸形重工业优先战略—"大跃进"战略，备战时期的特殊重工业优先战略—备战战略和"文化大革命"结束后的极端重工业优先战略—"急起追补"战略。从中央领导人的讲话、国家的政策文件和战略实施的过程与效果中，可以抽象出这四个战略的基本内容，如下表所示：

1949—1978年中国经济发展战略的相关情况

战略构成与特征	"一五"战略	"大跃进"战略	备战战略	"急起追补"战略
战略目标	工业化	工业化	加强国防战备	"四个"现代化
战略重点	重工业整体	以钢为纲	国防军事工业	钢铁、能源、化工
理论依据	综合平衡理论	积极平衡理论	军事工业带动国民经济理论	积极平衡理论
战略动力	三大改造	人民公社化	抓革命、促生产	抓纲治国
战略路径	中央大中型企业扩张	中央与地方"两条腿并举"	中央与地方"两条腿备战"	中央与地方"两条腿追补"
体制依托	中央高度集权	体制下放地方分权	体制下放地方分权	体制下放地方分权

续表

战略构成与特征	“一五”战略	“大跃进”战略	备战战略	“急起追补”战略
资源特色	苏联援助	劳动力替代	内部积累	引进技术 举借外债
配置手段	直接计划、间接计划与部分市场调节	行政指令性计划	行政指令性计划	行政指令性计划

一、均衡的重工业优先战略

——“一五”战略

如前所述，作为“一五”计划时期实施的经济发展战略，“一五”战略形成具有客观的经济根源和历史背景。首先，中华人民共和国成立初期我国工业尤其是重工业的严重落后，极大地制约了尽快实现工业化的夙愿。其次，近现代100余年惨痛屈辱的历史教训和1950年朝鲜战争的爆发，都使中国人民感受到建立强大国防力量的必要和紧迫。最后，在当时两大阵营尖锐对立，我国经济建设尚无经验，而苏联模式备受世界瞩目以及对新中国友好的背景下，走苏联的工业化道路遂成为全国上下坚定不移的信念。

这样的经济根源和历史背景，决定了这一战略必将打上深深的苏联模式烙印，并呈现出下述具有内在逻辑联系的七个内容：1. 在战略目标上，强调实现工业化。2. 在战略重点上，模仿苏联优先发展重工业的做法，比较注重重工业内部的均衡、协调。3. 在理论依据上，在生产资料优先增长理论的基础上提出并基本遵循了综合平衡理论。① 4. 在战略动力上，强调“如果不对资本主义工商业和个体的农业手工业实行社会主义改造”，“社会主义工业化的最终目的”就“无法达到”。② 5. 在战略路径上，仿效苏联工业化的方式，确立了通过中央的大中型企业扩张来完成工业化。6. 在体制安排上，为了便于“社会主义资本原始积累”，逐步建立了中央权力高度集中的经济管理体制。7. 在资源特色上，这一战略得到了苏联给予的技术、资金援助，这种援助“起到了奠定我国工业化初步基础的重大作用”③。8. 在配置手段

① 对这四个战略理论依据的分析，可参见任志江：《对1949—1978年中国经济发展战略理论依据的解析》，《社会科学家》2007年第5期。

② 中共中央文献研究室：《建国以来重要文献选编》第4册，中央文献出版社1993年版，第701—702页。

③ 薄一波：《若干重大决策与事件的回顾》上卷，人民出版社1997年版，第306页。

上,1957 年以前既有国家的直接计划和间接计划,又能使市场机制发挥一定的调节作用。

对这一战略应注意以下几点:第一,由于以苏联模式为蓝本,加之周恩来、陈云等人比较注意比例协调,所以这一战略能够在重工业优先原则下勉为其难地完成。如 1952 年斯大林就曾建议我国的"一五"计划速度应从 20%降到 15%或 14%,并强调:计划不能打得太满,必须留有后备力量,以应付意外的困难。[①] 陈云在 1954 年 6 月也指出"一五"计划的编制遵循了四大比例、三大平衡,并强调:"按比例发展的法则是必须遵守的"。在这种思想的指导下,"一五"时期重工业内部的采掘工业年均增长 21.5%,原材料工业 23.4%,制造工业 28.6%[②],大体保持了重工业内部的平衡和协调。此外,这一时期,农业总产值年均增长 4.5%,工业为 18%,轻工业在 1952—1956 年的年均增长为 12.9%,重工业 25.4%[③],农、轻增长虽慢,但也尚能勉强维持。

第二,仿效苏联工业化的战略路径,引致出中央权力高度集中的体制特点。由于把重工业的优先发展寄托在中央大中型企业扩张上,这便与中国当时经济水平下的资源禀赋特点和资源动员能力产生了直接的矛盾。为此,中央仿照苏联的做法,进行了适当的制度安排,人为压低其发展成本,于是就形成了适应于重工业优先发展的中央集中配置与管理的制度模式。如薄一波所说:"一五计划是在苏联的帮助下拟订的,156 项骨干建设工程也是苏联援建的。当时,我们自己在经济建设的各个方面都缺乏经验,很自然要搬用苏联管理经济的一些办法,这就更进一步强化了中央权力过分集中的体制。"到 1956 年前后,以部门管理为主的中央高度集权的经济管理体制,即以"条条"为主的经济管理体制就形成了。

第三,资源配置手段的多样性,是使这一战略取得较好效果的重要原因。在三大改造完成以前,计划管理是粗线条的,不仅对不同的经济成分实行不同的管理办法,而且根据情况的不同,在直接和间接计划上也有不同的松紧要求。同时,市场机制的衰微不仅是一个逐渐的过程,而且其作用的缩小也是沿着从上到下的顺序先后退出各个领域的。这样,与苏联的单一指令性计划相比,"一五"战略的资源配置不仅没有排除市场调节,而且使微观经济的运行具有较大的灵活性。这就成为这一战略执行较好、效益较高

---

① 参见薄一波:《若干重大决策与事件的回顾》上卷,人民出版社 1997 年版,第 294—295 页。

② 国家统计局:《中国工业的发展(1949—1984)》,中国统计出版社 1985 年版,第 66 页。

③ 国家统计局:《中国工业统计资料(1949—1984)》,中国统计出版社 1985 年版,第 19 页。

的重要原因。

由上可见,“一五”战略实质上是以苏联模式为基础的均衡重工业优先战略。由于比较注意各产业之间和部门内部的比例与平衡,加之资源配置方式的灵活多样以及其他一些因素,这一战略取得了相对较好的实施效果,创造了工业化重新起步的良好开端。

尽管如此,“一五”后期仍暴露出这一战略的一些深层次问题:1. 农轻重的比例不协调日趋严重。由于农业基础薄弱,从战略一开始就实行了统购统销。1954 年 6 月陈云又指出:“农业生产同工业建设和人民生活的需要相比,即使完成计划,也是很紧张的。”1955 年若干省份“出现了许多农民要求供应粮食的现象”,“不少地方出现了排队争购切面和其他食品的现象”。在 1956 年八大会议发言中,各省的领导人纷纷再次反映农业负担过重。如杨尚奎反映江西因公粮负担过重,“以至引起了某些群众的不满,并影响到了他们生产积极性的发挥”①。此外,轻工业也常因农业歉收而开工不足,影响了正常生产和人民生活。2. 由这种战略路径所决定的体制安排过于僵化,地方积极性被严重束缚。高度集中的体制造成中央集权过多,使地方在经济建设方面的权限十分微弱,其积极性和能动性受到很大抑制。随着问题逐渐暴露,地方的不满之声日渐增多。1955 年毛泽东外出巡视工作期间,所到各省的负责人纷纷向他抱怨这一问题。1956 年 2 月,计委和国务院五办在汇报时也着重谈到这个问题。除此之外,各省、市委向毛泽东的口头和书面汇报,对束缚地方积极性的一些制度反映也非常强烈。② “一五”战略中种种问题的出现,是导致中央重新探索中国工业化道路的主要原因。

二、畸形的重工业优先战略

——“大跃进”战略

如前所述,鉴于“一五”战略执行中暴露出的问题和苏共二十大的“揭盖子”,中央领导集体在八大前后开始重新反思和探索我国的经济发展战略,并取得了一些积极成果。但是,毛泽东对此并不满意,他试图寻找一种能够突破“国力”限制的新途径,以比苏联模式更快地实现中国的工业化,并在批判反冒进的过程中,实现了由“一五”战略向畸形重工业优先战

① 参见中共中央办公厅:《中国共产党第八次全国代表大会文献》,人民出版社 1957 年版,第 207—293、668—741 页。

② 参见薄一波:《若干重大决策与事件的回顾》上卷,人民出版社 1997 年版,第 497—498 页。

略——“大跃进”战略的转轨。

与“一五”战略相对应，这一战略也具有以下几点内容：1. 在战略目标上，工业化仍是既定的奋斗目标。2. 在战略重点上，强调通过“以钢为纲”的“一马当先”，带动“万马奔腾”的全面跃进。3. 在理论依据上，在生产资料优先增长理论的基础上提出了积极平衡理论。4. 在战略动力上，不仅在农村，还开始在城市建立人民公社体制，试图通过强化生产关系的变革，来推动战略的实施。5. 在战略路径上，把地方在工业化中的地位和作用提高到空前的程度，形成中央与地方大中小并举的两条腿走路模式。6. 在体制安排上，试图通过体制下放和地方分权来释放出地方在工业化中的巨大潜力。7. 在资源特色上，为弥补要素缺口，提出用劳动力替代资本、技术等短缺资源的新思路。8. 在配置手段上，由于彻底消灭了私有制剩余，政府的行政指令性计划成为唯一的资源配置方式。

作为对“一五”战略和苏联模式的替代品，“大跃进”战略在以下几方面格外引人注目：第一，时代和历史局限形成的发展观，是导致战略转轨并走向畸形的深层原因。毛泽东重视重工业的生产，但对钢的生产关注尤甚。1956 年 8 月，他就认为如果钢产量“搞了五六十年还不能超过美国”，“那就要从地球上开除你的球籍！”①随着“大跃进”战略的酝酿和发展，他把钢的作用进一步夸大，把优先发展重工业变成了优先发展钢铁工业，形成了“大跃进”战略的发展观。1958 年 9 月他进一步指出，“有了钢，就能做机器，什么机器也可以做……”周恩来也讲道：“世界各国的工业发展历史表明，有了钢铁就能够有机器，而有了钢铁和机器，也就能够有工业以及整个国民经济的迅速发展。”北戴河会议公报也写道：“工业的中心问题是钢铁的生产和机械的生产，而机械生产的发展又决定于钢铁生产的。”

第二，这一战略的理论基础和资源特色，都是想冲破经济规律的约束，以超越常规的方式发展和跃进。“大跃进”战略所主张的积极平衡理论，是要从“长边”产品和要素出发进行平衡，突破资源和要素的限制。而对于长边下的产品与要素缺口，则用资源禀赋丰富的劳动力替代稀缺的资本、技术等，人为地改变生产函数的技术参数，进行资源的强制替代，最终实现超越国力的高速发展。这是对人们所熟知的经济常理即从“短边”产品或要素进行平衡，在人、财、物等方面不留缺口的根本否定。

第三，作为对“一五”战略弊端的修正，“大跃进”战略不仅让地方分担了工业化的重任，还为此对经济管理体制进行了罕见的剧烈变动。1958 年

① 中共中央文献研究室：《毛泽东文集》第 7 卷，人民出版社 1999 年版，第 89 页。

3月,成都会议提出中央工业与地方工业并举的方针,强调地方工业对于实现工业化的重要意义。八大二次会议后中央决定把全国划分为7个协作区,要求各区尽快建立大型的工业骨干和经济中心,形成若干具有比较完整工业体系的经济区域。8月毛泽东又要求,各省也应建立比较独立的但是情况不同的工业体系。显然,这是想走出一条通过发展地方工业来实现国家工业化的道路。战略路径的改变,把地方对实现工业化的作用提高到前所未有的高度。为此,中央与地方进行了分权,并连续制定和采取了多项下放经济管理权限的政策措施,使经济管理体制出现了中华人民共和国成立以来罕见的剧烈波动。

由上可见,“大跃进”战略虽然从理论上和方法上对“一五”战略和苏联模式做出了新的探索和尝试,但由于把重工业优先原则扭曲到畸形,并严重忽视各种经济规律,最终失败。

三、特殊的重工业优先战略
——备战战略

与其他战略不同,备战战略是在非常时期形成和实施的特殊战略。如前所述,1964年夏季以后,由于国际形势的重大变化,毛泽东和党中央把国民经济调整以来摸索出的“三五”计划指导方针,从解决“吃穿用”转为“备战”,以后的“四五”计划更是一个“以临战姿态,准备打仗”的计划。经济发展战略的意外转轨和备战战略的形成,对国民经济造成了深远影响。

特定的背景和使命,造就了这一战略的如下内容:1. 在战略目标上,加强国防战备是整个战略的首当其冲的目标和任务。2. 在战略重点上,把大小三线的国防军事工业提高到前所未有的战略高度,并曾两度成为压倒一切的工作重心。3. 在理论依据上,在生产资料优先增长理论的基础上进一步提出军事工业带动国民经济的理论。4. 在战略动力上,除了继续追求生产关系上的变革外,还不断强调用上层建筑和意识形态等方面的革命来推动战略的实施和经济的发展,“抓革命,促生产”就是其典型代表。5. 在战略路径上,在中央负责大三线的同时,由地方肩负起小三线与后来的经济协作区以及农业学大寨与农业机械化的建设任务,即要“两条腿备战”。6. 在体制安排上,“虚君共和”思想的再次实践和对地方的再次大规模分权,造成经济管理体制的第二次大幅动荡。7. 在资源特色上,严峻的国内外形势使这一时期不得不主要依靠国内积累来为战略筹集资金。8. 在配置手段上,由于简化了税收、信贷、劳动工资等制度,使国民经济调整以来经济杠杆的调节作用更加微弱,甚至完全消失,行政指令性计划完全取代了经济手段。

作为不同寻常的经济发展战略，不难理解这一战略的独特之处：第一，战略目标和重点的非常态性。在国际形势极度恶化和国家安全面临严重威胁的情况下，这一战略不得不把国防战备和军工生产作为战略的目标和建设的重点。如修改后的“三五”计划方针任务就是：要“立足于战争，从准备大打、早打出发，积极备战，把国防建设放在第一位”①，“四五”计划纲要草案更在“以战备的观点，观察一切，检查一切，落实一切”的要求下，试图用军事工业带动整个国民经济的发展。1965—1975 年的 11 年间国家重工业投资累计为 1455.7 亿元，占基建投资总额的 49.9%，占工业基建投资的 90.5%，其中仅国防工业就达 250 亿元左右，并且在重点建设的项目中，国防军工占了很大比重，突显了这一战略的非常态性。②

第二，战略的高度动态性。与以往相比，突出的对外防御性目的，使这一战略与国内外形势具有高度的相关性，并由此而内生出它的高度动态性特点，这就造成在执行这个战略的十余年中，始终没有形成一个统一、稳定、全面的战略规划和安排。所以，其间所发生的各种国际国内事件，特别是美国侵越战争的升级、“文化大革命”和中苏边境冲突等突发事件，一再使其进度和原有规划受到直接的影响和冲击，该战略也由此而不断地进行与形势发展相适应的松紧搭配的调整。

可以看出，在特殊历史背景和条件下形成的备战战略，由于特定的使命和任务，使其成为一个特殊的重工业优先战略。

四、极端的重工业优先战略

——“急起追补”战略

如前所述，在 1975 年备战战略基本完成和 1976 年“文化大革命”结束的形势下，中央积极酝酿、制定和推行了新的经济发展战略，并急切地试图以国民经济“急起追补”的方式，实现以往诸多的经济规划和目标。虽然“急起追补”战略仅仅开了一个头便草草收场，但仍对这两年和其后的国民经济造成了诸多的重大影响。

由于主要领导人的特定思维习惯和所处的时代特点，这一战略呈现出以下内容：1. 在战略目标上，将已故领导人提出而始终未能实施的四个现代

① 薄一波：《若干重大决策与事件的回顾》下卷，人民出版社 1997 年版，第 1246 页。

② 参见《当代中国》丛书编委会：《当代中国的基本建设》（上），中国社会科学出版社 1989 年版，第 194—195 页。

化,作为这一战略各项工作的目标。2. 在战略重点上,突出强调钢铁、能源、化工等少数重工业部门,如在国家重点建设的 120 个重大项目中,这些项目就占了绝大部分。3. 在理论依据上,在生产资料优先增长理论的基础上,根据国际环境的变化重提积极平衡理论。4. 在战略动力上,试图通过"抓住阶级斗争这个纲,一步步地做好社会主义革命和社会主义建设的工作",即用抓纲治国来"把国民经济搞上去"。5. 在战略路径上,在中央专注于以 120 个重点项目为代表的大型基本建设的同时,由地方负责农业"急起追补"和一部分电力、燃料、原材料的生产,即"两条腿追补"。6. 在体制安排上,为便于"两条腿追补",这一战略延续了备战以来地方分权的体制格局。7. 在资源特色上,这一战略以大量引进技术和举借外债为其显著特征。8. 在配置手段上,虽然开始注意利用经济手段管理经济,但整体上依然沿用了过去的行政指令性计划。

需要指出的是,为了实现战略的规划和目标,"急起追补"战略把经济建设推向了极端:第一,客观上的调整、整顿要求和主观上的"急起追补"取向,使这一战略在先天不足的基础上强行推行。经过长期的备战和"文化大革命",1976 年的国民经济已是危机四伏、残破不堪。严峻情况决定了经济工作的当务之急,应当是用一定时间进行调整、整顿,使整个经济达到大体平衡和基本稳定,结束国民经济风雨飘摇的状况。但是进行"急起追补"的主观意愿和重工业优先的内在逻辑,却与将要深入的调整、整顿产生了根本的矛盾。这就意味着这一战略的基础将是勉强和脆弱的,由此进行的"追补"不仅将因为先天不足而困难重重、步履维艰,也会因造成更为严重的产业结构失衡和经济效益低下,而给国民经济带来更加严重的问题。

第二,这一战略不仅提出十年内搞十来个大庆鞍钢、兴建 120 项大型项目等空想的任务和指标,而且在战略一开始就因建设规模过大而使国民经济全局失衡、难以为继。仅 1978 年全年追加的基建投资总数就达 83 亿元,使全国基建投资总额达 500 多亿元,积累率也急剧攀升到 36.5%,成为中华人民共和国成立以来除"大跃进"时期以外最高的年份。不仅如此,1978 年投资方向继续高度集中于重工业,当年重工业实际完成基建投资 243.8 亿元,占全年基建投资总额的 48.7%,占工业基建投资的 89.3%。① 这对过去长期以来形成的畸重畸轻的经济结构,只能是雪上加霜。由于钢铁、能源、化工等重工业发展过快,基建规模过大,使原本就失调的各种比例更加不协

① 参见《当代中国》丛书编委会:《当代中国的基本建设》(上),中国社会科学出版社 1989 年版,第 241—242 页。

调,国民经济岌岌可危。

第三,不切实际地引进技术、举借外债。为了完成战略任务,一些部门和行业把发展建立在空前规模的引进上,尤其是冶金部门一度把钢铁和机械制造所需资金都寄托在外债上。这一时期确定1978—1985年引进规模由原来的65亿美元增加到180亿美元,其中仅1978年就签订78亿美元的现汇合同,而我国1976年和1977年两年的外贸顺差合计才6.6亿美元,①说明这些引进严重超过了我国外汇的支付能力。此外,这些引进要求过急,很多项目没有进行可行性研究和综合平衡就草率决定,给国内建设造成了众多问题。

可以看出,"急起追补"战略只是把备战战略下具有浓厚军事色彩的重工业优先,重新恢复为进行战略赶超的重工业优先,是重工业优先原则时代化和具体化的产物,在本质上是一个极端的重工业优先战略。

第二节　对1978年以来中国经济发展战略变迁实质的分析

综上所述,1978年以来我国逐步探索出现代化建设分"三步走"的经济发展总战略,并先后实施了其第一步分战略——"温饱"战略、第二步分战略——"总体小康"战略布局和第三步分战略的第一阶段——"全面小康"战略。在当前"十三五"规划大力推进和"全面小康"战略面临收尾的背景下,对上述三阶段战略进行深入分析,对在国际国内经济形势风云变幻的环境中顺利实现国民经济从高速向中高速增长的重大转轨,进而如期实现"四个全面"战略布局和"两个一百年"的宏伟目标,具有不言而喻意义和价值。从中央领导的讲话、党和国家的政策文件以及战略实施的过程与效果中,可以归纳、总结和提炼出这一时期三阶段战略如下表所示的基本内容。

1978年以来中国经济发展战略相关情况

战略名称 构成与特征	"温饱"战略 (1979—1987年)	"总体小康"战略 (1988—2000年)	"全面小康"战略 (2001—2020年)
战略目标	GNP比1980年翻番解决温饱问题	人均GNP比1980年翻两番达到小康水平	GDP和城乡居民人均收入比2010年翻一番,实现全面小康

① 李德彬:《中华人民共和国经济史简编(1949—1985)》,湖南人民出版社1987年版,第529—530页。

续表

构成与特征 \ 战略名称	“温饱”战略（1979—1987年）	“总体小康”战略（1988—2000年）	“全面小康”战略（2001—2020年）
理论依据	邓小平理论	邓小平理论	“三个代表”重要思想 科学发展观 习近平新时代中国特色社会主义思想
主导产业	轻工、纺织、食品等	建材、电子、新一代家电等	汽车、房地产、信息技术产业等
发展方式	外延、粗放型	外延、粗放型向内涵、集约型转变	外延、粗放型向内涵、集约型转变
战略模式	增长优先	增长为主，发展为辅	发展优先
战略路径	“两个大局”中的第一个大局	“两个大局”中的第一个大局	“两个大局”中的第二个大局
区域发展	非均衡发展	非均衡发展	协调发展
体制安排	双轨制	社会主义市场经济体制的初步建立	社会主义市场经济体制的初步完善
战略层面	经济并兼顾社会	经济并兼顾社会	经济、社会、人、生态
对外开放	有限范围和领域的政策性开放	扩大范围和领域的政策性开放	全方位的制度性开放
配套战略	东部沿海地区率先发展战略	增加科教兴国战略、可持续发展战略、“走出去”战略、扩大内需战略等	增加西部大开发战略、振兴东北老工业基地战略、中部崛起战略、人才强国战略、自主创新战略、“一带一路”倡议、“四个全面”战略布局、“五位一体”总体布局

一、实现我国现代化的基本前提和逻辑起点
——“温饱”战略

特殊的时代背景和特定的历史使命，使“温饱”战略呈现出下述具有内在逻辑联系的11点内容：1. 在战略目标上，虽然随着战略实施的进程而有所调整，但最终被确定为“实现国民生产总值比1980年翻一番，解决人民的

温饱问题”①。2. 在理论依据上，这一时期经济工作的指导思想，开始由毛泽东的经济思想向邓小平的经济思想转轨，邓小平理论遂成为我国战略建设的理论依据。3. 在主导产业上，我国改变了以往长期实行的重工业优先发展的原则，事实上确立了优先发展轻工业和农业的原则，劳动密集型的轻工、纺织、食品等产业由此得到优先扶持和大力发展，成为这一时期的主导产业。4. 在发展方式上，虽然开始强调经济效益的重要性，但总体上仍延续了以往外延式、粗放型的经济增长方式。5. 在战略模式上，除贯彻“新八字方针”的几年外，这一时期基本延续了以往增长优先的模式。6. 在战略路径上，根据“一部分地区先富裕起来，然后带动其他地区共同富裕”的战略构想，这一时期按邓小平“两个大局”思想中第一个大局的要求，开始在东部沿海地区率先开放，加快发展。7. 在区域发展上，依据上述战略路径，这一时期我国实行了非均衡发展的区域政策。8. 在体制安排上，市场化改革的启动和发展，使这一时期的资源配置出现“计划轨”开始缩小和“市场轨”逐步扩大的“双轨制”运行格局。9. 在战略层面上，超越了以往只注重经济层面的发展，开始强调要兼顾社会的发展。10. 在对外开放上，随着经济特区、沿海开放城市和经济开放带等由东到西、由外向内滚动式地推进，我国走上了有限范围和领域的政策性开放之路。11. 在配套战略上，为配合“温饱”战略的有效实施，这一时期开始推行东部沿海地区率先发展战略。

如上所述，这一战略的实施经历了如下三个时期。

首先，先期实施阶段——国民经济的再次调整（1979—1981 年）。作为“工作重心转移到现代化建设上来”后的“第一场战役”，1979—1981 年的再次调整实际上是“温饱”战略的先期实施阶段。这是因为：其一，这次调整是为营造健康有利的环境，而进行的积极、主动的调整。其二，这次调整肩负着探索新时期经济发展道路的重任。其三，这次调整开始切实重视提高人民生活水平，为温饱问题的解决创造了条件。为配合调整，这一时期我国一方面开始优先发展轻工业和农业，另一方面开启了市场化改革的大门。此外，还拉开了对外开放的大幕，使“两个大局”中第一个大局的构想和非均衡发展的思路开始实践。

其次，初步形成后的稳步推进阶段（1982—1984 年）。在经历了先期实施后，于中共十二大初步形成的“温饱”战略需要进一步把后续调整作为促进战略建设全面高涨的缓冲和过渡。这一时期我国一方面继续优先发展轻工业和农业，另一方面扩展了市场化改革的范围，同时还增大了对外开放的

---

① 《十三大以来重要文献选编》（上），人民出版社 1991 年版，第 16 页。

范围和非均衡发展的力度。在这些卓有成效的政策措施下，“温饱”战略获得了稳步推进。

最后，在高速推进中提前完成阶段（1985—1987年）。1984年10月中共十二届三中全会试图通过全面改革来开创战略建设的高潮。然而，改革的复杂性和中央对这一工作的过度乐观性，不可避免地使宏观经济走向过热。这一时期轻工、纺织和食品等日渐成为主导产业，“双轨制”运行特征也越发显著，同时我国继续扩大对外开放的范围和非均衡发展的力度。正因经济建设的快速推进和人民生活水平的持续提高，“温饱”战略才得以提前完成。

值得指出的是，与温饱相关的问题属于人类的基本物质生活需要范畴，是任何国家都需要面对和解决的基本问题。事实上，这一问题的解决是通往现代化之门的必要条件和起码要求，也即是实现现代化的基本前提和逻辑起点。所以，当邓小平在构思新时期现代化的具体层次和目标时，往往越过这一阶段而直接从小康水平这一现代化的最低层次和最低目标算起。如1979年12月邓小平首次对外宾谈及他对我国现代化的构想时就指出：“我们要实现的四个现代化，是中国式的四个现代化”，“是‘小康之家’”，也就是“到本世纪末”时，我们“要达到第三世界中比较富裕一点的国家的水平，比如国民生产总值人均一千美元”。可“就算是达到那样的水平，同西方来比，也还是落后的”，“所以，我只能说，中国到那时也还是一个小康的状态”。[①] 在即将于中共十二大初步形成“三步走”总战略中的前两步分战略之际，他于1982年8月对此进行了更为直接的说明：现阶段“我们摆在第一位的任务是在本世纪末实现现代化的一个初步目标，这就是达到小康的水平”[②]。显然，这里的小康之家、小康状态和小康水平，是作为现代化诸多层次和目标中的最低层次和最低目标而提出的。在此期间，他又对如何实现这一目标进行了设想，即分解为前十年和后十年两步走来完成。1982年9月的中共十二大通过提出相关的战略目标、战略重点和战略步骤，对此进行了确认和落实。在确信通过两步走、实现翻两番和达到小康的目标能够实现后，他又开始对第三步分战略进行设计。不难看出，邓小平在构思新时期经济发展战略时，虽然是从我国温饱问题尚未解决的现实出发，但其重点则始终围绕着我国现代化的具体层次、目标及其相关标准等问题来进行的，因而在现实中往往越过温饱问题而直接从小康水平这一现代化的最低层次和

① 《邓小平文选》第二卷，人民出版社1994年版，第237页。

② 《邓小平文选》第二卷，人民出版社1994年版，第416页。

最低目标算起。加之“温饱”战略所处的特定历史阶段使其肩负着一些特殊的历史使命和任务，即在新时期的战略建设高涨之前，除了要通过国民经济再次调整来恢复经济社会发展的正常环境外，还要积极为逐步探索出的新经济发展战略营造全面高涨的条件。所以不难理解，虽然解决温饱并不属于现代化范畴，但这一问题的解决却是任何国家走向现代化的必要条件和起码要求。正因如此，这一战略的实质其实是我国实现现代化的基本前提和逻辑起点，是一个为实现现代化创造前提条件的经济发展战略。

二、我国现代化诸多层次与目标中的最低层次及最低目标
——“总体小康”战略

与“温饱”战略类似，这一战略也具有相互联系的11点内容：1. 在战略目标上，虽然随着实践的发展而不断地调整，但最终被确定为“实现人均国民生产总值比1980年翻两番”，“人民生活达到小康水平”。① 2. 在理论依据上，这一时期邓小平理论日臻丰富、成熟和完善，成为“总体小康”战略实施最强有力的思想指导和理论依据。3. 在主导产业上，经过十余年的高速发展，建材、电子和新一代家电等逐渐成为20世纪90年代我国不少地区的主导产业。4. 在发展方式上，由于日益认识到转变经济增长方式的重要性，这一时期我们开始由外延式、粗放型增长方式向内涵式、集约型增长方式转变。5. 在战略模式上，开始矫正增长优先的做法，日益强调要将经济增长和经济发展统一起来。6. 在战略路径上，为了有效推进“总体小康”战略的实施，我国继续按照“两个大局”思想中第一个大局的要求，千方百计地加快东部沿海地区的经济发展步伐。7. 在区域发展上，依据上述战略路径，这一时期继续实行了非均衡发展的区域政策。8. 在体制安排上，这一时期明确了社会主义市场经济体制的改革方向，市场在资源配置中的作用和范围不断扩大。9. 在战略层面上，在以经济建设为中心的同时，继续强调要兼顾社会的发展。10. 在对外开放上，面对经济、科技日益全球化的趋势，这一时期我国大幅扩大了开放的范围和领域，开创了对外开放的新局面。11. 在配套战略上，为既确保“总体小康”战略能如期完成，又为日后“三步走”总战略第三步分战略的顺利实施创造有利条件，我国在前一阶段的基础上根据国际国内环境的变化，又相继实施了科教兴国战略、可持续发展战略、“走出去”战略和扩大内需战略等配套战略。

如上所述，这一战略的实施经历了如下四个阶段。

---

① 《十四大以来重要文献选编》(中)，人民出版社1997年版，第1480页。

首先,起步阶段(1988 年)。虽然 1987 年前后国民经济中存在着“四过一乱”的问题[①],但主持工作的中央领导还是不恰当地将加快改革与发展的速度置于 1988 年经济工作的首位,并在此基础上进行了价格“闯关”[②]。然而,“闯关”的失败使国民经济面临着严峻形势。虽然遭遇暂时的挫折,但这一时期市场化改革依然在深入,对外开放的范围仍然在扩大,非均衡发展的力度也依旧在增大。正因如此,这一战略在起步之年还是得到了较快推进。

其次,特殊实施阶段——国民经济的治理整顿(1989—1991 年)。作为应急性调整的治理整顿,虽是相对独立的一个阶段,但仍从属于“总体小康”战略。这是因为:一方面,治理整顿是在实现这一战略的进程中发生的,其出发点和落脚点都是为了给这一战略的进一步实施创造更好的条件。另一方面,这一时期特别强调保持一定增长速度对实现这一战略的重要性,并在实践中实现了持续的增长和发展。在实践中,虽然这一时期改革出现局部性倒退,但还是在粮油统销价格改革和开放浦东等方面取得一些进展,使改革开放呈现出前进中的徘徊与徘徊中的前进相统一的局面。

再次,快速推进阶段(1992—1997 年)。1992 年年初,邓小平在武昌、深圳、珠海、上海等地的谈话和中共十四大的带动下,改革和发展的大潮再起。鉴于宏观经济出现过热,从 1994 年开始中央重点进行了财税、金融等领域的改革,使宏观调控体系框架于 1997 年初步形成,确保了“软着陆”的成功。与此同时,中央不仅使相关的战略路径和非均衡发展的区域政策得到深化,还通过提出科教兴国战略和可持续发展战略来为转变经济增长方式等工作服务。正是这一系列大刀阔斧的政策措施,使我国到 1997 年正式告别了长期以来的短缺经济,从整体上进入了买方市场阶段,“总体小康”战略的实施也由此取得重大的阶段性成果。

最后,在平稳推进中如期完成阶段(1998—2002 年)。这一时期,中央一方面继续强调要优化经济结构和转变经济增长方式,另一方面则强调通过扩大内需和保持人民币汇率稳定等来应对东南亚金融危机。为此,我国在所有制理论和分配理论上进行了重大突破,并由此使国企改革的理论与实践获得进一步的创新与发展。这一时期,邓小平理论及其在党内的指导地位被最终确立,建材、电子、新一代家电等逐渐成为新一代主导产业,“走

---

① 即过旺的社会需求、过快的工业发展速度、过多的信贷和货币投放、过高的物价涨幅和经济秩序混乱。

② 这方面的具体情况,可参见任志江等:《1988 年价格闯关失败的思考与启示》,《中共中央党校学报》2011 年第 3 期。

出去”战略的提出使“两个利用”的政策也初步形成。在如上政策措施的带动下，这一时期不仅初步建立了市场经济体制，还使“总体小康”战略在平稳推进中如期完成。

需要指出的是，“小康”一词最早出自于《诗经·大雅·民劳》中的“民亦劳止，汔可小康”，意思是人们有劳有逸，日子就能过好，后来儒家把比大同社会较低级的一种社会称为小康。按《礼记》的描述，所谓大同社会是：“大道之行，天下为公，选贤与能，讲信修睦。故人不独亲其亲，不独子其子，使老有所养，壮有所用，少有所长，鳏寡孤独废疾者，皆有所养。”而所谓小康社会则是：“大道之隐，天下为家，各亲其亲，各子其子，货力为己。大人世及以为礼，城郭沟池以为固，礼仪以为纪。以正君臣，以笃父子，以睦兄弟，以和夫妇，以设制度，以立田里，以贤勇知，以功为己。故谋用是作，而兵由此起。禹、汤、文、武、成王、周公，由此其选也。此六君子者，未有不谨于礼者也。以著其义，以考其信，著有过，刑、仁、讲、让，示民有常。如有不如此者，在执者去，众以为殃。是谓小康。”①显然儒家所追求的小康理想，主要是一种人们安居乐业的和谐社会秩序。后来对小康的理解，逐渐演化为人们生活水平所达到的一种状态，即家境较为宽裕，不愁生活温饱，能安然度日但还尚不富足。两千多年来，小康总是人们所追求的目标，但历朝历代都没有真正实现过。

为了既纠正以往我国在现代化建设上急于求成的问题，又能让全国上下对新的战略目标易于理解，邓小平遂借用小康这一提法，来形象地表达我国现代化所要达到的一种层次和目标。如他在 1979 年 10 月指出：过去“我们开了大口，本世纪末实现四个现代化”，“后来改了口，叫中国式的现代化，就是把标准放低一点”。② 经过一段时间的思考和酝酿，他于同年 12 月首次对外宾谈及对我国现代化的新的整体构想：“我们要实现的四个现代化，是中国式的四个现代化”，“是‘小康之家’”，也就是“到本世纪末”时，我们“要达到第三世界中比较富裕一点的国家的水平，比如国民生产总值人均 1000 美元”。可“就算是达到那样的水平，同西方来比，也还是落后的”，“所以，我只能说，中国到那时也还是一个小康的状态”。③ 在“三步走”总战略中的前两步分战略即将于中共十二大初步形成之际，他于 1982 年 8 月对此进行了更为明确的说明：现阶段“我们摆在第一位的任务是在

---

① 《四书五经》，中国友谊出版公司 1993 年版，第 197、256 页。

② 中共中央文献研究室：《邓小平年谱（1975—1997 年）》（上），中央文献出版社 2004 年版，第 563 页。

③ 《邓小平文选》第二卷，人民出版社 1994 年版，第 237 页。

本世纪末实现现代化的一个初步目标，这就是达到小康的水平”①。显然，这里的小康之家、小康状态和小康水平，是作为现代化诸多层次和目标中的最低层次和最低目标而提出的。这就不难理解，“总体小康”战略的实质，是将传统社会理想与现代社会价值观结合起来，以人们生活水平所达到的一种状态，来形象地表达现代化诸多层次与目标中的最低层次及最低目标。

三、“总体小康”战略与实现我国现代化之间承上启下的过渡性阶段

——“全面小康”战略

与“温饱”战略和“总体小康”战略一样，“全面小康”战略也具有以下高度关联的11点内容：1. 在战略目标上，经过逐步的补充和完善，确定为国内生产总值和城乡居民人均收入比2010年翻一番。2. 在理论依据上，为准确认识和有效解决21世纪以来处于“矛盾凸显期”的战略建设中的诸多问题，以及适应国民经济“新常态”和顺利实现“两个一百年”奋斗目标，这一时期中央试图通过“三个代表”重要思想、科学发展观和习近平总书记系列重要讲话为核心的一系列理论创新，来统帅经济社会等各方面的发展。3. 在主导产业上，伴随着资源禀赋比较优势的升级和新型工业化道路的提出，我国经济进入重化工业阶段，汽车、房地产、信息技术产业等逐渐成为这一时期国民经济的主导产业。4. 在发展方式上，由于一系列理论创新成果的影响和2007年以来国际金融危机的冲击，不仅使我国在这一时期将转变经济增长方式的提法修改为转变经济发展方式，而且大大增加了由外延式、粗放型发展方式向内涵式、集约型发展方式转变的紧迫性。5. 在战略模式上，日益强调要将发展置于优先增长的位置。6. 在战略路径上，根据邓小平在“达到小康水平的时候，就要突出地提出和解决这个问题”的设想②，这一时期我国按照“两个大局”思想中第二个大局的要求，开始将区域经济发展由非均衡发展向协调发展进行调整。7. 在区域发展上，根据上述战略路径的安排，开始推行协调发展的区域政策。8. 在体制安排上，我国在社会主义市场经济体制初步建立的基础上，对其进行了初步的完善。9. 在战略层面上，这一时期在强调经济发展的同时，开始格外强调社会、人、生态的发展和这三方面与经济发展的协调推进。10. 在对外开放上，随着加入世界贸易组织，我国的对外开放走上了全方位制度性开放的道路，这标志着中国的对外

① 《邓小平文选》第二卷，人民出版社1994年版，第416页。

② 《邓小平文选》第三卷，人民出版社1993年版，第374页。

开放进入一个新的阶段。11. 在配套战略上,为既确保“全面小康”战略的各项任务能顺利完成,又为现代化目标的如期实现创造有利条件,中央在前一阶段的基础上,又相继实施了西部大开发战略、振兴东北老工业基地战略、中部崛起战略、人才强国战略、自主创新战略和“一带一路”倡议与“四个全面”战略布局等。

如上所述,这一战略的实施大致经历了如下三个时期。

首先,快速推进阶段(2003—2007 年)。这一时期,伴随着资源禀赋比较优势的升级和新型工业化道路的提出,我国经济进入重化工业阶段,“全面小康”建设由此呈现出以汽车、房地产和信息技术产业等为代表的高速发展。同时,随着加入 WTO,我国进入全方位的制度性开放阶段。在此前后,中央试图通过“三个代表”重要思想等理论创新,来统帅经济社会发展。然而,这一时期再次出现的关于改革方向的争论,不可避免地使改革在取得一些进展的同时,也出现了某种程度的迟滞和延缓。即便如此,在重化工业浪潮的带动下,加之“入世”后外需的强劲拉动,这一战略还是得到持续快速的推进。

其次,稳步推进阶段(2008—2012 年)。这一时期中央不仅先后将科学发展观写入党章、确立为党的指导思想,并要求用以科学发展观为核心的一系列理论创新成果指导经济社会发展和“全面小康”战略实施。为有效应对由美国次贷危机引发的国际金融危机,这一时期中央一方面运用扩张性的财政政策和货币政策来扩内需、保增长;另一方面则强调要加快转变经济发展方式,推动产业结构优化升级。为有效推进这一转变,中央还相继提出人才强国战略和自主创新战略。此外,为迅速、有效地应对金融危机带来的冲击,这一时期国家部分地恢复了行政指令性计划,从而使改革出现暂时和局部的停滞。在上述诸多措施的综合作用下,这一时期国民经济总体上保持了平稳较快的发展势头,“全面小康”战略得到稳步推进。

最后,奋力收官阶段。这一时期以习近平发表系列重要讲话的形式,启动了以实现“两个一百年”和中华民族伟大复兴“中国梦”为核心的新一轮理论创新高潮。在实际工作上,中央一方面确定了通过“四个全面”战略布局,来实现“全面小康”战略和“第一个百年”奋斗目标的路径;另一方面,试图通过供给侧结构性改革等来有效应对国民经济发展“新常态”。在这种情况下,虽然以权力监督制约为核心的政治体制改革滞后多年、困难重重,但开始迎来全新的阶段和局面。

值得注意的是,对完成前两步分战略后如何有效实施“三步走”总战略第三步分战略的问题,1995 年 9 月中共十四届五中全会在《中共中央关于制定国民经济和社会发展九五计划和2010年远景目标的建议》中，就对这一分战略头十年的情况做出了初步安排。在此基础上，1997年9月的中共十五大对这一分战略进行了全面的规划和部署，将“三步走”总战略的第三步分战略分解为新世纪的“第一个十年”、“建党一百年”和“建国一百年”三个阶段，客观上形成一个“小三步走”的新格局。此后，中央一再强调2020年的战略任务和“建党一百年”时的奋斗目标。但如前所述，一方面21世纪“第一个十年”从属于头二十年的“全面小康”战略；另一方面，“全面小康”战略从属于“三步走”总战略的第三步分战略。因此，“全面小康”战略实质上是“总体小康”战略与实现我国现代化之间承上启下的过渡性阶段。

第三节　对中华人民共和国成立以来经济体制模式变迁的比较分析

如前所述，伴随着对不同时期经济发展战略的探索，1949年以来我国经济体制模式共经历了九个阶段的演变更迭，形成了五种各具特色而又相互联系的较为完备的体制形态，即新民主主义经济体制模式、传统计划经济体制的集权模式——苏联式中央高度集权型体制、传统计划经济体制的分权模式——毛泽东“虚君共和”体制模式、“双轨制”体制模式、社会主义市场经济体制模式。具体情况如下。

中华人民共和国成立以来经济体制模式变迁情况

体制类型 / 体制特征	新民主主义经济体制模式	苏联式中央高度集权型体制模式	毛泽东“虚君共和”体制模式	“双轨制”体制模式	社会主义市场经济体制模式
基本经济制度	以国营经济为主导，多种经济成分并存	以单一公有制为基础	以单一公有制为基础	以公有制为主体，其他经济成分为补充	以公有制为主体，多种经济成分共同发展
资源配置方式	直接计划、间接计划与市场调节相结合	中央的指令性计划	中央与地方的指令性计划	计划与市场调节相结合	市场发挥基础性和决定性作用
财政管理体制	统一领导，分级管理	统收统支	在频繁变动中摸索理想的分权形式	“分灶吃饭”	分税制

一、新民主主义经济体制模式(1949—1952年)

1949年到1952年中华人民共和国成立之初,与当时的新民主主义国家性质相适应,我国实行了新民主主义经济体制模式。这种模式具有如下主要特征:1. 在基本经济制度上,国营经济、合作社经济、国家资本主义经济、个体经济和私人资本主义经济这五种经济成分分工合作、各得其所,但以国民经济为主导。2. 在资源配置方式上,实行直接计划、间接计划和市场调节相结合的多样化多层次的方式,既强调国民经济的计划性,又注意发挥市场机制的基础性作用。3. 在财政、金融、企业、物资、基建等具体管理方式上,实行统一领导、分级管理。

这种体制模式虽然实施的时间短暂,但在新中国经济体制模式探索史上却占据着重要地位。一方面,它促进了新民主主义社会多种所有制经济的共同发展,有力推动了中华人民共和国成立初期国民经济的恢复和发展。另一方面,开创了新中国把计划和市场有机结合起来进行资源配置的先河,积累了党领导经济工作经验。

二、传统计划经济体制的集权模式

——苏联式中央高度集权型体制(1953—1957年和1961—1964年)

如前所述,中华人民共和国成立初期由于国民经济恢复之需,当时的新民主主义经济体制已呈现出一定的集中态势。当确定通过重工业优先发展战略来实现我国的工业化后,这种战略的内在理论逻辑和相应的政策体系要求,直接造成了经济管理权力在"一化三改"中回归中央,并由此导致以苏联模式为蓝本的中央高度集权型计划体制的加强与最终确立。为有效应对"大跃进"失败后造成的严重困难,20世纪60年代前期在国民经济调整过程中,中央逐步恢复了这种高度集权型体制。这种模式具有如下主要特征:1. 在基本经济制度上,以纯而又纯的单一公有制为基础。2. 在资源配置方式上,以中央指令性计划为主。3. 在财政、金融、企业、物资、基建等具体管理方式上,都以中央集中统一管理为主。

这种中央高度集权的计划经济体制在特殊时期的特殊环境下,的确能发挥其通过统一调配资源集中解决相关问题的优势,但这种体制模式有其难以克服的根本性问题,集中表现为激励机制不足、经济缺乏活力、整体效益低下、社会结构失衡等。事实也证明,这种体制模式既使"一五"计划取得辉煌成果,也使这种体制的症结在1956年前后集中暴露出来。与之类似,20世纪60年代国民经济调整后期,随着这种高度集权体制模式的"复归”,原有弊病也再次显现。

三、传统计划经济体制的分权模式

——毛泽东“虚君共和”体制模式(1958—1960年和1965—1976年)

如前所述,针对苏联式中央高度集权型体制的弊病和经济建设中的其他问题,中央两度重新反思和探索我国的体制模式与发展道路,并于中共八大前后和国民经济调整后期分别探索出一些积极成果。然而,毛泽东对这些探索成果并不感到满意。他从自己既有的经验和思路出发,试图寻找一种能够突破常规的经济发展捷径。随着他对“大跃进”战略的酝酿趋于成熟,在体制上配套地进行以中央与地方大规模分权为核心的毛泽东“虚君共和”体制模式也逐渐完善起来,并最终在“大跃进”和备战期间两次付诸实践,以期通过这种分权一方面弥补原有体制的缺陷,另一方面来配合这两种新战略的实施。① 这一模式具有以下特征:1. 在基本经济制度上,延续了纯而又纯的单一公有制。2. 在资源配置方式上,为配合“大跃进”战略的推行,将中央指令性计划变为中央与地方两种指令性计划。3. 在财政、金融、企业、物资、基建等具体管理方式上,将前一阶段以中央集中统一管理为主,变更为中央与地方分权管理。

不难看出,毛泽东“虚君共和”体制模式是对苏联式中央高度集权型体制模式的修正,是传统计划经济体制的另外一种实现形式。它试图通过对上“虚君”——中央下放经济管理权力和对下“实地”——地方直接创办经营企业,来修正此前体制模式的弊病。由于这一体制最终是为既定的经济发展战略服务的,这就使这种模式只是调动了地方参与经济建设的积极性,而不可能解决其在发展道路上的自主性问题。换句话说,就是为了更好地完成中央既定的经济发展战略,这是毛泽东“虚君共和”体制中权限变化的前提和条件。在这种原则下,中央分给地方的权力是有严重局限性的。由于不能背离发展战略这个中心,地方分权后就不能真正自主地按资源禀赋的比较优势来发展自己的经济,从而也就不能越出中央统一指令性计划的“笼子”。这意味着地方只能围绕着既定战略和中央计划发挥积极性,而不具备发展经济所需的具有实质意义的自主性权力,这是毛泽东“虚君共和”体制始终难如人愿的重要原因,也是1978年以后经济体制模式探索逐渐走向正轨的重要原因。②

---

① 关于这两次大规模分权实践的具体情况,可以参见任志江:《毛泽东“虚君共和”构想探析》,《社会科学辑刊》2005年第5期。

② 参见任志江:《新中国成立后毛泽东“虚君共和”经济体制构想的渊源和实质研究》,《科学社会主义》2009年第6期。

四、“双轨制”体制模式(1979—1987 年)

面对重工优先发展战略和传统计划经济体制所造成经济发展的严峻局面,中央在新时期一再强调要改变过去重工业过重、轻工业过轻以及忽视人民生活的片面做法,并随之对经济发展战略进行了全新的探索,“三步走”总战略开始酝酿形成。经济发展战略的更迭和国民经济运行格局的变化,使经济体制改革随之如火如荼地开展起来,“双轨制”体制模式开始出现。这一模式具有以下特征:1. 在基本经济制度上,打破了长期以来单一公有制一统天下的局面,开始走上以公有制为主体、其他经济为补充的道路。2. 在资源配置方式上,重新引入市场机制,计划和市场共同调节经济运行。3. 在具体管理方式上,以财税方面的“分灶吃饭”为代表,不断给地方和企业放权。

如前所述,由于体制外增量改革的渐进性特点,这种“计划轨”逐步缩小和“市场轨”逐渐扩大的“双轨制”体制模式经历了两个发展阶段,即 1979—1984 年的“计划经济为主、市场调节为辅”阶段和 1985—1987 年的“有计划的商品经济”阶段。容易看出,“计划经济为主、市场调节为辅”模式突破了传统计划经济体制的观念与模式,是新时期我国体制改革中形成的第一个比较系统的目标模式。“有计划的商品经济”模式则是对“计划经济为主、市场调节为辅”模式的突破和升级。它科学地阐明了商品经济的发展是我国经济发展不可逾越的历史阶段,突破了长期以来将社会主义与商品经济、计划经济与商品经济对立起来的观念,指出了它们之间的统一性与兼容性。这一理论和模式一方面揭示出 1957 年我国进入社会主义初级阶段后,经济中诸多问题的根源不是简单地在于排斥市场和市场机制,或是统的过多、管得过死之类的问题,而在于原有经济体制模式整体;另一方面,它又规划出改革的方向和性质,强调改革不是简单地引入市场机制和扩大市场调节范围,而是要实现体制模式的转换和升级,即按照商品经济及其规律的要求,重新构造所有制模式及其运行机制。①

五、社会主义市场经济体制模式

随着“三步走”总战略的推进和市场化改革的深入,改革的目标终于在 1992 年中共十四大被明确为社会主义市场经济体制。这是一个古今中外经济学经典中从没有过的概念,是一种史无前例的体制模式。因此,从理论

① 参见赵德馨:《中国近现代经济史(1949—1991)》,河南人民出版社 2003 年版,第 365 页。

上看它是我国的一次真正的理论创新,是马克思主义中国化的光辉典范。从实践上看,它是社会主义经济体制的一次真正变革,是中国特色社会主义探索中的一个伟大创举。这一模式具有以下特征:1. 在基本经济制度上,以公有制为主体、多种经济成分共同发展。2. 在资源配置方式上,先是明确了要使市场在资源配置中发挥基础性作用,随后在2013年的中共十八届三中全会上又进一步明确为要使市场在资源配置中发挥决定性作用。3. 在具体管理方式上,以财税方面的分税制为代表,日益规划各项经济管理制度和政府与市场主体的行为。

需要指出的是,虽然不管中共十三大提出的"国家调节市场、市场引导企业"模式仍属"有计划的商品经济"的范畴,还是治理整顿时期重提的"计划经济与市场调节相结合"模式出现体制"复归",由于它们都隶属于"三步走"总战略中第二步分战略的实施阶段,所以这里将其都划归到社会主义市场经济体制模式这一大阶段中。在2000年前后初步建立的基础上,社会主义市场经济体制模式又在21世纪分别进行了初步完善、进一步完善和向纵深完善。

第四节 几点重要认识

第一,中华人民共和国成立以来经济发展战略的演变和经济体制模式的变迁,都贯穿着一个深层次的共同取向。虽然在各自的构成、特点与实施情况上存在不少差别,但从前文不难看出,中华人民共和国成立以来每一战略和相关体制都贯穿着一个深层次的共同取向,即都是为了实现中国的现代化和中华民族的崛起与复兴。从文中不难看出,无论重工业优先发展原则下的"一五"战略、"大跃进"战略、备战战略、"急起追补"战略,和"三步走"总战略中的"温饱"战略、"总体小康"战略、"全面小康"战略,还是苏联式中央高度集权型体制模式、毛泽东"虚君共和"体制模式、"双轨制"体制模式和社会主义市场经济体制模式,都是在不同经济水平和历史阶段上对人民富裕、国家富强与民族复兴的诉求。可以预见,无论今后我国战略和体制的构成、特点和实施情况发生什么变化,这一取向和主题则是不会变的。

第二,经济发展战略与经济体制变革,具有息息相关的历史互动性。一方面,战略的性质和特点,规定着体制变革的方向与力度。如前所述,不仅重工业优先发展战略的内在逻辑要求引致出排斥非公有制经济成分和市场机制的传统计划经济体制,而且因不同时代特点和环境要求所产生的"一五"、"大跃进"、备战和"急起追补"等具体战略,也因各自对配套体制的不同具体要求而引起不同的体制变革并形成了不同的体制模式。同理，改革开放后的治理整顿时期，当改革受到质疑并影响到"总体小康"战略的推进时，邓小平就多次表达了对这一战略能否按期实现的忧虑。为打开局面，1992年年初他在武昌、深圳、珠海、上海等地的谈话，预示着改革将再次成为推进这一战略的引擎和动力。另一方面，体制变革的方向和力度，决定着战略实施的效果与进程。如改革开放前因排斥市场机制的认识和做法，严重违反经济发展规律，背离社会发展方向，致使无论体制怎样变革都无法走出效益低下的困局，并且呈现出体制背离程度与战略实施效果的负相关关系。反之，改革开放后随着市场化改革的不断深入，战略建设得到持续推进，"总体小康"战略得到迅速推进。当然，任何事物都有两面性。当改革因步伐过大而超出经济社会的承受范围，或因各种原因而停滞不前甚至倒退时，则会对经济发展和战略建设造成负面影响。1988年的经济波动和治理整顿时期发展低迷，就是这两种情况的真实写照。

第三，这些战略和体制呈现出历史性和发展性相统一的特征。前述战略和体制都是为了实现中国的现代化，而在特定的历史背景和经济条件下形成并实施的，都被打上了深深的历史烙印，因而表现出各自鲜明的历史性特征。这在每一战略和体制构成与特征中，得到了具体和充分的体现，在此不再赘述。与此同时，这些战略和体制也具有显著的与时俱进的发展性，这既体现在它们各自的特点中，也体现在它们之间依次交替的演变更迭上。如在统计指标上，"温饱"战略就经历了从工农业生产总值向国民生产总值的转变，"总体小康"战略经历了从国民生产总值向人均国民生产总值的转变，而"全面小康"战略则经历了从国内生产总值到人均国内生产总值和城乡居民人均收入的转变。同时，这些战略和体制之间依次交替的演变更迭，本身就体现出显著的顺承和递进的螺旋式上升、发展的特点。除此之外，这些战略和体制的这种历史性和发展性，还呈现出高度的统一性。如"温饱"战略的实施造成经济增长与经济发展的脱节，"总体小康"战略实施期间试图解决这一问题，但又产生了经济发展与社会发展相脱节的问题，"全面小康"战略实施时则试图解决这一新的问题。事实上，经济发展战略和经济体制模式的演变更替，呈现出我国社会主义的终极奋斗目标和中华民族的崛起复兴目标，同经济发展规律、社会进步方向与人类普世价值逐渐契合的趋向，深深地体现着历史性和发展性相统一的特征。

第四，能否按照经济发展的一般规律发挥我国资源禀赋的比较优势，不仅是1978年前后发展战略与经济体制推行效果截然相反的深层原因，也直接关系到全面小康、现代化和中华民族伟大复兴"中国梦"能否顺利实现。

1978年前,我国违反劳动力丰富和资本技术稀缺的资源禀赋比较优势,超越阶段的长期推行了重工业优先发展战略。虽然在重工业优先发展的原则和框架内我们做了各种努力和尝试,并先后形成了如前所述的四个形态各异的经济发展战略,但重工业资本高度密集的特点和其在各个战略中的优先性,决定了它必然在每一战略的推行中都使其他产业受到排挤,不可避免地造成严重的产业失衡和比例失调,最终使这些战略的贯彻和实施始终都困难重重、难以为继。即便是执行情况较好的"一五"战略,也从一开始就受到农业滞后的影响,并在执行中问题不断加剧,以致因农业滞后而使其在战略后期步履维艰,迫使中央不得不重新探索中国的工业化道路。纵观改革开放前的四个战略,在此问题上都概莫能外,并且虽几经探索也未能解决。这就说明,这些问题是重工业优先战略与生俱来的问题,它不会因重工业优先原则下的战略表现形式不同而消失。只要重工业优先原则不改变,这些问题就不会解决。与之相反的是,1978年后"三步走"总战略的探索和实施,使我国经济社会发展面貌焕然一新。具体来说,正因"温饱"战略在一定程度上切合了经济学中资源禀赋比较优势理论的要求,发挥了我国劳动力丰富的资源禀赋优势,才得以顺利实施并提前完成。"总体小康"战略在延续我国劳动力资源优势的基础上,又顺应资源禀赋比较优势升级的要求,开始将经济发达地区的产业结构由劳动密集型产业为主向资本密集型产业为主过渡,这使固有的劳动力资源优势和新生的资本资源优势都得到了较为充分的发挥,确保了这一战略的快速推进和按时完成。21世纪以来,我国资源禀赋比较优势加速由劳动密集型向资本密集型甚至技术密集型升级过渡,伴随着属于资本密集型和技术密集型的重化工业的快速发展,"全面小康"战略也得以快速推进和顺利完成。事实证明,能否在立足国情的基础上充分发挥我国资源禀赋的比较优势,是"一五"、"大跃进"、备战、"急起追补"战略失败和"温饱"、"总体小康"、"全面小康"战略成功的深层原因。事实上,能否遵循经济发展的一般规律,根据我国资源禀赋的演变特点,充分发挥每个阶段的比较优势,也直接关系到今后全面小康、现代化和中华民族伟大复兴"中国梦"能否顺利实现。

第五,"虚君共和"体制模式的实质是毛泽东试图在坚持单一公有制和指令性计划的原则下,通过借鉴党在以往经济管理中的经验教训,而探索出的一套不背离传统计划经济体制要求的具体管理方法。由于斯大林曲解了经典作家关于未来社会基本特征的设想,片面地认为社会主义国家都应该在彻底消灭私有制的基础上,运用排斥市场机制的指令性计划来实现国民经济有计划、按比例地发展,这就使以单一公有制和指令性计划为基础的传统计划经济体制由此被认为是社会主义的基本特征，并在社会主义阵营形成了广泛的共识，造成了深远的影响。虽然当时的大多数社会主义国家都仿效苏联建立起运用中央指令性计划进行资源配置的高度集权型体制，但因对这一体制理解上的差异和考虑重点的不同，事实上也使这种体制在资源配置上存在局部调整的空间和可能。如前所述，当中央高度集权型体制的神话被打破后，毛泽东遂开始对我国的经济体制模式进行探索。从前述内容不难看出，除在基本经济制度和资源配置方式上的根本不同外，在财税、金融、企管、物资、基建等具体管理方式上，毛泽东"虚君共和"体制模式与中华人民共和国成立初期的新民主主义经济体制模式有不少相似之处。任何一种主张和行为的产生，都"首先从已有的思想材料出发"，"虽然它的根源深藏在物质的经济的事实中"。① 事实上，受早期思想和战争年代与中华人民共和国成立初期经济工作实践的影响，理想的驱使和经验的惯性使毛泽东在探索中央高度集权型体制的替代物时，很自然地从自己过去的思想和现成的经验教训中寻找出路。这就使毛泽东"虚君共和"体制模式在不动摇单一公有制和指令性计划这些当时被认为是社会主义基本特征的原则下，只能在国民经济各部门和各领域的管理权限配置上，借鉴从党长期实践中总结出的中央与地方分权管理的形式，从而使这一模式在具体经济制度上必然出现向中央高度集权型体制建立前的某种回归，即出现了通过"中央只管虚"来实现地方经济管理权力"实"的体制变革。这种只通过下放各种具体经济制度中的管理权限来寻求解决体制集中以来诸多问题的做法，意味着"虚君共和"体制模式是毛泽东在坚持单一公有制和指令性计划的原则下，试图通过借鉴以往经济管理中的经验教训，而探索出的一套不背离传统计划经济体制要求的具体管理方法。由于局限在单一公有制和指令性计划的窠臼里，这就使这种探索从一开始就只能在传统计划经济体制的"笼子"里进行调整和改进。因此，作为中央高度集权型体制替代物的"虚君共和"体制模式，虽然是针对原有体制的弊病而提出的，并且把原来主要依靠中央指令性计划进行资源配置的状况，通过"虚君"放权，变通为中央和地方双重的指令性计划，但偏离我国生产力水平的基本经济制度和排斥市场机制的资源配置方式，却使这种新的体制模式依然难以摆脱传统计划经济体制的范畴。②

① 《马克思恩格斯选集》第三卷，人民出版社 1972 年版，第 404 页。

② 参见任志江：《新中国成立后毛泽东"虚君共和"经济体制构想的渊源和实质研究》，《科学社会主义》2009 年第 6 期。

第六,不能把生产关系、上层建筑和意识形态上的盲目变革,当作经济发展的动力。不管是“三大改造”在否定新民主主义经济优越性的基础上急于向社会主义过渡,还是人民公社化运动由于高估发展速度和经济潜力而急于向共产主义过渡,都因超越了当时的经济水平而给发展战略带来了消极影响,结果是欲速则不达。此外,后来又一再强调的“抓革命、促生产”和“抓纲治国”,则把通过阶级斗争和人的思想革命化,作为推进战略实施和经济发展的直接动力,把脱离中国国情和违背经济规律的主观意识决定论发展到一个极端。马克思主义基本原理和中外经济史的事实,都既说明了用不断变革生产关系的办法促进生产力发展,违反了生产关系一定要适应生产力的客观规律,结果只能破坏生产力的发展,又一再证明经济发展速度不取决于人们的主观愿望与主观能动性,人们只能去做经过努力可以达到的事情,只能根据需要和可能合理确定经济速度,而不能凭空用上层建筑和意识形态上的变革来推动经济发展。

第七,理论创新成果只有通过相关的制度设计和体制改革作保障,才可能得到切实有效的贯彻落实。纵观中华人民共和国成立以来经济发展战略的实施情况,不难发现每一次理论创新成果贯彻落实的好坏和对实践指导的效果,都跟其后制度设计和体制改革的情况直接相关。21 世纪以来,中央相继提出了以“三个代表”重要思想、科学发展观和习近平新时代中国特色社会主义思想为核心的一系列理论创新成果。虽然这些成果的提出,有力指导了我国经济社会的发展,但对一些固有和新生的问题与矛盾却未能及时有效地解决。其实,这并不是这些理论创新成果本身的问题,而恰恰在于我国缺少与这些成果相配套的制度设计和体制改革,所以只能使不少理论创新成果流于形式。因此,今后应围绕习近平新时代中国特色社会主义思想进行具体的制度设计,全力推进相关体制的改革,努力营造各方面的环境和条件,唯有如此,才能切实有效地贯彻落实这些理论创新成果。

第八,通过“顶层设计”切实推进以权力监督制约为核心的政治体制改革,是有效破解当前我国经济社会中诸多难题和实现全面小康、现代化与中华民族伟大复兴“中国梦”的关键。21 世纪以来处于“发展机遇期”和“矛盾凸显期”的阶段性特点,因政治体制改革长期滞后而本已困难重重的诸多改革和发展问题,变得更为复杂和严峻。事实上,破解以权力监督制约为核心的政治体制改革的难题,切实推进相关各方面的改革,已成为真正破解当前我国经济社会中的诸多难题和实现全面小康、现代化与中华民族复兴“中国梦”的关键。如 2005 年 10 月中共十六届五中全会就指出:“着力推进政府行政管理体制改革”，已经是“全面深化改革和提高对外开放水平的关键”。① 2010年8月，温家宝也再次指出：我们不仅应推进经济改革，还要推进政治体制改革，因为如果没有后者的保障，前者改革的成果就会得而复失，现代化建设的目标也就不可能实现。② 不谋万世者，不足谋一时；不谋全局者，不足谋一域。古今中外的实践证明，政体改革因其特殊性，必须通过“顶层设计”才能“纲举目张”并进而有效推进。这即是说，由于这种改革的高度关联性、配套性，需要高屋建瓴地制定具有全局性、系统性、前瞻性的改革方案，全面而系统的整体推进，而不能靠零敲碎打。更重要和现实的是，相比于其他领域的改革，以权力监督制约为核心的政治体制改革涉及更大利益和更深层次的调整，可谓牵一发而动全身。如果不能“顶层设计”，则必然会因缺少推进改革的勇气与决心和冲破相关利益集团抵制阻挠的权威与力量，而使政治体制改革陷于停滞甚至倒退。因此，能否通过“顶层设计”切实推进政治体制改革，不仅考验着执政高层的智慧和勇气，事实上也是全面小康、现代化和中华民族伟大复兴“中国梦”实现的关键。这就需要党中央在十八大以来从严治党的基础上，在中共十九大之后继续推进党和国家的科学化、民主化、法治化建设，切实加强对权力运行的制约与监督，真正把“权力关进制度的笼子里”。

---

① 《十六大以来重要文献选编》（中），中央文献出版社2006年版，第1054页。

② 参见《人民日报》2010年8月22日。

主要参考文献

一、文献资料汇编

[1]《中国共产党第八次全国代表大会文献》,人民出版社1957年版。

[2]国家统计局:《伟大的十年》,人民出版社1959年版。

[3]《当代中国的计划工作》办公室:《中华人民共和国国民经济和社会发展计划大事辑要》(内部发行),红旗出版社1987年版。

[4]国家计委经济条法办公室:《中华人民共和国计划法(资料汇编)》,法律出版社1983年版。

[5]财政部综合计划司:《中华人民共和国财政史料》(第1辑),中国财经出版社1982年版。

[6]财政部综合计划司:《中国国家财政收支统计(1950—1983)》,中国财经出版社1986年版。

[7]国家统计局:《国民收入统计资料汇编(1949—1985)》,中国统计出版社1987年版。

[8]国家统计局:《新中国五十年统计资料汇编》,中国统计出版社1999年版。

[9]国家统计局:《新中国六十年统计资料汇编》,中国统计出版社2010年版。

[10]全国人大常委会办公厅研究室:《中华人民共和国人民代表大会文献资料汇编》,中国民主法制出版社1990年版。

[11]《中华人民共和国第五届全国人民代表大会第一次会议文件》,人民出版社1978年版。

[12]国家经贸委:《中国工业五十年》(第五部),中国经济出版社2000年版。

[13]国家农业委员会办公厅:《农业集体化重要文件汇编》,中共中央党校出版社1981年版。

[14]《当代中国》丛书编委会:《当代中国物资流通》,当代中国出版社1993年版。

[15]《当代中国》丛书编委会:《当代中国的经济体制改革》,中国社会科学出版社1984年版。

[16]《当代中国》丛书编委会:《当代中国的农业机械化》,中国社会科学出版社1991年版。

[17]《当代中国》丛书编委会:《当代中国的基本建设》,中国社会科学出版社1989年版。

[18]《当代中国》丛书编委会:《当代中国经济》,中国社会科学出版社1987年版。

[19]中国社会科学院、中央档案馆:《1949—1952年中华人民共和国经济档案资料选编》(综合卷),中国城市经济出版社1990年版。

[20]中国社会科学院、中央档案馆:《1953—1957年中华人民共和国经济档案资料选编》(固定资产投资与建筑业卷),中国物价出版社1998年版。

[21]中国社会科学院、中央档案馆:《1953—1957年中华人民共和国经济档案资料选编》(财政卷),中国物价出版社2000年版。

二、经 典 文 献

[1]毛泽东:《毛泽东选集》(4卷本),人民出版社1991年版。

[2]毛泽东:《毛泽东选集》(第5卷),人民出版社1977年版。

[3]中共中央文献研究室:《毛泽东书信选集》,中央文献出版社2003年版。

[4]刘少奇:《刘少奇选集》(上卷),人民出版社1981年版。

[5]刘少奇:《刘少奇选集》(下卷),人民出版社1985年版。

[6]中共中央文献研究室:《刘少奇论新中国经济建设》,中央文献出版社1993年版。

[7]周恩来:《周恩来选集》(上卷),人民出版社1980年版。

[8]周恩来:《周恩来选集》(下卷),人民出版社1984年版。

[9]中共中央文献研究室:《周恩来经济文选》,中央文献出版社1993年版。

[10]中共中央文献研究室:《周恩来年谱(1949—1976)》,中央文献出版社1997年版。

[11]陈云:《陈云文选(1949—1956)》,人民出版社1984年版。

[12]陈云:《陈云同志文稿选编(1956—1962)》,人民出版社1981年版。

[13]邓小平:《邓小平文选》(3卷本),人民出版社1994年版。

[14]李富春:《李富春选集》,中国计划出版社1992年版。

[15]中共中央文献研究室:《李富春传》,中央文献出版社2001年版。

[16]李先念:《李先念文选》,人民出版社1989年版。

[17]薄一波:《若干重大决策与事件的回顾》,人民出版社1997年版。

[18]江泽民:《江泽民文选》(3卷本),人民出版社2006年版。

[19]中共中央文献研究室:《三中全会以来重要文献选编》(上、下卷),人民出版社1982年版。

[20]中共中央文献研究室:《十二大以来重要文献选编》(上、中、下卷),人民出版社1986、1988年版。

[21]中共中央文献研究室:《十三大以来重要文献选编》(上、中、下卷),人民出版社1991、1993年版。

[22]中共中央文献研究室:《十四大以来重要文献选编》(上、中、下卷),人民出版社1996、1997、1999年版。

[23]中共中央文献研究室:《十五大以来重要文献选编》(上、中、下卷),人民出版

社 2000、2001、2003 年版。

[24]中共中央文献研究室:《十六大以来重要文献选编》(上、中、下卷),中央文献出版社 2005、2006、2008 年版。

[25]中共中央文献研究室:《十七大以来重要文献选编》(上、中卷),中央文献出版社 2009、2011、2013 年版。

[26]中共中央文献研究室:《十八大以来重要文献选编》(上卷),中央文献出版社 2014 年版。

[27]中共中央党史研究室:《中国共产党历史》第 2 卷,中共党史出版社 2011 年版。

三、专　著

[1]吴承明、董志凯:《中华人民共和国经济史(1949—1952)》,中国财政经济出版社 2001 年版。

[2]赵德馨主编:《中华人民共和国经济史》(多卷本),河南人民出版社 1989 年版。

[3]赵德馨主编:《中华人民共和国经济专题大事记》(多卷本),河南人民出版社 1989 年版。

[4]赵德馨:《中国近现代经济史(1949—1991)》,河南人民出版社 2003 年版。

[5]苏少之:《中国经济通史》(第十卷上册),湖南人民出版社 2002 年版。

[6]武力:《中华人民共和国经济史》(上、下册),中国经济出版社 1999 年版。

[7]曾培炎主编:《中国投资建设五十年》,中国计划出版社 1999 年版。

[8]项怀诚主编:《中国财政 50 年》,中国财政经济出版社 1999 年版。

[9]林毅夫等:《中国的奇迹:发展战略与经济改革》,上海三联书店 1999 年版。

[10]柳随年、吴群敢:《"大跃进"和调整时期的国民经济(1958—1965)》,黑龙江人民出版社 1984 年版。

[11]柳随年等:《六十年代国民经济调整的回顾》,中国财政经济出版社 1982 年版。

[12]苏星等:《新中国经济史资料选编》,中共中央党校出版社 2000 年版。

[13]宋连生:《总路线、大跃进、人民公社化运动始末》,云南人民出版社 2002 年版。

[14]赵梦涵:《新中国财政税收史论纲》,经济科学出版社 2002 年版。

[15]叶善蓬:《新中国价格简史(1949—1978)》,中国物价出版社 1993 年版。

[16]李子超、卢彦:《当代中国价格简史》,中国商业出版社 1990 年版。

[17]盛斌、冯仑主编:《中国国情报告》,辽宁人民出版社 1991 年版。

[18]辛向阳:《大国诸侯:中国中央与地方关系之结》,中国社会出版社 1995 年版。

[19]董辅礽等著:《集权与分权:中央与地方关系的构建》,经济科学出版社 1996 年版。

[20]薄贵利:《集权分权与国家兴衰》,经济科学出版社 2001 年版。

[21]谢庆奎等:《中国地方政府体制概论》,中国广播电视出版社 1998 年版。

[22]毛寿龙:《中国政府功能的经济分析》,中国广播电视出版社 1996 年版。

[23]房维中主编:《中华人民共和国经济大事记》中国社会科学出版社 1984 年版。

[24]郑谦、韩钢:《毛泽东之路·晚年岁月》,中国青年出版社 1993 年版。

[25]萧延中:《晚年毛泽东》,春秋出版社 1989 年版。

[26]陈明显:《晚年毛泽东(1953—1976)》,江西人民出版社 2003 年版。

[27]张化、苏采青主编:《回首文革》,中共党史出版社 2000 年版。

[28]顾龙生:《毛泽东经济年谱》,中共中央党校出版社 1993 年版。

[29]赵梦涵:《新中国财政税收史论纲》,经济科学出版社 2002 年版。

[30]马洪:《经济结构与经济管理》,人民出版社 1982 年版。

[31]马洪、孙尚清主编:《中国经济结构问题研究》,人民出版社 1981 年版。

[32]何帆:《为市场经济立宪——当代中国的财政问题》,今日中国出版社 1998 年版。

[33]薛暮桥:《中国社会主义经济问题研究》,人民出版社 1979 年版。

[34]王年一:《大动乱的年代》,河南人民出版社 1988 年版。

[35]陈东林等主编:《中华人民共和国实录》(第 3 卷),吉林人民出版社 1994 年版。

[36]陈东林:《三线建设——备战时期的西部开发》,中共中央党校出版社 2003 年版。

[37]杨明伟:《走出困境——周恩来在 1960—1965》,中央文献出版社 2000 年版。

[38]刘国新等主编:《中华人民共和国历史长编》(多卷本),广西人民出版社 1994 年版。

[39]黄修荣主编:《中国 20 世纪全史》(多卷本),中国青年出版社 2001 年版。

[40]林毅夫:《发展战略与经济改革》,北京大学出版社 2004 年版。

[41]林毅夫:《发展战略与经济发展》,北京大学出版社 2004 年版。

[42]宇剑、杜蒲等:《国力论——国家·国力·国人命运的世纪嬗变与抉择》,山东人民出版社 1999 年版。

[43]辛向阳:《百年博弈——中国中央与地方关系 100 年》,山东人民出版社 2000 年版。

[44]赵士纲主编:《回顾与思考:共和国经济建设之路》,经济管理出版社 1999 年版。

[45]杨小凯:《当代经济学与中国经济》,中国社会科学出版社 1997 年版。

[46]吴锦江:《1979—1992 年中国沉思录》,四川人民出版社 1992 年版。

[47]马凯、曹玉书主编:《计划经济体制向社会主义市场经济体制的转轨》,人民出版社 2002 年版。

[48]吴凌志军:《沉浮——中国经济改革备忘录(1989—1997)》,东方出版中心 1998 年版。

[49]羊慧明、唐步云:《中国 1992:背水之战》,四川人民出版社 1992 年版。

[50]贺耀敏、武力:《五十年国事纪要·经济卷》,湖南人民出版社 1999 年版。

[51]李德彬:《中华人民共和国经济史简编(1949—1985)》,湖南人民出版社 1987 年版。

[52]程中原等:《1976—1981 年的中国》,中央文献出版社 1998 年版。

[53]孙启泰等:《大寨红旗的升起与坠落》,河南人民出版社 1990 年版。

[54]刘国光主编:《中国经济发展战略问题研究》,上海人民出版社 1984 年版。

[55]丛树海等主编:《新中国经济发展史 1949—1998》,上海财经大学出版社 1999 年版。

[56]吕政、史忠良:《从贫穷走向小康——中国经济五十年》,经济管理出版社 1999 年版。

[57]史忠良、吴志军:《经济发展战略与布局》,经济管理出版社 1999 年版。

[58]陈慧琴:《技术引进与技术进步研究》,经济管理出版社 1997 年版。

[59]张培刚:《农业与工业化——农业国工业化问题初探》,华中工学院出版社 1984 年版。

[60]吴敏一等:《中国工业化理论和实践探索》,浙江人民出版社 1991 年版。

[61]周振华:《体制改革与经济增长:中国经验与范式分析》,上海三联书店、上海人民出版社 1999 年版。

[62]王琢:《中国经济模式论》,湖南人民出版社 1988 年版。

[63]李惠茹:《中国经济腾飞的路径选择》,中国城市出版社 2002 年版。

[64]谢春涛:《大跃进狂澜》,河南人民出版社 1990 年版。

[65]谢春涛主编:《历史的轨迹:中国共产党为什么能?》,新世界出版社 2011 年版。

[66]谢春涛主编:《中国特色社会主义史》,福建人民出版社 2008 年版。

[67]李君如主编:《小康中国》,浙江人民出版社 2003 年版。

[68]李君如等著:《全面建设小康社会》,中国水利水电出版社 2006 年版。

[69]张静如总主编:《中华人民共和国发展史》多卷本,青岛出版社 2009 年版。

[70]程中原等:《1976—1981 年的中国》,中央文献出版社 1998 年版。

[71]杨胜群主编:《小康社会理论与实践发展三十年》,中央文献出版社 2009 年版。

[72]赵凌云主编:《中国发展过大关——发展方式转变的战略与路径》,湖北人民出版社 2008 年版。

[73]贺耀敏、武力:《五十年国事纪要·经济卷》,湖南人民出版社 1999 年版。

[74]薛暮桥:《薛暮桥回忆录》,天津人民出版社 1996 年版。

[75]吴敬琏:《中国增长模式抉择》,上海远东出版社 2006 年版。

[76]吴敬琏:《当代中国经济改革》,上海远东出版社 2003 年版。

[77]刘国光主编:《中国经济发展战略问题研究》,上海人民出版社 1984 年版。

[78]马凯、曹玉书主编:《计划经济体制向社会主义市场经济体制的转轨》,人民出

版社 2002 年版。

[79]彭森、陈立等:《中国经济体制改革重大事件》(上、下卷),中国人民大学出版社 2008 年版。

[80]刘世锦等:《传统与现代之间:增长模式转型与新型工业化道路的选择》,中国人民大学出版社 2006 年版。

[81]吴振坤:《经济体制改革与经济发展战略》,经济科学出版社 1998 年版。

[82]王怀超主编:《社会发展理论研究》,中共中央党校出版社 2002 年版。

[83]南亮进:《中国的经济发展——与日本的比较》,经济管理出版社 1991 年版。

[84]长谷川庆太郎:《中国现代化的幻想——从新的角度看日中关系》,生活·读书·新知三联书店出版社 1981 年版。

[85]麦克法夸尔:《文化大革命的起源》(第 1 卷),求实出版社 1989 年版。

[86]麦克法夸尔:《文化大革命的起源》(第 2 卷),求实出版社 1990 年版。

四、期　　刊

[1]吴承明:《经济学理论与经济史研究》,《中国经济史研究》1995 年第 1 期。

[2]吴承明:《中国经济史研究的方法论问题》,《中国经济史研究》1992 年第 1 期。

[3]张发岭、武力:《1949—1994 年我国经济发展战略的形成及其转轨》,《中国经济史研究》1996 年第 3 期。

[4]魏红英:《毛泽东邓小平中央与地方关系思想比较研究》,《信阳师范学院学报》2002 年第 4 期。

[5]黄世楚等:《近年来中央与地方关系研究综述》,《湖北大学学报》2001 年第 2 期。

[6]谢玉华:《建国以来中央与地方经济关系演变及其启示》,《信阳师范学院学报》2003 年第 3 期。

[7]王梅:《建国以来我国中央与地方关系之分析》,《陕西师范大学学报》1999 年第 2 期。

[8]周树立:《略论改革开放前中国经济发展的几种模式》,《郑州航空工业管理学院学报》2002 年第 3 期。

[9]郭为贵:《中央与地方关系 50 年略考》,《中共福建省委党校学报》2000 年第 3 期。

[10]李格:《略论建国初期大行政区的建立》,《党的文献》1998 年第 5 期。

[11]孙东升:《我国经济建设战略布局的大转变——三线建设决策形成述略》,《党的文献》1995 年第 3 期。

[12]朱玲:《中央与地方的关系》,《生产力研究》1997 年第 1 期。

[13]王玉明:《中央与地方关系:演变与定位》,《岭南学刊》1998 年第 3 期。

[14]苏力:《当代中国的中央与地方分权——重读毛泽东〈论十大关系〉第五节》,《中国社会科学》2004 年第 2 期。

[15]杨小云:《近期中国中央与地方关系研究的若干理论问题》,《湖南师范大学》2002 年第 1 期。

[16]杨小云:《论新中国建立以来中国共产党处理中央与地方关系的历史经验》,《政治学研究》2001 年第 2 期。

[17]杨小云:《西方国家协调中央与地方关系的几种模式及启示》,《政治学研究》1999 年第 2 期。

五、外文文献及期刊

[1]Friedman, Milton, and Rose Friedman, *Free to Choose: A Personal Statement*, Harcourt Brace Jovanovich, New York, 1980.

[2]Germmell, Novman(eds.), *The Growth of the Public Sector: Theories and International Evidence*, Edward Elgar Publishing Limited, 1993.

[3]Kornai, Janos, *Economics of Shortage*, Amsterdam: North-Holland, 1980.

[4]Kornai, Janos, *The Soft Budget Constraint*, Kyklos, March 1986, p.39.

[5]Cave, R.E., *American Industry: Structure, Conduct and Performance*, 5thed, Englewood Cliff, Prentice-Hall, 1982.

[6]Oates, Wallace E., *Fiscal Federalism*, New York: Harcourt Brace Jovanovich, 1972

后　记

本书是在我的博士毕业论文、第一站博士后研究报告、第二站博士后研究报告的基础上，经长期学习、思考和研究而来。

从2003年在中南财经政法大学攻读博士学位开始，我就开始了对中华人民共和国经济史和中共党史的学习研究，并在指导老师苏少之教授的悉心指导下，对1949—1978年经济发展战略和经济体制模式问题进行了初步的分析研究。十年前的2008年，我开始在中央党校党史教研部进行第一站博士后研究，并在合作导师谢春涛教授的指点帮助下，对1978—2011年的经济发展战略进行了专门研究。从2016年开始，我又在西南大学马克思主义学院进行了第二站博士后研究，并在合作导师陈跃教授的具体指导下，对中华人民共和国成立以来经济发展战略与经济体制模式的互动变迁进行了综合性、总体性研究。

在这期间，相关研究成果不仅获得国家社科基金项目、中国博士后科学基金资助特别资助项目、中国博士后科学基金面上资助项目、山西省哲学社会科学规划项目、国家行政学院院级招标项目等的立项资助，而且还在《马克思主义研究》、《中国经济史研究》、《科学社会主义》等刊物上发表了若干论文，并先后被《新华文摘》、《人大报刊复印资料》、《当代中国史研究》等转载、摘编和索引，获得了一定的学术反响。

所以，在本书付梓之际，首先应该感谢苏少之、谢春涛、陈跃三位老师，没有他们为后辈提供的各种学习研究机会和具体的学术指导，我是不可能有后来十几年持续不断的研究活动的，更不可能有现在这样的研究成果。

在这十几年来，我的学习、工作和生活先后得到几个工作单位领导的关心和帮助。特别是山西省委党校原常务副校长李高山、中国建设银行党校常务副校长郭元析，以及现在所在的西南财经大学马克思主义学院院长唐晓勇，都在不同时期给予了我宝贵的理解、支持和帮助。

这里也要向中国社科院当代中国研究所的武力研究员、中央党史和文献研究院的庞松研究员、人民出版社的曹歌副编审，表示衷心的感谢。武力研究员多年来关心着我的学术成长，在我对这一问题的持续研究中曾提出过很多中肯的建议。庞松研究员在本书拟审读期间，提出了不少有价值的修改建议。曹歌副编审在本书编辑出版过程中，付出了不少辛劳。

最后，我要感谢长期以来默默付出的家人们，正是他们的理解支持和无私付出，才能让我在工作生活上心无旁骛、学术道路上坚持不懈、人生追求上拓展厚度。

任志江

2018 年 11 月于蓉